RENMINJIANCHAYUAN MINSHI XINGZHENG GONGYI SUSONG ANJIAN
BANLI LIUCHENG JIANKONG YAODIAN
TIAOWEN JIEDU

人民检察院民事、行政、公益诉讼案件
办理流程监控要点条文解读

最高人民检察院案件管理办公室／组织编写

中国检察出版社

图书在版编目（CIP）数据

人民检察院民事、行政、公益诉讼案件办理流程监控要点条文解读 / 最高人民检察院案件管理办公室组织编写 . —北京：中国检察出版社，2023.9
ISBN 978-7-5102-2930-5

Ⅰ.①人… Ⅱ.①最… Ⅲ.①诉讼—司法监督—规则—法律解释—中国 Ⅳ.① D925.05

中国国家版本馆 CIP 数据核字（2023）第 163080 号

人民检察院民事、行政、公益诉讼案件办理流程监控要点条文解读
最高人民检察院案件管理办公室　组织编写

责任编辑：吕亚萍
技术编辑：王英英
美术编辑：徐嘉武

出版发行	中国检察出版社
社　　址	北京市石景山区香山南路 109 号（100144）
网　　址	中国检察出版社（www.zgjccbs.com）
编辑电话	（010）86423787
发行电话	（010）86423726　86423727　86423728
	（010）86423730　86423732
经　　销	新华书店
印　　刷	河北宝昌佳彩印刷有限公司
开　　本	710 mm × 960 mm　16 开
印　　张	19.75
字　　数	335 千字
版　　次	2023 年 9 月第一版　2024 年 1 月第五次印刷
书　　号	ISBN 978-7-5102-2930-5
定　　价	60.00 元

检察版图书，版权所有，侵权必究
如遇图书印装质量问题本社负责调换

作者简介

申国军，最高人民检察院案件管理办公室主任，一级高级检察官。

石献智，最高人民检察院案件管理办公室副主任，二级高级检察官。

刘华英，最高人民检察院案件管理办公室，二级高级检察官。

宋能君，重庆市人民检察院检察九部主任，二级高级检察官。

冯文娟，吉林省人民检察院案件管理部副主任，四级高级检察官助理。

张艳丽，长春市人民检察院案件管理部主任，三级高级检察官。

韩　巍，黑龙江省人民检察院案件管理部，一级检察官。

陈　红，江苏省连云港市灌南县人民检察院第六检察部副主任，四级检察官助理。

陈跃峰，重庆市渝北区人民检察院政治部，一级主任科员。

刘　宁，长春市人民检察院案件管理部，五级检察官助理。

郑舒天，长春新区人民检察院第三检察部，五级检察官助理。

编写说明

为全面贯彻习近平法治思想，认真落实《中共中央关于加强新时代检察机关法律监督工作的意见》，健全检察机关内部监督制约机制，进一步深化民事诉讼监督案件、行政诉讼监督案件以及公益诉讼案件办理流程监控工作，最高人民检察院自2021年以来相继印发了《人民检察院民事诉讼监督案件办理流程监控要点》《人民检察院行政诉讼监督案件办理流程监控要点》《人民检察院公益诉讼案件办理流程监控要点》(以下简称《三个要点》)，完善了流程监控体系。《三个要点》作为案件管理制度体系的重要组成部分，对于检察机关聚焦"高质效办好每一个案件"，适应新时代人民群众对公平正义更高要求，对于加强检察机关内部监督制约，促进严格、公正、规范司法具有十分重要的意义。

本书依据民事诉讼、行政诉讼法律、法规、司法解释以及规范性文件，结合司法实践对相关监控点进行解读，并附有流程监控的具体依据，以便于对《三个要点》的理解和适用。

本书由最高人民检察院案件管理办公室组织编写，申国军、石献智、刘华英、宋能君、冯文娟、张艳丽、韩巍、陈红、陈跃峰、刘宁、郑舒天参与编写。

编 者
2023 年 6 月

目 录

《人民检察院民事诉讼监督案件办理流程监控要点》条文解读

第一章　总　则	3
第二章　回避监控	23
第三章　受理监控	27
第四章　审查监控	41
第一节　一般规定	41
第二节　听　证	50
第三节　调查核实	52
第四节　中止审查和终结审查	59
第五章　对生效判决、裁定、调解书监督的监控	62
第六章　对审判程序中审判人员违法行为监督的监控	67
第七章　对执行活动监督的监控	70
第八章　其他规定监控	74
第九章　相关程序监控	86
第一节　案件请示	86
第二节　检察建议	90
第三节　司法办案风险评估预警	94

人民检察院民事、行政、公益诉讼案件办理流程监控要点条文解读

《人民检察院行政诉讼监督案件办理流程监控要点》条文解读

第一章 总 则	99
第二章 回避监控	119
第三章 受理监控	122
第四章 审查监控	131
第一节 一般规定	131
第二节 调查核实	142
第三节 听 证	150
第四节 中止审查和终结审查	154
第五章 对生效判决、裁定、调解书监督的监控	158
第六章 对审判程序中审判人员违法行为监督的监控	163
第七章 对执行活动监督的监控	165
第八章 其他规定监控	167
第九章 相关程序监控	174
第一节 案件请示	174
第二节 检察建议	178
第三节 司法办案风险评估预警	186

《人民检察院公益诉讼案件办理流程监控要点》条文解读

第一章 总 则	191
第二章 一般规定监控	205
第一节 管 辖	205
第二节 回 避	212
第三节 立 案	215

— 2 —

  第四节 调　查 219
  第五节 提起诉讼 236
  第六节 出席第一审法庭 242
  第七节 上　诉 249
  第八节 诉讼监督 261

第三章 行政公益诉讼监控 265
  第一节 立案与调查 265
  第二节 检察建议 267
  第三节 提起诉讼 274

第四章 民事公益诉讼监控 277
  第一节 调　查 277
  第二节 公　告 278
  第三节 提起诉讼 284
  第四节 支持起诉 286

第五章 其他事项监控 292
  第一节 请示案件 292
  第二节 人民监督员监督案件 295
  第三节 检察建议 296
  第四节 司法办案风险评估预警 300

《人民检察院民事诉讼监督案件办理流程监控要点》条文解读

第一章 总 则

第一条

为加强对民事诉讼监督案件的监督管理，进一步深化流程监控工作，促进规范、公正、高效司法，根据《中华人民共和国民事诉讼法》《人民检察院民事诉讼监督规则》《人民检察院案件流程监控工作规定（试行）》和规范办案有关要求，结合检察工作实际，制定本要点。

【条文释义】

本条明确制定《人民检察院民事诉讼监督案件办理流程监控要点》（以下简称《要点》）的目的和依据。流程监控是案件管理的重要职能，是一项综合性、基础性和经常性的工作，也是强化过程控制的重要途径。随着司法体制改革的深入推进，检察机关内设机构系统性、整体性、重塑性改革落地，受审分离办案模式、《人民检察院民事诉讼监督规则》全面施行，对检察机关履行法律监督职能，尤其是民事诉讼监督案件办案提出了新要求新标准，对加强检察权运行监督制约，尤其是构建与之相适应的内部监督机制也是势在必行。通过强化流程监控，对司法办案全程、同步、动态监督，增强严格规范司法的刚性约束，对于强化内部监督制约，有针对性地防范和纠正司法办案中存在的突出问题，具有重要作用。因此，新形势下，最高人民检察院通过制定本《要点》夯实管理基础，健全完善案件管理制度体系，发挥制度管长远、管根本的作用。

制定本《要点》的依据，既包括《中华人民共和国民事诉讼法》《人民检察院民事诉讼监督规则》等法律和司法解释，也包括《人民检察院案件流程监控工作规定（试行）》等规范性文件和规范办案有关要求。

需要注意的是，随着修订后的《中华人民共和国民事诉讼法》自2022年1月1日开始施行，2021年8月1日施行的《人民检察院民事诉讼监督规则》涉及的相应条文也需要作出调整。另外，现行民事诉讼监督案件办案系统已经由统一业务应用系统迭代为检察业务应用系统，本《要点》也作了相应调整。如无特别说明，本《要点》适用的是2022年1月1日施行的《中华人民

人民检察院民事、行政、公益诉讼案件办理流程监控要点条文解读

共和国民事诉讼法》和变更后的检察业务应用系统。《人民检察院案件流程监控工作规定（试行）》系最高人民检察院于2016年印发，条文内容相对原则、概括，《要点》依据该规定确定的原则，结合改革要求和办案实际细化规定民事检察各办案环节中办理期限、诉讼权利保障、文书制作等程序性监控事项和要求。

第二条
本要点所称流程监控，是指依照法律规定和相关司法解释、规范性文件等，对人民检察院正在办理的民事诉讼监督案件的程序是否合法、规范、及时、完备，进行实时、动态的监督、提示、防控。

【条文释义】

本条阐明流程监控的定义。
本条的依据为《人民检察院案件流程监控工作规定（试行）》第二条的规定。

【相关规定】

《人民检察院案件流程监控工作规定（试行）》
第二条　本规定所称案件流程监控，是指对人民检察院正在受理或者办理的案件（包括对控告、举报、申诉、国家赔偿申请材料的处理活动），依照法律规定和相关司法解释、规范性文件等，对办理程序是否合法、规范、及时、完备，进行实时、动态的监督、提示、防控。

第三条
流程监控工作应当坚持加强监督管理与服务保障相结合、全程管理与重点监控相结合、人工管理与依托信息技术相结合、合法合规与双赢多赢共赢相结合的原则。

【条文释义】

本条明确流程监控的基本原则。
本条的依据为《人民检察院案件流程监控工作规定（试行）》第三条的规定。

一是坚持监督管理与服务司法办案相结合。突出监控视角，按照案件类别对办案节点和事项进行梳理，指导案管工作人员规范有序地开展监控，引导办案人员规范办案。充分尊重检察官办案中的主体地位，流程监控的对象为案件程序性内容，重点解决办案流程不规范、不完备、不及时等问题。对属于实体性事项，如涉及事实认定、证据采信、法律适用等，不作为流程监控的内容，防止监管活动对正常办案造成不当干预，充分保障办案部门、办案人员的司法主体地位。

二是坚持全程管理与重点监控相结合。通过制定《要点》，明确各办案环节中办理期限、诉讼权利保障、文书制作等程序性监控事项，既有利于强化对民事诉讼监督案件的监督管理，引导检察官依法规范办案，更有利于促使检察官了解负责案件管理的部门监管重点和依据，着力于事前预防，寓监督于服务，实现双赢多赢共赢，为检察机关全面履行"四大检察"职能、推进"十大业务"协调发展提供重要保障。

三是坚持人工管理与依托信息技术相结合。信息化是流程监控工作的重要支撑，也是流程监控工作取得成效的重要保证。开展流程监控工作要善于向信息技术借势借力，以统一业务应用系统迭代升级为检察业务应用系统为契机，将《要点》规定的监控事项和规则嵌入信息系统，通过技术手段自动阻却、提示各种程序不规范、不及时、不完备等问题，努力提升案件管理的现代化水平。

【相关规定】

《人民检察院案件流程监控工作规定（试行）》

第三条 案件流程监控工作应当坚持加强监督管理与服务司法办案相结合、全程管理与重点监控相结合、人工管理与依托信息技术相结合的原则。

第四条

负责案件管理的部门承担流程监控工作的组织协调和具体实施。

办案部门应当协助、配合负责案件管理的部门开展案件流程监控工作，及时核实情况、反馈意见、纠正问题、加强管理。

负责技术信息的部门应当根据流程监控工作需要提供技术保障。

【条文释义】

本条规定了民事诉讼监督案件办理流程中负责控告申诉检察、民事检察、

人民检察院民事、行政、公益诉讼案件办理流程监控要点条文解读

案件管理部门、技术信息部门的职责分工。

本条的依据为《人民检察院民事诉讼监督规则》第五条、《人民检察院案件流程监控工作规定（试行）》第四条的规定。

【相关规定】

《人民检察院民事诉讼监督规则》

第五条　负责控告申诉检察、民事检察、案件管理的部门分别承担民事诉讼监督案件的受理、办理、管理工作，各部门互相配合，互相制约。

《人民检察院案件流程监控工作规定（试行）》

第四条　案件管理部门负责案件流程监控工作的组织协调和具体实施。

办案部门应当协助、配合案件管理部门开展案件流程监控工作，及时核实情况、反馈意见、纠正问题、加强管理。

履行诉讼监督职责的部门和纪检监察机构应当加强与案件管理部门的协作配合，及时查处案件流程监控中发现的违纪违法问题。

技术信息部门应当根据案件流程监控工作需要提供技术保障。

第五条

负责案件管理的部门发现本院办案活动有下列情形之一的，应当及时提出纠正意见：

（一）法律文书制作、使用不符合法律和有关规定的；

（二）违反办案期限有关规定的；

（三）侵害当事人、诉讼代理人诉讼权利的；

（四）其他应当提出纠正意见的情形。

【条文释义】

本条规定了负责案件管理的部门开展流程监控的内容。

本条的依据为《人民检察院民事诉讼监督规则》第一百一十一条、第一百一十二条、第一百一十三条的规定。

【相关规定】

《人民检察院民事诉讼监督规则》

第一百一十一条　人民检察院负责案件管理的部门对民事诉讼监督案件的受理、期限、程序、质量等进行管理、监督、预警。

-6-

第一百一十二条 负责案件管理的部门发现本院办案活动有下列情形之一的，应当及时提出纠正意见：

（一）法律文书制作、使用不符合法律和有关规定的；

（二）违反办案期限有关规定的；

（三）侵害当事人、诉讼代理人诉讼权利的；

（四）未依法对民事审判活动以及执行活动中的违法行为履行法律监督职责的；

（五）其他应当提出纠正意见的情形。

情节轻微的，可以口头提示；情节较重的，应当发送《案件流程监控通知书》，提示办案部门及时查明情况并予以纠正；情节严重的，应当同时向检察长报告。

办案部门收到《案件流程监控通知书》后，应当在十日内将核查情况书面回复负责案件管理的部门。

第一百一十三条 负责案件管理的部门对以本院名义制发民事诉讼监督法律文书实施监督管理。

第六条

对正在受理、办理的民事诉讼监督案件开展流程监控，应当通过下列方式了解情况、发现问题：

（一）审查受理的案卷材料；

（二）查阅检察业务应用系统等的案卡、流程、文书、数据等相关信息；

（三）对需要向其他单位或者部门移送的法律文书、案卷材料进行统一审核；

（四）向办案人员或者办案部门核实情况；

（五）上级人民检察院或者本院检察长、检察委员会决定的其他方式。

【条文释义】

本条规定了负责案件管理的部门开展流程监控的方式。

本条的依据为《人民检察院案件流程监控工作规定（试行）》第十六条的规定。

人民检察院民事、行政、公益诉讼案件办理流程监控要点条文解读

【相关规定】

《人民检察院案件流程监控工作规定（试行）》

第十六条　对正在受理、办理的案件开展案件流程监控，应当通过下列方式了解情况、发现问题：

（一）审查受理的案卷材料；

（二）查阅统一业务应用系统、案件信息公开系统的案卡、流程、文书、数据等相关信息；

（三）对需要向其他单位或者部门移送的案卷材料进行统一审核；

（四）向办案人员或者办案部门核实情况；

（五）上级人民检察院或者本院检察长、检察委员会决定的其他方式。

对诉讼参与人签收后附卷的通知书、告知书，应当上传到统一业务应用系统备查。

第七条

对流程监控发现的问题，应当按照不同情形作出处理：

（一）办案期限即将届满的，应当及时向办案人员发出预警；已经超期的，应当及时向办案人员了解核实情况，提出纠正意见；

（二）系统操作不规范、文书错漏等违规办案情节轻微的，应当向办案人员进行口头提示，或者通过检察业务应用系统提示；

（三）违规办案情节较重的，应当向办案部门发送《案件流程监控通知书》，提示办案部门及时查明情况并予以纠正；

（四）违规办案情节严重的，应当向办案部门发送《案件流程监控通知书》，及时报告检察长，并抄送检务督察部门；

（五）对于流程监控中发现的涉及事实认定、证据采信、法律适用等办案实体性问题线索，应当及时移送办案部门，或者案件办结后移送开展案件质量评查；

（六）发现审判机关违法办案的，应当及时移送办案部门依法处理。

【条文释义】

本条规定了负责案件管理的部门在开展流程监控过程中对发现的问题，可以采取的监控和处理措施。

- 8 -

本条的依据为《人民检察院案件流程监控工作规定（试行）》第十七条、《人民检察院民事诉讼监督规则》第一百一十二条的规定。

本条第五项是对流程监控的对象为案件程序性内容这一重要特点的强调和细化，流程监控重点解决办案流程不规范、不完备、不及时等问题，对属于办案人自由裁量范围内的事项，如涉及事实认定、证据采信、法律适用等，不作为案管部门流程监控的内容，有效防止对正常的办案活动进行不当干预，保障办案部门、办案人员的主体地位。

【相关规定】

《人民检察院案件流程监控工作规定（试行）》

第十七条　对案件流程监控中发现的问题，应当按照不同情形作出处理：

（一）网上操作不规范、法律文书错漏等违规办案情节轻微的，应当向办案人员进行口头提示，或者通过统一业务应用系统提示；

（二）违规办案情节较重的，应当向办案部门发送案件流程监控通知书，提示办案部门及时查明情况并予以纠正；

（三）违规办案情节严重的，应当向办案部门发送案件流程监控通知书，同时通报相关诉讼监督部门，并报告检察长。

涉嫌违纪违法的，应当移送纪检监察机构处理。

发现侦查机关、审判机关违法办案的，应当及时移送本院相关部门依法处理。

《人民检察院民事诉讼监督规则》

第一百一十二条　负责案件管理的部门发现本院办案活动有下列情形之一的，应当及时提出纠正意见：

（一）法律文书制作、使用不符合法律和有关规定的；

（二）违反办案期限有关规定的；

（三）侵害当事人、诉讼代理人诉讼权利的；

（四）未依法对民事审判活动以及执行活动中的违法行为履行法律监督职责的；

（五）其他应当提出纠正意见的情形。

情节轻微的，可以口头提示；情节较重的，应当发送《案件流程监控通知书》，提示办案部门及时查明情况并予以纠正；情节严重的，应当同时向检察长报告。

办案部门收到《案件流程监控通知书》后，应当在十日内将核查情况书

人民检察院民事、行政、公益诉讼案件办理流程监控要点条文解读

面回复负责案件管理的部门。

> **第八条**
> 　　办案人员收到负责案件管理的部门口头提示后,应当立即核查,并在收到口头提示后三个工作日以内,将核查、纠正情况回复负责案件管理的部门。
> 　　办案部门收到《案件流程监控通知书》后,应当立即开展核查,并在收到通知书后十个工作日以内,将核查、纠正情况书面回复负责案件管理的部门。
> 　　办案部门对《案件流程监控通知书》内容有异议的,负责案件管理的部门应当进行复核,与办案部门充分交换意见。经复核后,仍有意见分歧的,报检察长决定。

【条文释义】

　　本条规定了办案人员及部门在收到负责案件管理的部门提出的口头提醒和《案件流程监控通知书》后,要及时将核查、纠正情况进行回复。

　　本条的依据为《人民检察院案件流程监控工作规定(试行)》第十八条、《人民检察院民事诉讼监督规则》第一百一十二条的规定。

　　需要注意的是,《人民检察院民事诉讼监督规则》第一百一十二条第三款规定,办案部门收到《案件流程监控通知书》后,应当在十日内将核查情况书面回复负责案件管理的部门。规定的十日以内为办案部门核查回复负责案件管理的部门的时间,本《要点》此条规定的十个工作日为办案部门将核查、纠正情况回复负责案件管理的部门的时间。两者之间有些许差别。

【相关规定】

《人民检察院案件流程监控工作规定(试行)》

　　第十八条　办案人员收到口头提示后,应当立即核查,并在收到口头提示后三个工作日以内,将核查、纠正情况回复案件管理部门。

　　办案部门收到案件流程监控通知书后,应当立即开展核查,并在收到通知书后十个工作日以内,将核查、纠正情况书面回复案件管理部门。

　　办案部门对案件流程监控通知书内容有异议的,案件管理部门应当进行复核,重新审查并与办案部门充分交换意见。经复核后,仍有意见分歧的,

报检察长决定。

《人民检察院民事诉讼监督规则》

第一百一十二条 负责案件管理的部门发现本院办案活动有下列情形之一的，应当及时提出纠正意见：

（一）法律文书制作、使用不符合法律和有关规定的；

（二）违反办案期限有关规定的；

（三）侵害当事人、诉讼代理人诉讼权利的；

（四）未依法对民事审判活动以及执行活动中的违法行为履行法律监督职责的；

（五）其他应当提出纠正意见的情形。

情节轻微的，可以口头提示；情节较重的，应当发送《案件流程监控通知书》，提示办案部门及时查明情况并予以纠正；情节严重的，应当同时向检察长报告。

办案部门收到《案件流程监控通知书》后，应当在十日内将核查情况书面回复负责案件管理的部门。

第九条

对办案人员、办案部门未在规定期限内回复纠正的，负责案件管理的部门应当督促落实；经督促仍不回复或者无正当理由不纠正的，应当报告检察长。

【条文释义】

本条明确要求建立对流程监控发现问题的督促整改制度，要求对办案人员、办案部门未在规定期限内回复纠正的，负责案件管理的部门应当督促落实；对于经过督促仍然不回复或者无正当理由不纠正的，应当报告检察长，以实现流程监控的实效性和权威性，确保制度落地见效。

第十条

负责案件管理的部门应当建立流程监控日志和台账，记录流程监控工作情况、发现的问题、处理纠正结果等，及时向办案部门反馈，提出改进工作意见。

人民检察院民事、行政、公益诉讼案件办理流程监控要点条文解读

【条文释义】

本条规定了案件管理部门应当建立案件流程监控日志和台账。

本条的依据为《人民检察院案件流程监控工作规定（试行）》第十九条的规定。

【相关规定】

《人民检察院案件流程监控工作规定（试行）》

第十九条 案件管理部门应当建立案件流程监控日志和台账，记录每日开展的案件流程监控工作情况、发现的问题、处理纠正结果等，及时向办案部门反馈，定期汇总分析、通报，提出改进工作意见。

第十一条
负责案件管理的部门应当建立流程监控通报督办制度，对重大、典型的办案不规范问题以及普遍性、倾向性问题进行通报，督促整改落实，每季度或者半年开展一次。

【条文释义】

本条明确要求建立流程监控通报督办制度，每季度或者半年开展一次，开展常态化通报督办。目的在于对流程监控中发现的重大、典型的办案不规范问题以及普遍性问题进行通报督办，进一步督促办案人员整改落实，发挥制度管长远、管根本的作用。

第十二条
流程监控发现的问题及整改落实情况作为检察人员考核的重要依据。

【条文释义】

本条明确规定流程监控发现的问题及整改落实情况结果运用，作为检察人员考核的重要依据。

本条的依据为《人民检察院案件流程监控工作规定（试行）》第二十条的规定。

- 12 -

【相关规定】

《人民检察院案件流程监控工作规定（试行）》

第二十条　流程监控情况应当纳入检察人员司法档案，作为检察人员业绩评价等方面的重要依据。

第十三条

民事诉讼监督案件，应当重点监督、审查案件承办确定是否采取随机分案为主、指定分案为辅的方式。指定分案或者变更承办检察官的，是否严格按照程序审批。

【条文释义】

本条是对民事诉讼监督案件承办确定的一般规则运行情况进行监控的规定。

本条前一句的依据为最高人民检察院《关于完善人民检察院司法责任制的若干意见》26和《最高人民检察院机关案件承办确定工作管理办法（试行）》第七条的规定。

本条后一句的依据为《最高人民检察院机关案件承办确定工作管理办法（试行）》第七条、第十一条、第十二条、第十三条的规定。

【相关规定】

最高人民检察院《关于完善人民检察院司法责任制的若干意见》

26. 建立随机分案为主、指定分案为辅的案件承办确定机制。重大、疑难、复杂案件可以由检察长指定检察官办案组或独任检察官承办。

《最高人民检察院机关案件承办确定工作管理办法（试行）》

第七条　案件承办确定应当采取随机分案为主、指定分案为辅的方式进行。

随机分案是指由统一业务应用系统依照预先设定的案件承办确定工作方案，自动随机直接确定承办案件的独任检察官或者检察官办案组。

指定分案是指由检察长、分管副检察长依照规定直接指定承办案件的独任检察官或者检察官办案组。

职务犯罪侦查预防部门办理案件的承办确定方式，公诉部门办理死刑复核监督案件的承办确定方式，控告检察部门办理来信、来访案件的承办确定方式,另行规定。

第十一条 需要指定分案的,由本部门负责案件分配的人员提出意见,经部门主要负责人审核后,报请分管副检察长或者检察长指定。

第十二条 案件承办确定后,发现有下列情形之一,由承办该案件的独任检察官、检察官办案组提出变更处理意见,或者由本部门负责案件分配的人员提出变更处理意见,报请部门主要负责人作出变更决定:

(一)案件办理方式需要由独任检察官变更为检察官办案组,或者需要由检察官办案组变更为独任检察官的;

(二)因承办检察官请假休假、参加培训、参与专项活动、承担其他重大工作、岗位调整、离岗等客观原因,案件不能在规定期限内办结的;

(三)在办理过程中发现属于应当由同一独任检察官或者同一检察官办案组办理的情形。

第十三条 在案件办理过程中,发现有下列情形之一,需要变更承办案件的独任检察官或者检察官办案组的,应当报请分管副检察长、检察长决定:

(一)认为有违法办案等不宜继续办理情形的;

(二)有依法需要回避情形的;

(三)需要变更的案件属于分管副检察长、检察长指定办理的。

第十四条
对承办检察官自行回避或者被决定回避的,应当重点监督、审查是否另行确定承办检察官。

【条文释义】

本条是对民事诉讼监督案件承办确定互斥规则运行情况进行监控的规定。

本条的依据为最高人民检察院《关于完善人民检察院司法责任制的若干意见》27和《人民检察院民事诉讼监督规则》第十五条、第十六条的规定。

【相关规定】

最高人民检察院《关于完善人民检察院司法责任制的若干意见》

27.当事人举报投诉检察官违法办案,律师申诉、控告检察官阻碍其依法行使诉讼权利,或有迹象表明检察官违法办案的,检察长可以要求检察官报告办案情况。检察长认为确有必要的,可以更换承办案件的检察官,并将相关情况记录在案。

《人民检察院民事诉讼监督规则》

第十五条 检察人员有应当回避的情形，没有自行回避，当事人也没有申请其回避的，由检察长或者检察委员会决定其回避。

第十六条 检察长的回避，由检察委员会讨论决定；检察人员和其他人员的回避，由检察长决定。检察委员会讨论检察长回避问题时，由副检察长主持，检察长不得参加。

第十五条

对检察业务应用系统已经入卷的文书，应当根据《人民检察院民事诉讼监督规则》和检察官权力清单重点监督、审查是否由独任检察官或者检察官办案组办理，作出的决定是否在其职权范围内。

检察长、检察委员会对案件作出的决定，应当重点监督、审查检察官是否执行。

【条文释义】

本条是对承办民事诉讼监督案件的检察官行使权力进行监控的规定。

本条第一款的依据为《中华人民共和国人民检察院组织法》第二十八条、最高人民检察院《关于完善人民检察院司法责任制的若干意见》7和《人民检察院民事诉讼监督规则》第六条、第七条的规定。

本条第二款的依据为《人民检察院民事诉讼监督规则》第四十九条的规定。

【相关规定】

《中华人民共和国人民检察院组织法》

第二十八条 人民检察院办理案件，根据案件情况可以由一名检察官独任办理，也可以由两名以上检察官组成办案组办理。

由检察官办案组办理的，检察长应当指定一名检察官担任主办检察官，组织、指挥办案组办理案件。

最高人民检察院《关于完善人民检察院司法责任制的若干意见》

7.诉讼监督等其他法律监督案件，可以由独任检察官承办，也可以由检察官办案组承办。独任检察官、主任检察官对检察长（分管副检察长）负责,在职权范围内对办案事项作出决定。以人民检察院名义提出纠正违法意见、检察建议、终结审查、不支持监督申请或提出(提请)抗诉的,由检察长(分管副检察长)或检察委员会决定。

《人民检察院民事诉讼监督规则》

第六条 人民检察院办理民事诉讼监督案件,实行检察官办案责任制,由检察官、检察长、检察委员会在各自职权范围内对办案事项作出决定,并依照规定承担相应司法责任。

第七条 人民检察院办理民事诉讼监督案件,根据案件情况,可以由一名检察官独任办理,也可以由两名以上检察官组成办案组办理。由检察官办案组办理的,检察长应当指定一名检察官担任主办检察官,组织、指挥办案组办理案件。

检察官办理案件,可以根据需要配备检察官助理、书记员、司法警察、检察技术人员等检察辅助人员。检察辅助人员依照有关规定承担相应的检察辅助事务。

第四十九条 承办检察官办理案件过程中,可以提请部门负责人召集检察官联席会议讨论。检察长、部门负责人在审核或者决定案件时,也可以召集检察官联席会议讨论。

检察官联席会议讨论情况和意见应当如实记录,由参加会议的检察官签名后附卷保存。部门负责人或者承办检察官不同意检察官联席会议多数人意见的,部门负责人应当报请检察长决定。

检察长认为必要的,可以提请检察委员会讨论决定。检察长、检察委员会对案件作出的决定,承办检察官应当执行。

第十六条

下列办案事项,应当重点监督、审查是否由检察官承担:

(一)询问关键证人和对诉讼活动具有重要影响的其他诉讼参与人;
(二)组织收集、调取、审核证据;
(三)主持听证;
(四)代表检察机关当面提出监督意见;
(五)出席法庭;
(六)其他应当由检察官亲自承担的事项。

【条文释义】

本条是对承办民事诉讼监督案件的检察官办案亲历性开展监控的规定。

本条的依据为最高人民检察院《关于完善人民检察院司法责任制的若干意见》17 和《人民检察院民事诉讼监督规则》第五十五条的规定。

【相关规定】

最高人民检察院《关于完善人民检察院司法责任制的若干意见》

17.检察官依照法律规定和检察长委托履行职责。

检察官承办案件，依法应当讯问犯罪嫌疑人、被告人的，至少亲自讯问一次。

下列办案事项应当由检察官亲自承担：

（一）询问关键证人和对诉讼活动具有重要影响的其他诉讼参与人；

（二）对重大案件组织现场勘验、检查，组织实施搜查，组织实施查封、扣押物证、书证，决定进行鉴定；

（三）组织收集、调取、审核证据；

（四）主持公开审查、宣布处理决定；

（五）代表检察机关当面提出监督意见；

（六）出席法庭；

（七）其他应当由检察官亲自承担的事项。

《人民检察院民事诉讼监督规则》

第五十五条 人民检察院组织听证，由承办检察官主持，书记员负责记录。

听证一般在人民检察院专门听证场所内进行。

第十七条

对民事诉讼活动实施法律监督的，应当重点监督、审查是否采取提出抗诉或者检察建议的方式，但不应采取提出纠正意见的方式。

【条文释义】

本条是对民事诉讼监督案件所采取法律监督方式开展监控的规定。

本条的依据为《中华人民共和国民事诉讼法》第二百一十五条、第二百一十六条，《人民检察院民事诉讼监督规则》第三条，《人民检察院检察建议工作规定》第五条、第八条、第九条和全国人民代表大会常务委员会法制工作委员会《关于人民检察院在开展民事行政诉讼监督中可否采用提出纠正意见的监督方式问题的意见》的规定。

【相关规定】

《中华人民共和国民事诉讼法》

第二百一十五条 最高人民检察院对各级人民法院已经发生法律效力的判决、裁定，上级人民检察院对下级人民法院已经发生法律效力的判决、裁定，发现有本法第二百零七条规定情形之一的，或者发现调解书损害国家利益、社会公共利益的，应当提出抗诉。

地方各级人民检察院对同级人民法院已经发生法律效力的判决、裁定，发现有本法第二百零七条规定情形之一的，或者发现调解书损害国家利益、社会公共利益的，可以向同级人民法院提出检察建议，并报上级人民检察院备案；也可以提请上级人民检察院向同级人民法院提出抗诉。

各级人民检察院对审判监督程序以外的其他审判程序中审判人员的违法行为，有权向同级人民法院提出检察建议。

第二百一十六条 有下列情形之一的，当事人可以向人民检察院申请检察建议或者抗诉：

（一）人民法院驳回再审申请的；

（二）人民法院逾期未对再审申请作出裁定的；

（三）再审判决、裁定有明显错误的。

人民检察院对当事人的申请应当在三个月内进行审查，作出提出或者不予提出检察建议或者抗诉的决定。当事人不得再次向人民检察院申请检察建议或者抗诉。

《人民检察院民事诉讼监督规则》

第三条 人民检察院通过抗诉、检察建议等方式，对民事诉讼活动实行法律监督。

《人民检察院检察建议工作规定》

第五条 检察建议主要包括以下类型：

（一）再审检察建议；

（二）纠正违法检察建议；

（三）公益诉讼检察建议；

（四）社会治理检察建议；

（五）其他检察建议。

第八条 人民检察院发现同级人民法院已经发生法律效力的判决、裁定具有法律规定的应当再审情形的，或者发现调解书损害国家利益、社会公共利益的，可以向同级人民法院提出再审检察建议。

第九条 人民检察院在履行对诉讼活动的法律监督职责中发现有关执法、司法机关具有下列情形之一的，可以向有关执法、司法机关提出纠正违法检察建议：

（一）人民法院审判人员在民事、行政审判活动中存在违法行为的；

（二）人民法院在执行生效民事、行政判决、裁定、决定或者调解书、支付令、仲裁裁决书、公证债权文书等法律文书过程中存在违法执行、不执行、怠于执行等行为，或者有其他重大隐患的；

（三）人民检察院办理行政诉讼监督案件或者执行监督案件，发现行政机关有违反法律规定、可能影响人民法院公正审理和执行的行为的；

（四）公安机关、人民法院、监狱、社区矫正机构、强制医疗执行机构等在刑事诉讼活动中或者执行人民法院生效刑事判决、裁定、决定等法律文书过程中存在普遍性、倾向性违法问题，或者有其他重大隐患，需要引起重视予以解决的；

（五）诉讼活动中其他需要以检察建议形式纠正违法的情形。

全国人民代表大会常务委员会法制工作委员会《关于人民检察院在开展民事行政诉讼监督中可否采用提出纠正意见的监督方式问题的意见》

人民检察院组织法第二十一条规定："人民检察院行使本法第二十条规定的法律监督职权，可以进行调查，并依法提出抗诉、纠正意见、检察建议。有关单位应当予以配合，并及时将采纳纠正意见、检察建议的情况书面回复人民检察院。""抗诉、纠正意见、检察建议的适用范围及其程序，依照法律有关规定。"根据上述规定，人民检察院提出纠正意见的适用范围及其程序，由法律规定。我国刑事诉讼法第五十七条、第二百零九条和第二百七十四条分别对以非法方法收集证据，审理案件违反法律规定的诉讼程序，减刑、假释的裁定不当等情形，规定人民检察院有权向侦查机关、人民法院等提出纠正意见。民事诉讼法、行政诉讼法以及其他法律未规定人民检察院在行使对民事、行政诉讼审判活动和民事、行政执行活动的法律监督职权时可以提出纠正意见，因此，人民检察院不应采取提出纠正意见的方式。

第十八条

上级人民检察院认为下级人民检察院的决定错误,指令下级人民检察院纠正,或者依法撤销、变更的,应当重点监督、审查是否制作《指令撤回(纠正)决定书(上级院指令下级院撤回或纠正错误决定用)》或者《撤销(变更)决定书(上级院撤销或变更下级院错误决定用)》。

【条文释义】

本条是对上级人民检察院认为下级人民检察院的决定错误,指令下级人民检察院纠正,或者依法撤销、变更开展监控的规定。

本条的依据为《中华人民共和国人民检察院组织法》第二十四条、《人民检察院民事诉讼监督规则》第八条的规定。

根据《人民检察院民事诉讼监督法律文书格式样本》中《指令撤回(纠正)决定书(上级院指令下级院撤回或纠正错误决定用)》制作说明,本文书依据《人民检察院民事诉讼监督规则》第八条第二款的规定制作,为上级人民检察院指令下级人民检察院撤回或纠正错误决定时使用。

根据《人民检察院民事诉讼监督法律文书格式样本》中《撤销(变更)决定书(上级院撤销或变更下级院错误决定用)》制作说明,本文书根据《人民检察院民事诉讼监督规则》第八条第二款的规定制作。人民检察院认为下级检察院的决定错误的,予以撤销或变更时使用。本文书除与原文书发送范围一致外,还应同时发送下级人民检察院;当事人申请监督的案件,还应发送当事人。

【相关规定】

《中华人民共和国人民检察院组织法》

第二十四条 上级人民检察院对下级人民检察院行使下列职权:

(一)认为下级人民检察院的决定错误的,指令下级人民检察院纠正,或者依法撤销、变更;

(二)可以对下级人民检察院管辖的案件指定管辖;

(三)可以办理下级人民检察院管辖的案件;

(四)可以统一调用辖区的检察人员办理案件。

上级人民检察院的决定,应当以书面形式作出。

《人民检察院民事诉讼监督规则》

第八条 最高人民检察院领导地方各级人民检察院和专门人民检察院

的民事诉讼监督工作，上级人民检察院领导下级人民检察院的民事诉讼监督工作。

上级人民检察院认为下级人民检察院的决定错误的，有权指令下级人民检察院纠正，或者依法撤销、变更。上级人民检察院的决定，应当以书面形式作出，下级人民检察院应当执行。下级人民检察院对上级人民检察院的决定有不同意见的，可以在执行的同时向上级人民检察院报告。

上级人民检察院可以依法统一调用辖区的检察人员办理民事诉讼监督案件，调用的决定应当以书面形式作出。被调用的检察官可以代表办理案件的人民检察院履行相关检察职责。

第十九条

上级人民检察院依法统一调用辖区的检察人员办理民事诉讼监督案件的，应当重点监督、审查是否制作《调用检察人员办理案件决定书》《调用检察人员履行职责告知函》。

【条文释义】

本条是对上级人民检察院调用辖区检察人员办案开展监控的规定。

本条的依据为《中华人民共和国人民检察院组织法》第二十四条、《人民检察院民事诉讼监督规则》第八条的规定。

【相关规定】

《中华人民共和国人民检察院组织法》

第二十四条　上级人民检察院对下级人民检察院行使下列职权：

（一）认为下级人民检察院的决定错误的，指令下级人民检察院纠正，或者依法撤销、变更；

（二）可以对下级人民检察院管辖的案件指定管辖；

（三）可以办理下级人民检察院管辖的案件；

（四）可以统一调用辖区的检察人员办理案件。

上级人民检察院的决定，应当以书面形式作出。

《人民检察院民事诉讼监督规则》

第八条　最高人民检察院领导地方各级人民检察院和专门人民检察院的民事诉讼监督工作，上级人民检察院领导下级人民检察院的民事诉讼监督工作。

上级人民检察院认为下级人民检察院的决定错误的，有权指令下级人民检察院纠正，或者依法撤销、变更。上级人民检察院的决定，应当以书面形式作出，下级人民检察院应当执行。下级人民检察院对上级人民检察院的决定有不同意见的，可以在执行的同时向上级人民检察院报告。

上级人民检察院可以依法统一调用辖区的检察人员办理民事诉讼监督案件，调用的决定应当以书面形式作出。被调用的检察官可以代表办理案件的人民检察院履行相关检察职责。

第二章　回避监控

> **第二十条**
> 　　决定适用回避的，应当重点监督、审查下列事项：
> 　　（一）检察人员口头提出回避申请的，是否记录在卷；
> 　　（二）当事人口头提出申请回避的，是否记录在卷；
> 　　（三）当事人申请回避的，是否在三日内制作《回避决定书》或者《驳回回避申请决定书》，并通知申请人；
> 　　（四）被申请回避的人员在人民检察院作出是否回避的决定前，应当暂停参与本案工作，但案件需要采取紧急措施的除外；
> 　　（五）应当回避的人员，没有自行回避，当事人也没有申请其回避，检察长或者检察委员会决定其回避的，是否制作《回避决定书》；
> 　　（六）检察委员会讨论检察长回避问题时，是否由副检察长主持，检察长未参加。检察人员和其他人员的回避，是否由检察长决定。

【条文释义】

本条是对决定回避开展监控的规定。

本条第一项的依据为《人民检察院民事诉讼监督规则》第十二条、第十三条的规定。前文提到，因《中华人民共和国民事诉讼法》修订相应条文发生了变化，对应的规则也需要进行调整。此处《人民检察院民事诉讼监督规则》第十二条涉及的《中华人民共和国民事诉讼法》第四十四条调整为该法第四十七条。

本条第二项的依据为《人民检察院民事诉讼监督规则》第十二条、第十四条的规定。前文提到，因《中华人民共和国民事诉讼法》修订相应条文发生了变化，对应的规则也需要进行调整。此处《人民检察院民事诉讼监督规则》第十四条涉及的《中华人民共和国民事诉讼法》第四十四条第二款调整为该法第四十七条第二款。以下此类情形，理由不再赘述。

本条第三项的依据为《人民检察院民事诉讼监督规则》第十二条、第十七条的规定。根据《人民检察院民事诉讼监督法律文书格式样本》中《回避决定书》制作说明，本文书根据《人民检察院民事诉讼监督规则》第十二条的规定制作。人民检察院决定检察人员、书记员、翻译人员、鉴定人、勘验人等回避时使用。本文书发送当事人、被决定回避人。根据《人民检察院民事诉讼监督法律文书格式样本》中《驳回回避申请决定书》制作说明，本文书根据《人民检察院民事诉讼监督规则》第十七条的规定制作。人民检察院决定驳回回避申请时使用。本文书发送回避申请人。

本条第四项的依据为《人民检察院民事诉讼监督规则》第十二条、第十四条第二款的规定。

本条第五项的依据为《人民检察院民事诉讼监督规则》第十二条、第十五条的规定。根据《人民检察院民事诉讼监督法律文书格式样本》中《回避决定书》制作说明，本文书根据《人民检察院民事诉讼监督规则》第十二条的规定制作。人民检察院决定检察人员、书记员、翻译人员、鉴定人、勘验人等回避时使用。本文书发送当事人、被决定回避人。

本条第六项的依据为《人民检察院民事诉讼监督规则》第十二条、第十六条的规定。

【相关规定】

《中华人民共和国民事诉讼法》

第四十七条　审判人员有下列情形之一的，应当自行回避，当事人有权用口头或者书面方式申请他们回避：

（一）是本案当事人或者当事人、诉讼代理人近亲属的；

（二）与本案有利害关系的；

（三）与本案当事人、诉讼代理人有其他关系，可能影响对案件公正审理的。

审判人员接受当事人、诉讼代理人请客送礼，或者违反规定会见当事人、诉讼代理人的，当事人有权要求他们回避。

审判人员有前款规定的行为的，应当依法追究法律责任。

前三款规定，适用于书记员、翻译人员、鉴定人、勘验人。

《人民检察院民事诉讼监督规则》

第十二条　检察人员有《中华人民共和国民事诉讼法》第四十四条规定情形之一的，应当自行回避，当事人有权申请他们回避。

前款规定，适用于书记员、翻译人员、鉴定人、勘验人等。

第十三条　检察人员自行回避的，可以口头或者书面方式提出，并说明理由。口头提出申请的，应当记录在卷。

第十四条　当事人申请回避，应当在人民检察院作出提出抗诉或者检察建议等决定前以口头或者书面方式提出，并说明理由。口头提出申请的，应当记录在卷。根据《中华人民共和国民事诉讼法》第四十四条第二款规定提出回避申请的，应当提供相关证据。

被申请回避的人员在人民检察院作出是否回避的决定前，应当暂停参与本案工作，但案件需要采取紧急措施的除外。

第十五条　检察人员有应当回避的情形，没有自行回避，当事人也没有申请其回避的，由检察长或者检察委员会决定其回避。

第十六条　检察长的回避，由检察委员会讨论决定；检察人员和其他人员的回避，由检察长决定。检察委员会讨论检察长回避问题时，由副检察长主持，检察长不得参加。

第十七条　人民检察院对当事人提出的回避申请，应当在三日内作出决定，并通知申请人。申请人对决定不服的，可以在接到决定时向原决定机关申请复议一次。人民检察院应当在三日内作出复议决定，并通知复议申请人。复议期间，被申请回避的人员不停止参与本案工作。

> **第二十一条**
> 　　申请人不服回避申请决定申请复议的，应当重点监督、审查是否在三日内制作《回避复议决定书》，并通知复议申请人。

【条文释义】

本条是对回避复议开展监控的规定。

本条的依据为《人民检察院民事诉讼监督规则》第十七条的规定。

根据《人民检察院民事诉讼监督法律文书格式样本》中《回避复议决定书》制作说明，本文书根据《人民检察院民事诉讼监督规则》第十七条的规定制作。人民检察院对回避复议申请作出决定时使用。本文书根据具体内容区别发送情况：维持原驳回回避申请决定的，发送回避申请人；决定回避的，发送当事人、被决定回避人。

【相关规定】

《人民检察院民事诉讼监督规则》

第十七条　人民检察院对当事人提出的回避申请，应当在三日内作出决定，并通知申请人。申请人对决定不服的，可以在接到决定时向原决定机关申请复议一次。人民检察院应当在三日内作出复议决定，并通知复议申请人。复议期间，被申请回避的人员不停止参与本案工作。

第三章　受理监控

第二十二条

对当事人申请监督的民事诉讼监督案件决定受理的，应当重点监督、审查是否符合下列情形之一：

（一）已经发生法律效力的民事判决、裁定、调解书符合《中华人民共和国民事诉讼法》第二百一十六条第一款的规定；

（二）认为民事审判程序中审判人员存在违法行为的；

（三）认为民事执行活动存在违法情形的。

【条文释义】

本条是对受理当事人申请监督开展监控的规定。

本条第一项的依据为《中华人民共和国民事诉讼法》第二百一十六条第一款和《人民检察院民事诉讼监督规则》第十九条、第二十条的规定。需要注意的是，《人民检察院民事诉讼监督规则》第十九条涉及的《中华人民共和国民事诉讼法》第二百零九条第一款已被修订为该法第二百一十六条第一款。

本条第二项的依据为《人民检察院民事诉讼监督规则》第十九条第二项的规定。

本条第三项的依据为《人民检察院民事诉讼监督规则》第十九条第三项的规定。

【相关规定】

《中华人民共和国民事诉讼法》

第二百一十六条　有下列情形之一的，当事人可以向人民检察院申请检察建议或者抗诉：

（一）人民法院驳回再审申请的；

（二）人民法院逾期未对再审申请作出裁定的；

（三）再审判决、裁定有明显错误的。

人民检察院对当事人的申请应当在三个月内进行审查，作出提出或者不予提出检察建议或者抗诉的决定。当事人不得再次向人民检察院申请检察建议或者抗诉。

《人民检察院民事诉讼监督规则》

第十九条 有下列情形之一的，当事人可以向人民检察院申请监督：

（一）已经发生法律效力的民事判决、裁定、调解书符合《中华人民共和国民事诉讼法》第二百零九条第一款规定的；

（二）认为民事审判程序中审判人员存在违法行为的；

（三）认为民事执行活动存在违法情形的。

第二十条 当事人依照本规则第十九条第一项规定向人民检察院申请监督，应当在人民法院作出驳回再审申请裁定或者再审判决、裁定发生法律效力之日起两年内提出。

本条规定的期间为不变期间，不适用中止、中断、延长的规定。

人民检察院依职权启动监督程序的案件，不受本条第一款规定期限的限制。

第二十三条

当事人根据《中华人民共和国民事诉讼法》第二百一十六条第一款的规定向人民检察院申请监督，人民检察院不予受理的，应当重点监督、审查是否符合下列情形之一：

（一）当事人未向人民法院申请再审的；

（二）当事人申请再审超过法律规定的期限的，但不可归责于其自身原因的除外；

（三）人民法院在法定期限内正在对民事再审申请进行审查的；

（四）人民法院已经裁定再审且尚未审结的；

（五）判决、调解解除婚姻关系的，但对财产分割部分不服的除外；

（六）人民检察院已经审查终结作出决定的；

（七）民事判决、裁定、调解书是人民法院根据人民检察院的抗诉或者再审检察建议再审后作出的；

（八）申请监督超过《人民检察院民事诉讼监督规则》第二十条规定的期限的；

（九）其他不应受理的情形。

【条文释义】

本条是对当事人向检察机关申请对民事判决、裁定、调解书监督不予受理情况开展监控的规定。

本条的依据为《中华人民共和国民事诉讼法》第二百一十六条第一款和《人民检察院民事诉讼监督规则》第二十七条的规定。

本条第八项的依据还有《人民检察院民事诉讼监督规则》第十九条、第二十条的规定。

本条依据的《人民检察院民事诉讼监督规则》第十九条第一项、第二十七条规定涉及的《中华人民共和国民事诉讼法》第二百零九条第一款已被修订为该法第二百一十六条第一款。

【相关规定】

《中华人民共和国民事诉讼法》

第二百一十六条 有下列情形之一的，当事人可以向人民检察院申请检察建议或者抗诉：

（一）人民法院驳回再审申请的；

（二）人民法院逾期未对再审申请作出裁定的；

（三）再审判决、裁定有明显错误的。

人民检察院对当事人的申请应当在三个月内进行审查，作出提出或者不予提出检察建议或者抗诉的决定。当事人不得再次向人民检察院申请检察建议或者抗诉。

《人民检察院民事诉讼监督规则》

第十九条 有下列情形之一的，当事人可以向人民检察院申请监督：

（一）已经发生法律效力的民事判决、裁定、调解书符合《中华人民共和国民事诉讼法》第二百零九条第一款规定的；

（二）认为民事审判程序中审判人员存在违法行为的；

（三）认为民事执行活动存在违法情形的。

第二十条 当事人依照本规则第十九条第一项规定向人民检察院申请监督，应当在人民法院作出驳回再审申请裁定或者再审判决、裁定发生法律效力之日起两年内提出。

本条规定的期间为不变期间，不适用中止、中断、延长的规定。

人民检察院依职权启动监督程序的案件，不受本条第一款规定期限的限制。

第二十七条 当事人根据《中华人民共和国民事诉讼法》第二百零九条第一款的规定向人民检察院申请监督，有下列情形之一的，人民检察院不予受理：

（一）当事人未向人民法院申请再审的；

（二）当事人申请再审超过法律规定的期限的，但不可归责于其自身原因的除外；

（三）人民法院在法定期限内正在对民事再审申请进行审查的；

（四）人民法院已经裁定再审且尚未审结的；

（五）判决、调解解除婚姻关系的，但对财产分割部分不服的除外；

（六）人民检察院已经审查终结作出决定的；

（七）民事判决、裁定、调解书是人民法院根据人民检察院的抗诉或者再审检察建议再审后作出的；

（八）申请监督超过本规则第二十条规定的期限的；

（九）其他不应受理的情形。

> **第二十四条**
>
> 当事人认为民事审判程序或者执行活动存在违法情形，向人民检察院申请监督，人民检察院不予受理的，应当重点监督、审查是否符合下列情形之一：
>
> （一）法律规定可以提出异议、申请复议或者提起诉讼，当事人没有提出异议、申请复议或者提起诉讼的，但有正当理由的除外；
>
> （二）当事人提出异议、申请复议或者提起诉讼后，人民法院已经受理并正在审查处理的，但超过法定期限未作出处理的除外；
>
> （三）其他不应受理的情形。
>
> 当事人对审判、执行人员违法行为申请监督的，不受前款规定的限制。

【条文释义】

本条是对民事审判程序或者执行活动存在违法情形不予受理情形开展监控的规定。

本条的依据为《人民检察院民事诉讼监督规则》第二十八条的规定。

【相关规定】

《人民检察院民事诉讼监督规则》

第二十八条　当事人认为民事审判程序或者执行活动存在违法情形，向人民检察院申请监督，有下列情形之一的，人民检察院不予受理：

（一）法律规定可以提出异议、申请复议或者提起诉讼，当事人没有提出异议、申请复议或者提起诉讼的，但有正当理由的除外；

（二）当事人提出异议、申请复议或者提起诉讼后，人民法院已经受理并正在审查处理的，但超过法定期限未作出处理的除外；

（三）其他不应受理的情形。

当事人对审判、执行人员违法行为申请监督的，不受前款规定的限制。

第二十五条　对当事人根据《中华人民共和国民事诉讼法》第二百一十六条第一款的规定向人民检察院申请检察建议或者抗诉案件的管辖，应当重点监督、审查下列事项：

（一）是否由作出生效民事判决、裁定、调解书的人民法院所在地同级人民检察院负责控告申诉检察的部门受理；

（二）人民法院裁定驳回再审申请或者逾期未对再审申请作出裁定，当事人向人民检察院申请监督的，是否由作出原生效民事判决、裁定、调解书的人民法院所在地同级人民检察院受理。

【条文释义】

本条是对民事判决、裁定、调解书申请监督管辖开展监控的规定。

本条的依据为《中华人民共和国民事诉讼法》第二百一十六条第一款和《人民检察院民事诉讼监督规则》第二十九条的规定。此处《人民检察院民事诉讼监督规则》第二十九条规定涉及的《中华人民共和国民事诉讼法》第二百零九条第一款已被修订为该法第二百一十六条第一款。

【相关规定】

《中华人民共和国民事诉讼法》

第二百一十六条　有下列情形之一的，当事人可以向人民检察院申请检察建议或者抗诉：

（一）人民法院驳回再审申请的；
（二）人民法院逾期未对再审申请作出裁定的；
（三）再审判决、裁定有明显错误的。

人民检察院对当事人的申请应当在三个月内进行审查，作出提出或者不予提出检察建议或者抗诉的决定。当事人不得再次向人民检察院申请检察建议或者抗诉。

《人民检察院民事诉讼监督规则》

第二十九条　当事人根据《中华人民共和国民事诉讼法》第二百零九条第一款的规定向人民检察院申请检察建议或者抗诉，由作出生效民事判决、裁定、调解书的人民法院所在地同级人民检察院负责控告申诉检察的部门受理。

人民法院裁定驳回再审申请或者逾期未对再审申请作出裁定，当事人向人民检察院申请监督的，由作出原生效民事判决、裁定、调解书的人民法院所在地同级人民检察院受理。

第二十六条

当事人认为民事审判程序中审判人员存在违法行为或者民事执行活动存在违法情形，向人民检察院申请监督案件的管辖，应当重点监督、审查下列事项：

（一）是否由审理、执行案件的人民法院所在地同级人民检察院负责控告申诉检察的部门受理；

（二）当事人不服上级人民法院作出的复议裁定、决定等，提出监督申请的，是否由上级人民法院所在地同级人民检察院受理。

【条文释义】

本条是对民事审判程序中审判人员或者执行活动存在违法情形管辖开展监控的规定。

本条的依据为《人民检察院民事诉讼监督规则》第三十条的规定。

【相关规定】

《人民检察院民事诉讼监督规则》

第三十条　当事人认为民事审判程序中审判人员存在违法行为或者民事

执行活动存在违法情形，向人民检察院申请监督的，由审理、执行案件的人民法院所在地同级人民检察院负责控告申诉检察的部门受理。

当事人不服上级人民法院作出的复议裁定、决定等，提出监督申请的，由上级人民法院所在地同级人民检察院受理。人民检察院受理后，可以根据需要依照本规则有关规定将案件交由原审理、执行案件的人民法院所在地同级人民检察院办理。

第二十七条

当事人认为人民检察院不依法受理其监督申请，向上一级人民检察院申请监督，上一级人民检察院认为当事人监督申请符合受理条件的，应当重点监督、审查是否指令下一级人民检察院受理或者直接受理。

【条文释义】

本条是对上级人民检察院指令或者直接受理开展监控的规定。

本条的依据为《人民检察院民事诉讼监督规则》第三十一条的规定。

【相关规定】

《人民检察院民事诉讼监督规则》

第三十一条　当事人认为人民检察院不依法受理其监督申请的，可以向上一级人民检察院申请监督。上一级人民检察院认为当事人监督申请符合受理条件的，应当指令下一级人民检察院受理，必要时也可以直接受理。

第二十八条

负责控告申诉检察的部门决定受理监督申请的，应当重点监督、审查下列事项：

（一）是否在决定受理之日起三日内制作《受理通知书》，发送申请人，并告知其权利义务；

（二）是否在决定受理之日起三日内将《受理通知书》和监督申请书副本发送其他当事人，并告知其权利义务。

【条文释义】

本条是对负责控告申诉检察的部门依申请受理过程中文书制作开展监控的规定。

本条的依据为《人民检察院民事诉讼监督规则》第三十三条的规定。

根据《人民检察院民事诉讼监督法律文书格式样本》中《受理通知书》制作说明，本文书根据《人民检察院民事诉讼监督规则》第三十三条的规定制作。人民检察院对符合受理条件的民事诉讼监督案件决定受理后通知当事人时使用。负责控告申诉检察的部门应当在决定受理之日起三日内制作《受理通知书》，连同附件《当事人联系方式确认书》《权利义务告知书》一并发送申请人；同时将《受理通知书》《当事人联系方式确认书》《权利义务告知书》和监督申请书副本发送其他当事人。负责案件管理的部门登记受理的案件，需要通知当事人的，由负责民事检察的部门制作《受理通知书》，发送当事人。

【相关规定】

《人民检察院民事诉讼监督规则》

第三十三条　负责控告申诉检察的部门应当在决定受理之日起三日内制作《受理通知书》，发送申请人，并告知其权利义务；同时将《受理通知书》和监督申请书副本发送其他当事人，并告知其权利义务。其他当事人可以在收到监督申请书副本之日起十五日内提出书面意见，不提出意见的不影响人民检察院对案件的审查。

第二十九条

负责控告申诉检察的部门受理监督申请的，应当重点监督、审查录入案件信息是否准确，是否在决定受理之日起三日内将案件材料移送本院负责民事检察的部门，同时将《受理通知书》抄送本院负责案件管理的部门。

【条文释义】

本条是对负责控告申诉检察的部门受理监督申请后，向本院负责民事检察的部门移送案件材料和负责案件管理的部门抄送《受理通知书》进行监控的规定。

本条的依据为《人民检察院民事诉讼监督规则》第十九条、第二十一条至第二十四条、第二十六条、第三十四条的规定。此处《人民检察院民事诉讼监督规则》第十九条规定涉及的《中华人民共和国民事诉讼法》第二百零九条第一款已被修订为该法第二百一十六条第一款。

需要指出的是，本条依据《人民检察院民事诉讼监督规则》第三十四条提及的《受理通知书》，适用《人民检察院民事诉讼监督法律文书格式样本》中《受理通知书》的制作规定。

根据《人民检察院民事诉讼监督法律文书格式样本》中《受理通知书》制作说明，本文书根据《人民检察院民事诉讼监督规则》第三十三条的规定制作。人民检察院对符合受理条件的民事诉讼监督案件决定受理后通知当事人时使用。负责控告申诉检察的部门应当在决定受理之日起三日内制作《受理通知书》，连同附件《当事人联系方式确认书》《权利义务告知书》一并发送申请人；同时将《受理通知书》《当事人联系方式确认书》《权利义务告知书》和监督申请书副本发送其他当事人。负责案件管理的部门登记受理的案件，需要通知当事人的，由负责民事检察的部门制作《受理通知书》，发送当事人。

【相关规定】

《中华人民共和国民事诉讼法》

第二百一十六条 有下列情形之一的，当事人可以向人民检察院申请检察建议或者抗诉：

（一）人民法院驳回再审申请的；

（二）人民法院逾期未对再审申请作出裁定的；

（三）再审判决、裁定有明显错误的。

人民检察院对当事人的申请应当在三个月内进行审查，作出提出或者不予提出检察建议或者抗诉的决定。当事人不得再次向人民检察院申请检察建议或者抗诉。

《人民检察院民事诉讼监督规则》

第十九条 有下列情形之一的，当事人可以向人民检察院申请监督：

（一）已经发生法律效力的民事判决、裁定、调解书符合《中华人民共和国民事诉讼法》第二百零九条第一款规定的；

（二）认为民事审判程序中审判人员存在违法行为的；

（三）认为民事执行活动存在违法情形的。

第二十一条　当事人向人民检察院申请监督，应当提交监督申请书、身份证明、相关法律文书及证据材料。提交证据材料的，应当附证据清单。

申请监督材料不齐备的，人民检察院应当要求申请人限期补齐，并一次性明确告知应补齐的全部材料。申请人逾期未补齐的，视为撤回监督申请。

第二十二条　本规则第二十一条规定的监督申请书应当记明下列事项：

（一）申请人的姓名、性别、年龄、民族、职业、工作单位、住所、有效联系方式，法人或者非法人组织的名称、住所和法定代表人或者主要负责人的姓名、职务、有效联系方式；

（二）其他当事人的姓名、性别、工作单位、住所、有效联系方式等信息，法人或者非法人组织的名称、住所、负责人、有效联系方式等信息；

（三）申请监督请求；

（四）申请监督的具体法定情形及事实、理由。

申请人应当按照其他当事人的人数提交监督申请书副本。

第二十三条　本规则第二十一条规定的身份证明包括：

（一）自然人的居民身份证、军官证、士兵证、护照等能够证明本人身份的有效证件；

（二）法人或者非法人组织的统一社会信用代码证书或者营业执照副本、组织机构代码证书和法定代表人或者主要负责人的身份证明等有效证照。

对当事人提交的身份证明，人民检察院经核对无误留存复印件。

第二十四条　本规则第二十一条规定的相关法律文书是指人民法院在该案件诉讼过程中作出的全部判决书、裁定书、决定书、调解书等法律文书。

第二十六条　当事人申请监督符合下列条件的，人民检察院应当受理：

（一）符合本规则第十九条的规定；

（二）申请人提供的材料符合本规则第二十一条至第二十四条的规定；

（三）属于本院受理案件范围；

（四）不具有本规则规定的不予受理情形。

第三十四条　负责控告申诉检察的部门应当在决定受理之日起三日内将案件材料移送本院负责民事检察的部门，同时将《受理通知书》抄送本院负责案件管理的部门。负责控告申诉检察的部门收到其他当事人提交的书面意见等材料，应当及时移送负责民事检察的部门。

第三十条

依职权启动监督程序的案件，应当重点监督、审查是否符合下列情形之一：

（一）损害国家利益或者社会公共利益的；

（二）审判、执行人员有贪污受贿、徇私舞弊、枉法裁判等违法行为的；

（三）当事人存在虚假诉讼等妨害司法秩序行为的；

（四）人民法院作出的已经发生法律效力的民事公益诉讼判决、裁定、调解书确有错误，审判程序中审判人员存在违法行为，或者执行活动存在违法情形的；

（五）依照有关规定需要人民检察院跟进监督的；

（六）民事审判程序或者执行活动存在违法情形，损害未成年人合法诉讼权利，对未成年人生活、学业造成严重不利影响的；

（七）具有重大社会影响等确有必要进行监督的情形。

依职权启动监督程序的案件，不受当事人是否申请再审和《人民检察院民事诉讼监督规则》第二十条第一款规定期限的限制。

负责民事检察的部门是否制作《依职权启动监督程序案件受理审批表》，到负责案件管理的部门登记受理。

【条文释义】

本条是对依职权启动监督程序案件受理登记进行监控的规定。

本条的依据为《人民检察院民事诉讼监督规则》第三十七条的规定。

本条第二款的依据还有《人民检察院民事诉讼监督规则》第十九条、第二十条的规定。此处《人民检察院民事诉讼监督规则》第十九条、第二十条规定涉及的《中华人民共和国民事诉讼法》第二百零九条第一款，已被修订为该法第二百一十六条第一款。

本条第三款的依据还有《人民检察院民事诉讼监督规则》第三十八条的规定。

根据《人民检察院民事诉讼监督法律文书格式样本》中《依职权启动监督程序案件受理审批表》制作说明，本文书根据《人民检察院民事诉讼监督规则》第三十七条的规定制作。本文书为人民检察院依职权启动监督程序时使用。

【相关规定】

《中华人民共和国民事诉讼法》

第二百一十六条　有下列情形之一的，当事人可以向人民检察院申请检察建议或者抗诉：

（一）人民法院驳回再审申请的；

（二）人民法院逾期未对再审申请作出裁定的；

（三）再审判决、裁定有明显错误的。

人民检察院对当事人的申请应当在三个月内进行审查，作出提出或者不予提出检察建议或者抗诉的决定。当事人不得再次向人民检察院申请检察建议或者抗诉。

《人民检察院民事诉讼监督规则》

第十九条　有下列情形之一的，当事人可以向人民检察院申请监督：

（一）已经发生法律效力的民事判决、裁定、调解书符合《中华人民共和国民事诉讼法》第二百零九条第一款规定的；

（二）认为民事审判程序中审判人员存在违法行为的；

（三）认为民事执行活动存在违法情形的。

第二十条　当事人依照本规则第十九条第一项规定向人民检察院申请监督，应当在人民法院作出驳回再审申请裁定或者再审判决、裁定发生法律效力之日起两年内提出。

本条规定的期间为不变期间，不适用中止、中断、延长的规定。

人民检察院依职权启动监督程序的案件，不受本条第一款规定期限的限制。

第三十七条　人民检察院在履行职责中发现民事案件有下列情形之一的，应当依职权启动监督程序：

（一）损害国家利益或者社会公共利益的；

（二）审判、执行人员有贪污受贿、徇私舞弊、枉法裁判等违法行为的；

（三）当事人存在虚假诉讼等妨害司法秩序行为的；

（四）人民法院作出的已经发生法律效力的民事公益诉讼判决、裁定、调解书确有错误，审判程序中审判人员存在违法行为，或者执行活动存在违法情形的；

（五）依照有关规定需要人民检察院跟进监督的；

（六）具有重大社会影响等确有必要进行监督的情形。

人民检察院对民事案件依职权启动监督程序，不受当事人是否申请再审的限制。

第三十八条 下级人民检察院提请抗诉、提请其他监督等案件，由上一级人民检察院负责案件管理的部门受理。

依职权启动监督程序的民事诉讼监督案件，负责民事检察的部门应当到负责案件管理的部门登记受理。

> **第三十一条**
> 接收下级人民检察院报送的案件材料后，负责案件管理的部门应当重点监督、审查是否属于提请抗诉、提请其他监督、请示等案件。是否在三日内登记并将案件材料和案件登记表移送负责民事检察的部门。

【条文释义】

本条是对上级人民检察院案管部门受理案件进行监控的规定。

本条的依据为《人民检察院民事诉讼监督规则》第三十八条、第三十九条、第一百二十五条和《人民检察院案件请示办理工作规定（试行）》第九条的规定。

需要指出的是，本条依据《人民检察院民事诉讼监督规则》第三十九条第二款提及的负责民事检察的部门制作的《受理通知书》，适用《人民检察院民事诉讼监督法律文书格式样本》中《受理通知书》的制作规定。

根据《人民检察院民事诉讼监督法律文书格式样本》中《受理通知书》制作说明，本文书根据《人民检察院民事诉讼监督规则》第三十三条的规定制作。人民检察院对符合受理条件的民事诉讼监督案件决定受理后通知当事人时使用。负责控告申诉检察的部门应当在决定受理之日起三日内制作《受理通知书》，连同附件《当事人联系方式确认书》《权利义务告知书》一并发送申请人；同时将《受理通知书》《当事人联系方式确认书》《权利义务告知书》和监督申请书副本发送其他当事人。负责案件管理的部门登记受理的案件，需要通知当事人的，由负责民事检察的部门制作《受理通知书》，发送当事人。

【相关规定】

《人民检察院民事诉讼监督规则》

第三十八条 下级人民检察院提请抗诉、提请其他监督等案件，由上一级人民检察院负责案件管理的部门受理。

依职权启动监督程序的民事诉讼监督案件，负责民事检察的部门应当到负责案件管理的部门登记受理。

第三十九条 负责案件管理的部门接收案件材料后，应当在三日内登记并将案件材料和案件登记表移送负责民事检察的部门；案件材料不符合规定的，应当要求补齐。

负责案件管理的部门登记受理后，需要通知当事人的，负责民事检察的部门应当制作《受理通知书》，并在三日内发送当事人。

第一百二十五条 地方各级人民检察院对适用法律确属疑难、复杂，本院难以决断的重大民事诉讼监督案件，可以向上一级人民检察院请示。

请示案件依照最高人民检察院关于办理下级人民检察院请示件、下级人民检察院向最高人民检察院报送公文的相关规定办理。

《人民检察院案件请示办理工作规定（试行）》

第九条 下级人民检察院请示案件，应当由本院案件管理部门通过统一业务应用系统，报送上级人民检察院案件管理部门，同时报送书面请示一式三份。

第四章 审查监控

第一节 一般规定

> **第三十二条**
> 上级人民检察院决定办理下级人民检察院受理的民事诉讼监督案件的,应当重点监督、审查是否制作《提办通知书》《通知书(告知提办用)》。

【条文释义】

本条是对上级院提办案件的监控。

本条的依据为《人民检察院民事诉讼监督规则》第四十一条第一款的规定。

根据《人民检察院民事诉讼监督法律文书格式样本》中《通知书(告知提办用)》制作说明,本文书根据《人民检察院民事诉讼监督规则》第四十一条第一款的规定制作。人民检察院告知当事人案件提级办理情况时使用。本文书与《受理通知书》发送范围一致。

【相关规定】

《人民检察院民事诉讼监督规则》

第四十一条 上级人民检察院认为确有必要的,可以办理下级人民检察院受理的民事诉讼监督案件。

下级人民检察院对受理的民事诉讼监督案件,认为需要由上级人民检察院办理的,可以报请上级人民检察院办理。

第三十三条

下级人民检察院对受理的民事诉讼监督案件，决定报请上级人民检察院办理的，应当重点监督、审查下列事项：

（一）下级人民检察院是否制作《函（报请上级院办理案件、指令下级院提出再审检察建议、退卷、对下指导、对外联系等用）》；

（二）上级人民检察院同意报请意见的，是否制发《提办通知书》《通知书（告知提办用）》；不同意报请意见的，是否制作《函（报请上级院办理案件、指令下级院提出再审检察建议、退卷、对下指导、对外联系等用）》，回复下级人民检察院。

【条文释义】

本条是对报请上级院办理案件的监控。

本条的依据为《人民检察院民事诉讼监督规则》第四十一条第二款的规定。

根据《人民检察院民事诉讼监督法律文书格式样本》中《函（报请上级院办理案件、指令下级院提出再审检察建议、退卷、对下指导、对外联系等用）》的制作说明，本文书为人民检察院或部门报请上级院办理案件、指令下级院提出再审检察建议、退卷、对下指导、对外联系等时使用。下级人民检察院报请上级人民检察院办理案件后，上级人民检察院同意报请意见的，应当制发《提办通知书》《通知书（告知提办用）》；不同意报请意见的，也使用本文书回复下级人民检察院。上级院在办理下级院提请抗诉案件或者复查案件中发现适宜由下级院向同级法院提出再审检察建议的，可以使用本文书指令下级院提出再审检察建议。本文书发送需要联系的单位。

【相关规定】

《人民检察院民事诉讼监督规则》

第四十一条　上级人民检察院认为确有必要的，可以办理下级人民检察院受理的民事诉讼监督案件。

下级人民检察院对受理的民事诉讼监督案件，认为需要由上级人民检察院办理的，可以报请上级人民检察院办理。

第三十四条

上级人民检察院将受理的民事诉讼监督案件交由下级人民检察院办理的，应当重点监督、审查下列事项：

（一）是否制作《交办通知书》，并限定办理期限；

（二）是否在法定期限内作出决定。

【条文释义】

本条是对上级院交办案件的监控。

本条的依据为《人民检察院民事诉讼监督规则》第四十二条的规定。

【相关规定】

《人民检察院民事诉讼监督规则》

第四十二条　上级人民检察院可以将受理的民事诉讼监督案件交由下级人民检察院办理，并限定办理期限。交办的案件应当制作《交办通知书》，并将有关材料移送下级人民检察院。下级人民检察院应当依法办理，不得将案件再行交办。除本规则第一百零七条规定外，下级人民检察院应当在规定期限内提出处理意见并报送上级人民检察院，上级人民检察院应当在法定期限内作出决定。

交办案件需要通知当事人的，应当制作《通知书》，并发送当事人。

第三十五条

下级人民检察院办理上级人民检察院交办的民事诉讼监督案件，应当重点监督、审查下列事项：

（一）是否违规将上级人民检察院交办的案件再行交办；

（二）是否制作《提请审查报告书（下级院对上级院交办案件提出审查意见用）》；

（三）除《人民检察院民事诉讼监督规则》第一百零七条规定外，是否在规定期限内提出处理意见并报送上级人民检察院。

【条文释义】

本条是对下级院办理交办案件的监控。

本条第一项的依据为《人民检察院民事诉讼监督规则》第三十条、第四十二条的规定。

本条第二项的依据为《人民检察院民事诉讼监督法律文书格式样本》中《提请审查报告书》制作说明,本文书根据《人民检察院民事诉讼监督规则》第四十二条的规定制作。下级人民检察院对上级人民检察院交办案件提出审查意见时使用。本文书发送上级人民检察院。

本条第三项的依据为《人民检察院民事诉讼监督规则》第四十二条、第一百零七条的规定。

【相关规定】

《人民检察院民事诉讼监督规则》

第三十条 当事人认为民事审判程序中审判人员存在违法行为或者民事执行活动存在违法情形,向人民检察院申请监督的,由审理、执行案件的人民法院所在地同级人民检察院负责控告申诉检察的部门受理。

当事人不服上级人民法院作出的复议裁定、决定等,提出监督申请的,由上级人民法院所在地同级人民检察院受理。人民检察院受理后,可以根据需要依照本规则有关规定将案件交由原审理、执行案件的人民法院所在地同级人民检察院办理。

第四十二条 上级人民检察院可以将受理的民事诉讼监督案件交由下级人民检察院办理,并限定办理期限。交办的案件应当制作《交办通知书》,并将有关材料移送下级人民检察院。下级人民检察院应当依法办理,不得将案件再行交办。除本规则第一百零七条规定外,下级人民检察院应当在规定期限内提出处理意见并报送上级人民检察院,上级人民检察院应当在法定期限内作出决定。

交办案件需要通知当事人的,应当制作《通知书》,并发送当事人。

第一百零七条 人民检察院依照本规则第三十条第二款规定受理后交办的案件,下级人民检察院经审查认为人民法院作出的执行复议裁定、决定等存在违法、错误情形的,应当提请上级人民检察院监督;认为人民法院作出的执行复议裁定、决定等正确的,应当作出不支持监督申请的决定。

第三十六条

人民检察院收到当事人提交的证据材料,应当重点监督、审查是否制作《证据材料收据》。

【条文释义】

本条是对接收证据材料的监控。

本条的依据为《人民检察院民事诉讼监督规则》第四十四条的规定。

根据《人民检察院民事诉讼监督法律文书格式样本》中《证据材料收据》制作说明，本文书根据《人民检察院民事诉讼监督规则》第四十四条的规定制作。人民检察院为当事人提供的证据材料出具收据时使用。本文书提交人一份，附卷一份。人民检察院返还证据时收回提交人所持收据附卷，并注明返还时间，由提交人签字。

【相关规定】

《人民检察院民事诉讼监督规则》

第四十四条 申请人或者其他当事人对提出的主张，应当提供证据材料。人民检察院收到当事人提交的证据材料，应当出具收据。

第三十七条

审查当事人申请监督的民事诉讼监督案件的，应当重点监督、审查是否制作《通知书（告知办案人员姓名和法律职务用）》。

【条文释义】

本条是对告知办案人员姓名和法律职务的监控。

本条的依据为《人民检察院民事诉讼监督规则》第三十四条、第四十五条的规定。

根据《人民检察院民事诉讼监督法律文书格式样本》中《通知书（告知办案人员姓名和法律职务用）》制作说明，本文书根据《人民检察院民事诉讼监督规则》第四十五条的规定制作。人民检察院告知当事人办案人员姓名和法律职务时使用。本文书发送当事人。

【相关规定】

《人民检察院民事诉讼监督规则》

第三十四条 负责控告申诉检察的部门应当在决定受理之日起三日内将案件材料移送本院负责民事检察的部门，同时将《受理通知书》抄送本院负责案件管理的部门。负责控告申诉检察的部门收到其他当事人提交的书面意见等材料，应当及时移送负责民事检察的部门。

第四十五条 人民检察院应当告知当事人有申请回避的权利，并告知办理案件的检察人员、书记员等的姓名、法律职务。

> **第三十八条**
> 审查民事诉讼监督案件的，应当重点监督、审查是否采取适当方式听取当事人意见，并在《审查终结报告（监督生效判决、裁定、调解书用）》或者《审查终结报告（监督审判人员违法行为用）》或者《审查终结报告（监督执行活动用）》中写明其他当事人意见。

【条文释义】

本条是对听取当事人意见的监控。

本条的依据为《人民检察院民事诉讼监督规则》第四十六条的规定。

根据《人民检察院民事诉讼监督法律文书格式样本》中《审查终结报告（监督生效判决、裁定、调解书用）》的制作说明，申请监督理由及其他当事人意见……（简要写明申请监督理由和其他当事人意见。其他当事人未提出意见的应当写明）。《审查终结报告（监督审判人员违法行为用）》的制作说明，申请监督理由及其他当事人意见……（此部分写明申请人的申请监督理由和其他当事人意见。其他当事人未提出意见的应当写明）。《审查终结报告（监督执行活动用）》的制作说明，申请监督理由及其他当事人意见……（此部分写明申请人的申请监督理由和其他当事人意见。其他当事人未提出意见的应当写明）。

【相关规定】

《人民检察院民事诉讼监督规则》

第四十六条 人民检察院审查案件，应当通过适当方式听取当事人意见，必要时可以听证或者调查核实有关情况，也可以依照有关规定组织专家咨询论证。

> **第三十九条**
> 调阅法院卷宗的，应当重点监督、审查是否制作《调阅案卷单》。

【条文释义】

本条是对调卷的监控。

本条的依据为《人民检察院民事诉讼监督规则》第四十七条和最高人民法院、最高人民检察院《关于民事执行活动法律监督若干问题的规定》第八条的规定。

根据《人民检察院民事诉讼监督法律文书格式样本》中《调阅案卷单》制作说明，本文书根据《人民检察院民事诉讼监督规则》第四十七条、《最高人民法院办公厅、最高人民检察院办公厅关于调阅诉讼卷宗有关问题的通知》的规定制作。人民检察院向人民法院或下级人民检察院调阅案卷时使用。本文书发送案卷所在地人民法院或者人民检察院。

【相关规定】

《人民检察院民事诉讼监督规则》

第四十七条 人民检察院审查案件，可以依照有关规定调阅人民法院的诉讼卷宗。

通过拷贝电子卷、查阅、复制、摘录等方式能够满足办案需要的，可以不调阅诉讼卷宗。

人民检察院认为确有必要，可以依照有关规定调阅人民法院的诉讼卷宗副卷，并采取严格保密措施。

最高人民法院、最高人民检察院《关于民事执行活动法律监督若干问题的规定》

第八条 人民检察院因办理监督案件的需要，依照有关规定可以调阅人民法院的执行卷宗，人民法院应当予以配合。通过拷贝电子卷、查阅、复制、摘录等方式能够满足办案需要的，不调阅卷宗。

人民检察院调阅人民法院卷宗，由人民法院办公室（厅）负责办理，并在五日内提供，因特殊情况不能按时提供的，应当向人民检察院说明理由，并在情况消除后及时提供。

人民法院正在办理或者已结案尚未归档的案件，人民检察院办理民事执行监督案件时可以直接到办理部门查阅、复制、拷贝、摘录案件材料，不调阅卷宗。

第四十条

案件审查终结后，应当重点监督、审查是否制作《审查终结报告（监督生效判决、裁定、调解书用）》或者《审查终结报告（监督审判人员违法行为用）》或者《审查终结报告（监督执行活动用）》。

【条文释义】

本条是对审查终结报告制作的监控。

本条的依据为《人民检察院民事诉讼监督规则》第四十八条的规定。

根据《人民检察院民事诉讼监督法律文书格式样本》中《审查终结报告》制作说明，本文书根据《人民检察院民事诉讼监督规则》第四十八条的规定制作。为承办人对案件审查终结后制作审查终结报告时使用。审查报告应当全面、客观、公正地叙述案件事实，依据法律提出处理建议。如果是当事人申请监督的案件，文书标题仅体现申请人全称即可；如果是依职权启动监督程序的案件，则要详细写明原审当事人和案由。其他相关文书亦同。

【相关规定】

《人民检察院民事诉讼监督规则》

第四十八条　承办检察官审查终结后，应当制作审查终结报告。审查终结报告应当全面、客观、公正地叙述案件事实，依据法律提出处理建议或者意见。

承办检察官通过审查监督申请书等材料即可以认定案件事实的，可以直接制作审查终结报告，提出处理建议或者意见。

第四十一条

召开检察官联席会议的，应当重点监督、审查下列事项：

（一）检察官联席会议讨论记录是否由参加会议的检察官签名；

（二）部门负责人或者承办检察官不同意检察官联席会议多数人意见的，部门负责人是否报请检察长决定。

【条文释义】

本条是对检察官联席会议的监控。

本条的依据为《人民检察院民事诉讼监督规则》第四十九条的规定。

【相关规定】

《人民检察院民事诉讼监督规则》

第四十九条　承办检察官办理案件过程中，可以提请部门负责人召集检察官联席会议讨论。检察长、部门负责人在审核或者决定案件时，也可以召集检察官联席会议讨论。

检察官联席会议讨论情况和意见应当如实记录，由参加会议的检察官签名后附卷保存。部门负责人或者承办检察官不同意检察官联席会议多数人意见的，部门负责人应当报请检察长决定。

检察长认为必要的，可以提请检察委员会讨论决定。检察长、检察委员会对案件作出的决定，承办检察官应当执行。

第四十二条

审查依当事人申请受理的民事诉讼监督案件，应当重点监督、审查是否在三个月内审查终结并作出决定。因调卷、鉴定、评估、审计、专家咨询等原因，承办检察官申请开始扣除、结束扣除审查期限时是否制作《民事检察案件扣除审查期限审批表》。

【条文释义】

本条是对审查期限的监控。

本条的依据为《人民检察院民事诉讼监督规则》第五十二条的规定。

根据《人民检察院民事诉讼监督法律文书格式样本》中对《民事检察案件扣除审查期限审批表》的制作说明，本文书根据《人民检察院民事诉讼监督规则》第五十二条的规定制作。本文书为承办检察官申请扣除审查期限时使用。开始扣除审限、结束扣除审限均应使用。

【相关规定】

《人民检察院民事诉讼监督规则》

第五十二条　人民检察院受理当事人申请对人民法院已经发生法律效力的民事判决、裁定、调解书监督的案件，应当在三个月内审查终结并作出决定，但调卷、鉴定、评估、审计、专家咨询等期间不计入审查期限。

对民事审判程序中审判人员违法行为监督案件和对民事执行活动监督案件的审查期限，参照前款规定执行。

第二节 听 证

> **第四十三条**
> 审查民事诉讼监督案件适用听证程序的，应当重点监督、审查是否制定《听证会工作方案》；是否邀请不少于三名听证员；是否在听证三日前制作《通知书（告知参加听证用）》，通知当事人和其他参加人员。

【条文释义】

本条是对听证准备的监控。

本条的依据为《人民检察院民事诉讼监督规则》第五十六条和《人民检察院审查案件听证工作规定》第九条、第十条的规定。

《听证会工作方案》制作说明，本文书根据《民事检察部门诉讼监督案件听证工作指引（试行）》第十四条的规定制作。人民检察院决定组织听证会后，承办检察官制作本文书，报请部门负责人或检察长审批时使用。

【相关规定】

《人民检察院民事诉讼监督规则》

第五十六条 人民检察院组织听证，应当在听证三日前告知听证会参加人案由、听证时间和地点。

《人民检察院审查案件听证工作规定》

第九条 人民检察院可以根据案件办理需要，决定召开听证会。当事人及其辩护人、代理人向审查案件的人民检察院申请召开听证会的，人民检察院应当及时作出决定，告知申请人。不同意召开听证会的，应当向申请人说明理由。

第十条 人民检察院决定召开听证会的，应当做好以下准备工作：

（一）制定听证方案，确定听证会参加人；

（二）在听证三日前告知听证会参加人案由、听证时间和地点；

（三）告知当事人主持听证会的检察官及听证员的姓名、身份；

（四）公开听证的，发布听证会公告。

《民事检察部门诉讼监督案件听证工作指引（试行）》

第十四条 依照《人民检察院审查案件听证工作规定》制作的听证方案

可以包括以下内容：（一）听证会召开的时间、地点；（二）听证会参加人员；（三）听证方式：公开听证或者不公开听证；现场听证或者网络视频听证；公开的方式（通过中国检察听证网直播、录播、主流媒体报道、检察自媒体宣传等途径）；（四）听证内容：围绕争议的焦点，在事实认定、证据采信和法律适用等方面简要说明；（五）实施程序：包括选任听证员、通知参加听证人员方式、会务保障（安全、场所、设备等）、邀请新闻媒体、是否允许公民旁听等相关听证前准备工作；听证会具体程序安排；听证会后的案件处理预案、新闻宣传报道方案等；（六）应急预案：根据案件具体情况，配备司法警察、医护人员等；对社会影响较大，或者存在信访风险，有可能引发网络舆情的，制定应对预案；（七）听证预算等。

第四十四条

拟不采纳听证员多数意见的，应当重点监督、审查是否报请检察长作出决定。

【条文释义】

本条是对不采纳听证意见的监控。

本条的依据为《人民检察院审查案件听证工作规定》第十六条的规定。

【相关规定】

《人民检察院审查案件听证工作规定》

第十六条　听证员的意见是人民检察院依法处理案件的重要参考。拟不采纳听证员多数意见的，应当向检察长报告并获同意后作出决定。

第四十五条

组织听证的，应当重点监督、审查下列事项：

（一）是否制作笔录，是否全程录音录像；

（二）《听证笔录》是否由听证会主持人、承办检察官、听证会参加人和记录人签名或者盖章。当事人拒绝签名盖章的，是否记明情况。

【条文释义】

本条是对听证笔录制作的监控。

本条的依据为《人民检察院民事诉讼监督规则》第六十条、《人民检察院审查案件听证工作规定》第十八条的规定。

根据《人民检察院民事诉讼监督法律文书格式样本》中《听证笔录》制作说明，本文书为人民检察院组织听证时使用。本文书经当事人校阅后，由当事人签名或盖章。当事人拒绝签名或盖章的，应当记明情况。

【相关规定】

《人民检察院民事诉讼监督规则》

第六十条　听证应当制作笔录，经当事人校阅后，由当事人签名或者盖章。拒绝签名盖章的，应当记明情况。

《人民检察院审查案件听证工作规定》

第十八条　听证过程应当由书记员制作笔录，并全程录音录像。

听证笔录由听证会主持人、承办检察官、听证会参加人和记录人签名或者盖章。笔录应当归入案件卷宗。

第三节　调查核实

第四十六条
　　进行调查核实的，应当重点监督、审查是否违反规定采取限制人身自由和查封、扣押、冻结财产等强制性措施。

【条文释义】

本条是对调查核实禁止性措施的监控。

本条的依据为《人民检察院民事诉讼监督规则》第六十二条、第六十三条的规定。

【相关规定】

《人民检察院民事诉讼监督规则》

第六十二条　人民检察院因履行法律监督职责的需要，有下列情形之一的，可以向当事人或者案外人调查核实有关情况：

（一）民事判决、裁定、调解书可能存在法律规定需要监督的情形，仅通过阅卷及审查现有材料难以认定的；

（二）民事审判程序中审判人员可能存在违法行为的；

（三）民事执行活动可能存在违法情形的；

（四）其他需要调查核实的情形。

第六十三条　人民检察院可以采取以下调查核实措施：

（一）查询、调取、复制相关证据材料；

（二）询问当事人或者案外人；

（三）咨询专业人员、相关部门或者行业协会等对专门问题的意见；

（四）委托鉴定、评估、审计；

（五）勘验物证、现场；

（六）查明案件事实所需要采取的其他措施。

人民检察院调查核实，不得采取限制人身自由和查封、扣押、冻结财产等强制性措施。

第四十七条

因履行法律监督职责的需要，向当事人或者案外人调查核实有关情况的，应当重点监督、审查下列事项：

（一）是否由二人以上共同进行；

（二）如制作《询问笔录》，笔录是否由询问人、被询问人签名或者盖章，被询问人拒绝签名盖章的，是否记明情况。

【条文释义】

本条是对询问当事人或者案外人的监控。

本条的依据为《中华人民共和国民事诉讼法》第二百一十七条、《中华人民共和国人民检察院组织法》第二十一条以及《人民检察院民事诉讼监督规则》第六十三条、第七十一条的规定。

根据《人民检察院民事诉讼监督法律文书格式样本》中《询问笔录》的制作说明，本文书为人民检察院询问当事人或者案外人时使用。人民检察院询问当事人或者案外人，应由二人以上共同进行。本文书经被询问人校阅后，由询问人、被询问人签名或盖章。被询问人拒绝签名或盖章的，应当记明情况。

【相关规定】

《中华人民共和国民事诉讼法》

第二百一十七条　人民检察院因履行法律监督职责提出检察建议或者抗诉的需要，可以向当事人或者案外人调查核实有关情况。

《中华人民共和国人民检察院组织法》

第二十一条　人民检察院行使本法第二十条规定的法律监督职权，可以进行调查核实，并依法提出抗诉、纠正意见、检察建议。有关单位应当予以配合，并及时将采纳纠正意见、检察建议的情况书面回复人民检察院。

抗诉、纠正意见、检察建议等适用范围及其程序，依照法律有关规定。

《人民检察院民事诉讼监督规则》

第六十三条　人民检察院可以采取以下调查核实措施：

（一）查询、调取、复制相关证据材料；

（二）询问当事人或者案外人；

（三）咨询专业人员、相关部门或者行业协会等对专门问题的意见；

（四）委托鉴定、评估、审计；

（五）勘验物证、现场；

（六）查明案件事实所需要采取的其他措施。

人民检察院调查核实，不得采取限制人身自由和查封、扣押、冻结财产等强制性措施。

第七十一条　人民检察院调查核实，有关单位和个人应当配合。拒绝或者妨碍人民检察院调查核实的，人民检察院可以向有关单位或者其上级主管部门提出检察建议，责令纠正；涉嫌违纪违法犯罪的，依照规定移送有关机关处理。

第四十八条

向银行业金融机构查询当事人金融财产的，应当重点监督、审查是否制作《协助查询金融财产通知书》。

【条文释义】

本条是对查询当事人金融财产的监控。

本条的依据为《中华人民共和国民事诉讼法》第二百一十七条、《中华人民共和国人民检察院组织法》第二十一条、《人民检察院民事诉讼监督规则》第六十四条的规定。需要注意的是,《人民检察院民事诉讼监督规则》第六十四条涉及的《中华人民共和国民事诉讼法》第五十五条已被修订为该法第五十八条。

根据《人民检察院民事诉讼监督法律文书格式样本》中《协助查询金融财产通知书》制作说明,本文书依据《中华人民共和国民事诉讼法》第二百一十七条、《中华人民共和国人民检察院组织法》第二十一条的规定制作。人民检察院向银行或其他金融机构查询当事人金融财产时使用。本文书发送需要协助查询的单位一份,附卷一份。

【相关规定】

《中华人民共和国民事诉讼法》

第二百一十七条　人民检察院因履行法律监督职责提出检察建议或者抗诉的需要,可以向当事人或者案外人调查核实有关情况。

《中华人民共和国人民检察院组织法》

第二十一条　人民检察院行使本法第二十条规定的法律监督职权,可以进行调查核实,并依法提出抗诉、纠正意见、检察建议。有关单位应当予以配合,并及时将采纳纠正意见、检察建议的情况书面回复人民检察院。

抗诉、纠正意见、检察建议的适用范围及其程序,依照法律有关规定。

《人民检察院民事诉讼监督规则》

第六十四条　有下列情形之一的,人民检察院可以向银行业金融机构查询、调取、复制相关证据材料:

(一)可能损害国家利益、社会公共利益的;

(二)审判、执行人员可能存在违法行为的;

(三)涉及《中华人民共和国民事诉讼法》第五十五条规定诉讼的;

(四)当事人有伪造证据、恶意串通损害他人合法权益可能的。

人民检察院可以依照有关规定指派具备相应资格的检察技术人员对民事诉讼监督案件中的鉴定意见等技术性证据进行专门审查,并出具审查意见。

第四十九条

就专门性问题口头咨询有关专业人员、相关部门或者行业协会意见的,应当重点监督、审查是否制作笔录,接受咨询的专业人员是否签名或者盖章。拒绝签名盖章的,是否记明情况。

【条文释义】

本条是对专业性问题咨询有关专业人员、相关部门或者行业协会意见的监控。

本条的依据为《人民检察院民事诉讼监督规则》第六十五条的规定。

【相关规定】

《人民检察院民事诉讼监督规则》

第六十五条　人民检察院可以就专门性问题书面或者口头咨询有关专业人员、相关部门或者行业协会的意见。口头咨询的，应当制作笔录，由接受咨询的专业人员签名或者盖章。拒绝签名盖章的，应当记明情况。

> **第五十条**
> 对专门性问题认为需要鉴定、评估、审计的，应当重点监督、审查是否制作《委托鉴定（评估、审计、翻译）函》，委托具备资格的机构进行鉴定、评估、审计。

【条文释义】

本条是对专门性问题委托鉴定、评估、审计的监控。

本条的依据为《人民检察院民事诉讼监督规则》第六十六条的规定。

根据《人民检察院民事诉讼监督法律文书格式样本》中《委托鉴定（评估、审计、翻译）函》制作说明，本文书根据《中华人民共和国民事诉讼法》第二百一十条、《人民检察院民事诉讼监督规则》第六十六条的规定制作。人民检察院委托鉴定、评估、审计、翻译时使用。本文书发送受委托的单位。

【相关规定】

《人民检察院民事诉讼监督规则》

第六十六条　人民检察院对专门性问题认为需要鉴定、评估、审计的，可以委托具备资格的机构进行鉴定、评估、审计。

在诉讼过程中已经进行过鉴定、评估、审计的，一般不再委托鉴定、评估、审计。

《人民检察院民事诉讼监督案件办理流程监控要点》条文解读

第五十一条

勘验物证或者现场的，应当重点监督、审查是否将勘验情况和结果制作笔录，由勘验人、当事人和被邀参加人签名或者盖章。

【条文释义】

本条是对勘验物证或者现场的监控。

本条的依据为《人民检察院民事诉讼监督规则》第六十七条的规定。

【相关规定】

《人民检察院民事诉讼监督规则》

第六十七条 人民检察院认为确有必要的，可以勘验物证或者现场。勘验人应当出示人民检察院的证件，并邀请当地基层组织或者当事人所在单位派人参加。当事人或者当事人的成年家属应当到场，拒不到场的，不影响勘验的进行。

勘验人应当将勘验情况和结果制作笔录，由勘验人、当事人和被邀参加人签名或者盖章。

第五十二条

调查核实的，应当重点监督、审查下列事项：

（一）是否由二人以上共同进行；

（二）调查笔录是否由调查人、被调查人签名或者盖章。被调查人拒绝签名盖章的，是否记明情况。

【条文释义】

本条是对调查笔录制作的监控。

本条的依据为《人民检察院民事诉讼监督规则》第六十九条的规定。

【相关规定】

《人民检察院民事诉讼监督规则》

第六十九条 人民检察院调查核实，应当由二人以上共同进行。

调查笔录经被调查人校阅后，由调查人、被调查人签名或者盖章。被调查人拒绝签名盖章的，应当记明情况。

第五十三条

指令调查或者委托调查的，应当重点监督、审查下列事项：

（一）是否制作《指令调查通知书》或者《委托调查函》；

（二）受指令或者受委托人民检察院收到《指令调查通知书》或者《委托调查函》后，是否在十五日内完成调查核实工作并书面回复。因客观原因不能完成调查的，是否在上述期限内书面回复指令或者委托的人民检察院。

【条文释义】

本条是对指令调查或者委托调查的监控。

本条的依据为《人民检察院民事诉讼监督规则》第七十条的规定。

根据《人民检察院民事诉讼监督法律文书格式样本》中《指令调查通知书》制作说明，本文书根据《人民检察院民事诉讼监督规则》第七十条的规定制作。人民检察院指令下级人民检察院调查核实有关情况时使用。本文书发送下级人民检察院。

根据《人民检察院民事诉讼监督法律文书格式样本》中《委托调查函》制作说明，本文书根据《人民检察院民事诉讼监督规则》第七十条的规定制作。人民检察院委托外地人民检察院调查核实有关情况时使用。本文书发送受委托的人民检察院。

【相关规定】

《人民检察院民事诉讼监督规则》

第七十条 人民检察院可以指令下级人民检察院或者委托外地人民检察院调查核实。

人民检察院指令调查或者委托调查的，应当发送《指令调查通知书》或者《委托调查函》，载明调查核实事项、证据线索及要求。受指令或者受委托人民检察院收到《指令调查通知书》或者《委托调查函》后，应当在十五日内完成调查核实工作并书面回复。因客观原因不能完成调查的，应当在上述期限内书面回复指令或者委托的人民检察院。

人民检察院到外地调查的，当地人民检察院应当配合。

第四节　中止审查和终结审查

> **第五十四条**
> 　　中止审查的，应当重点监督、审查适用《人民检察院民事诉讼监督规则》第七十二条第一款第四项情形是否适当；是否违规将调卷、鉴定、评估、审计、专家咨询等期间作为中止审查的事由。

【条文释义】

本条是对中止审查适用情形的监控。

本条的依据为《人民检察院民事诉讼监督规则》第五十二条、第七十二条第一款的规定。

【相关规定】

《人民检察院民事诉讼监督规则》

第五十二条　人民检察院受理当事人申请对人民法院已经发生法律效力的民事判决、裁定、调解书监督的案件，应当在三个月内审查终结并作出决定，但调卷、鉴定、评估、审计、专家咨询等期间不计入审查期限。

对民事审判程序中审判人员违法行为监督案件和对民事执行活动监督案件的审查期限，参照前款规定执行。

第七十二条　有下列情形之一的，人民检察院可以中止审查：

（一）申请监督的自然人死亡，需要等待继承人表明是否继续申请监督的；

（二）申请监督的法人或者非法人组织终止，尚未确定权利义务承受人的；

（三）本案必须以另一案的处理结果为依据，而另一案尚未审结的；

（四）其他可以中止审查的情形。

中止审查的，应当制作《中止审查决定书》，并发送当事人。中止审查的原因消除后，应当及时恢复审查。

第五十五条
　　中止审查的，应当重点监督、审查下列事项：
　　（一）是否制作《中止审查决定书》，并发送当事人；
　　（二）恢复审查的，是否制作《通知书（告知恢复审查用）》，并发送当事人。

【条文释义】

本条是对中止、恢复审查文书制作的监控。

本条的依据为《人民检察院民事诉讼监督规则》第七十二条第二款的规定。

根据《人民检察院民事诉讼监督法律文书格式样本》中《中止审查决定书》制作说明，本文书根据《人民检察院民事诉讼监督规则》第七十二条的规定制作。人民检察院作出中止审查决定时使用。《人民检察院民事诉讼监督规则》第七十二条第一款第四项"其他可以中止审查的情形"，是指与该条第一款前三项列举的情形具有可比性或者相似性，使得检察机关审查案件客观上无法继续进行而不得不暂停审查的事由。负责民事检察的部门对"其他可以中止审查的情形"要准确把握，坚决避免借中止审查延长办案期限。不得将扣除审查期限的法定事由作为中止审查理由。本文书发送当事人。

根据《人民检察院民事诉讼监督法律文书格式样本》中《通知书（告知恢复审查用）》制作说明，本文书根据《人民检察院民事诉讼监督规则》第七十二条第二款的规定制作。人民检察院恢复审查通知当事人时使用。本文书发送当事人。

【相关规定】

《人民检察院民事诉讼监督规则》

第七十二条　有下列情形之一的，人民检察院可以中止审查：
（一）申请监督的自然人死亡，需要等待继承人表明是否继续申请监督的；
（二）申请监督的法人或者非法人组织终止，尚未确定权利义务承受人的；
（三）本案必须以另一案的处理结果为依据，而另一案尚未审结的；
（四）其他可以中止审查的情形。

中止审查的，应当制作《中止审查决定书》，并发送当事人。中止审查的原因消除后，应当及时恢复审查。

第五十六条

终结审查的，应当重点监督、审查是否制作《终结审查决定书》。

【条文释义】

本条是对终结审查文书制作的监控。

本条的依据为《人民检察院民事诉讼监督规则》第七十三条的规定。

根据《人民检察院民事诉讼监督法律文书格式样本》中《终结审查决定书》的制作说明，一般在"因……"部分直接写明终结审查的事由。如属"发现已经受理的案件不符合受理条件的"或"人民检察院依职权启动监督程序的案件，经审查不需要采取监督措施的"需终结审查的，还应具体阐明理由和依据。需要通知当事人的，将本文书发送当事人。

【相关规定】

《人民检察院民事诉讼监督规则》

第七十三条 有下列情形之一的，人民检察院应当终结审查：

（一）人民法院已经裁定再审或者已经纠正违法行为的；

（二）申请人撤回监督申请，且不损害国家利益、社会公共利益或者他人合法权益的；

（三）申请人在与其他当事人达成的和解协议中声明放弃申请监督权利，且不损害国家利益、社会公共利益或者他人合法权益的；

（四）申请监督的自然人死亡，没有继承人或者继承人放弃申请，且没有发现其他应当监督的违法情形的；

（五）申请监督的法人或者非法人组织终止，没有权利义务承受人或者权利义务承受人放弃申请，且没有发现其他应当监督的违法情形的；

（六）发现已经受理的案件不符合受理条件的；

（七）人民检察院依职权启动监督程序的案件，经审查不需要采取监督措施的；

（八）其他应当终结审查的情形。

终结审查的，应当制作《终结审查决定书》，需要通知当事人的，发送当事人。

第五章　对生效判决、裁定、调解书监督的监控

> **第五十七条**
> 　　提出再审检察建议的，应当重点监督、审查下列事项：
> 　　（一）是否制作《再审检察建议书》，在决定提出再审检察建议之日起十五日内将《再审检察建议书》连同案件卷宗移送同级人民法院，并制作《通知书（告知提出再审检察建议用）》，发送当事人；
> 　　（二）提出再审检察建议，依照有关规定需要经本院检察委员会决定的，是否经本院检察委员会决定，并将《再审检察建议书》报上一级人民检察院备案；
> 　　（三）上一级人民检察院审查下一级人民检察院报备的再审检察建议时，是否制作《再审检察建议备案审查表》。

【条文释义】

本条是对提出再审检察建议的监控。再审检察建议是民事诉讼监督的重要方式之一，因此对其决定程序、制作形式和移送时间都有严格的要求，也是我们监控的重点。

本条的依据为《人民检察院民事诉讼监督规则》第八十七条和《人民检察院检察建议工作规定》第二十一条的规定。

根据《人民检察院民事诉讼监督法律文书格式样本》中《再审检察建议备案审查表》的制作说明，本文书为上一级人民检察院审查下一级人民检察院报备的再审检察建议时使用。

【相关规定】

《人民检察院民事诉讼监督规则》

　　第八十七条　人民检察院提出再审检察建议，应当制作《再审检察建议书》，在决定提出再审检察建议之日起十五日内将《再审检察建议书》连同案件卷宗移送同级人民法院，并制作决定提出再审检察建议的《通知书》，发送当事人。

人民检察院提出再审检察建议，应当经本院检察委员会决定，并将《再审检察建议书》报上一级人民检察院备案。

《人民检察院检察建议工作规定》

第二十一条 发出的检察建议书，应当于五日内报上一级人民检察院对口业务部门和负责法律政策研究的部门备案。

第五十八条

决定提请抗诉的，应当重点监督、审查是否制作《提请抗诉报告书》，在决定提请抗诉之日起十五日内将《提请抗诉报告书》连同案件卷宗报送上一级人民检察院，并制作《通知书（告知提请抗诉用）》，发送当事人。

就已经向同级人民法院提出再审检察建议的案件向上级人民检察院提请抗诉的，应当重点监督、审查人民法院是否采纳了再审检察建议进行再审。

【条文释义】

本条是对提请抗诉的监控。提请抗诉属检察内部办案流程，因此监控重点在于法律监督文书的制作及报送时间。原则上，对人民法院已经采纳再审检察建议进行再审的案件，提出再审检察建议的人民检察院一般不得再向上级人民检察院提请抗诉。本条第二款的监控，是对已提出再审检察建议又提请抗诉的特殊情形的承认，但承认的前提是再审检察建议未进入再审程序。

本条的依据为《人民检察院民事诉讼监督规则》第八十六条、第八十八条的规定。

【相关规定】

《人民检察院民事诉讼监督规则》

第八十六条 对人民法院已经采纳再审检察建议进行再审的案件，提出再审检察建议的人民检察院一般不得再向上级人民检察院提请抗诉。

第八十八条 人民检察院提请抗诉，应当制作《提请抗诉报告书》，在决定提请抗诉之日起十五日内将《提请抗诉报告书》连同案件卷宗报送上一级人民检察院，并制作决定提请抗诉的《通知书》，发送当事人。

> **第五十九条**
> 认为当事人的监督申请不符合提出再审检察建议或者提请抗诉条件，决定不支持监督申请的，应当重点监督、审查是否在决定之日起十五日内制作《不支持监督申请决定书》，发送当事人。

【条文释义】

本条是对不支持提出再审检察建议或者提请抗诉申请的监控。监控实践中应注意适用前提，即本条仅适用于当事人申请监督案件，不适用依职权监督案件。

本条的依据为《人民检察院民事诉讼监督规则》第八十九条的规定。

【相关规定】

《人民检察院民事诉讼监督规则》

第八十九条 人民检察院认为当事人的监督申请不符合提出再审检察建议或者提请抗诉条件的，应当作出不支持监督申请的决定，并在决定之日起十五日内制作《不支持监督申请决定书》，发送当事人。

> **第六十条**
> 提出抗诉的，应当重点监督、审查下列事项：
> （一）是否制作《抗诉书》，在决定抗诉之日起十五日内将《民事抗诉书》连同案件卷宗移送同级人民法院；
> （二）是否制作《通知书（告知提出抗诉用）》，发送当事人。

【条文释义】

本条是对提出抗诉的监控。监控重点是对法律文书制作及移送时限的规定。此处注意把握"决定抗诉之日"应为检察长对案件签批的日期，如经检委会讨论，则指检委会讨论决定提出抗诉日期。

本条的依据为《人民检察院民事诉讼监督规则》第九十二条的规定。

【相关规定】

《人民检察院民事诉讼监督规则》

第九十二条 人民检察院提出抗诉，应当制作《抗诉书》，在决定抗诉之日起十五日内将《抗诉书》连同案件卷宗移送同级人民法院,并由接受抗诉的人民法院向当事人送达再审裁定时一并送达《抗诉书》。

人民检察院应当制作决定抗诉的《通知书》,发送当事人。上级人民检察院可以委托提请抗诉的人民检察院将决定抗诉的《通知书》发送当事人。

第六十一条
认为当事人的监督申请不符合抗诉条件或者上级检察院认为下级检察院提请抗诉的案件不符合抗诉条件,作出不支持监督申请决定的,应当重点监督、审查是否在决定之日起十五日内制作《不支持监督申请决定书》,发送当事人。

【条文释义】

本条是对不支持抗诉申请的监控。监控实践中应注意适用前提,即本条仅适用于当事人申请监督案件,不适用于依职权监督案件。

本条的依据为《人民检察院民事诉讼监督规则》第九十三条的规定。

【相关规定】

《人民检察院民事诉讼监督规则》

第九十三条 人民检察院认为当事人的监督申请不符合抗诉条件的,应当作出不支持监督申请的决定,并在决定之日起十五日内制作《不支持监督申请决定书》,发送当事人。上级人民检察院可以委托提请抗诉的人民检察院将《不支持监督申请决定书》发送当事人。

第六十二条
派员出席再审法庭的,应当重点监督、审查是否制作《派员出庭通知书》。

指令下级人民检察院出席再审法庭的,是否制作《指令出庭通知书》。下级人民检察院接受指令出庭的,是否另行制作《派员出庭通知书》。

【条文释义】

本条是对派员出庭的监控。监控重点为出庭文书制作情况。

本条的依据为《中华人民共和国民事诉讼法》第二百二十条和《人民检察院民事诉讼监督规则》第九十四条、第九十五条的规定。

根据《人民检察院民事诉讼监督法律文书格式样本》中《派员出庭通知书》制作说明，本文书根据《中华人民共和国民事诉讼法》第二百二十条的规定制作。人民检察院派员出席再审法庭时使用。本文书发送再审人民法院。

根据《人民检察院民事诉讼监督法律文书格式样本》中《指令出庭通知书》制作说明，本文书根据《中华人民共和国民事诉讼法》第二百二十条、《人民检察院民事诉讼监督规则》第九十五条的规定制作，人民检察院指令下级人民检察院出席再审法庭时使用。下级人民检察院收到《指令出庭通知书》后，应当及时按照要求联系再审人民法院，收到再审人民法院《出庭通知书》后，另行制作《派员出庭通知书》。本文书发送受指令出庭的人民检察院。

【相关规定】

《中华人民共和国民事诉讼法》

第二百二十条　人民检察院提出抗诉的案件，人民法院再审时，应当通知人民检察院派员出席法庭。

《人民检察院民事诉讼监督规则》

第九十四条　人民检察院提出抗诉的案件，人民法院再审时，人民检察院应当派员出席法庭。

必要时，人民检察院可以协调人民法院安排人民监督员旁听。

第九十五条　接受抗诉的人民法院将抗诉案件交下级人民法院再审的，提出抗诉的人民检察院可以指令再审人民法院的同级人民检察院派员出庭。

第六章　对审判程序中审判人员违法行为监督的监控

第六十三条

　　对审判程序中审判人员违法行为申请监督案件审结的，应当重点监督、审查是否制作《检察建议书（监督审判人员违法行为用）》或者《不支持监督申请决定书》。

【条文释义】

　　本条是对审判人员违法行为监督案件的审结文书制作的监控。相较第六十四条，本条强调的监控重点是区分不同审查结果的不同结案文书制作。

　　本条的依据为《人民检察院民事诉讼监督规则》第一百条、第一百零一条、第一百零二条、第一百零三条的规定。

【相关规定】

《人民检察院民事诉讼监督规则》

　　第一百条　人民检察院发现同级人民法院民事审判程序中有下列情形之一的，应当向同级人民法院提出检察建议：

　　（一）判决、裁定确有错误，但不适用再审程序纠正的；

　　（二）调解违反自愿原则或者调解协议的内容违反法律的；

　　（三）符合法律规定的起诉和受理条件，应当立案而不立案的；

　　（四）审理案件适用审判程序错误的；

　　（五）保全和先予执行违反法律规定的；

　　（六）支付令违反法律规定的；

　　（七）诉讼中止或者诉讼终结违反法律规定的；

　　（八）违反法定审理期限的；

　　（九）对当事人采取罚款、拘留等妨害民事诉讼的强制措施违反法律规定的；

　　（十）违反法律规定送达的；

（十一）其他违反法律规定的情形。

第一百零一条 人民检察院发现同级人民法院民事审判程序中审判人员有《中华人民共和国法官法》第四十六条等规定的违法行为且可能影响案件公正审判、执行的，应当向同级人民法院提出检察建议。

第一百零二条 人民检察院依照本章规定提出检察建议的，应当制作《检察建议书》，在决定提出检察建议之日起十五日内将《检察建议书》连同案件卷宗移送同级人民法院，并制作决定提出检察建议的《通知书》，发送申请人。

第一百零三条 人民检察院认为当事人申请监督的审判程序中审判人员违法行为认定依据不足的，应当作出不支持监督申请的决定，并在决定之日起十五日内制作《不支持监督申请决定书》，发送申请人。

第六十四条
提出检察建议的，应当重点监督、审查是否制作《检察建议书（监督审判人员违法行为用）》，是否在决定提出检察建议之日起十五日内将《检察建议书（监督审判人员违法行为用）》连同案件卷宗移送同级人民法院，案件来源为申请人申请监督的，制作《通知书（告知提出检察建议用）》，发送申请人。

【条文释义】

本条是对审判人员违法行为监督案件提出检察建议的监控。相较第六十三条，本条强调就审判人员违法行为制发检察建议的，对文书制作、移送时限的监控。

本条的依据为《人民检察院民事诉讼监督规则》第一百零二条的规定。

【相关规定】

《人民检察院民事诉讼监督规则》

第一百零二条 人民检察院依照本章规定提出检察建议的，应当制作《检察建议书》，在决定提出检察建议之日起十五日内将《检察建议书》连同案件卷宗移送同级人民法院，并制作决定提出检察建议的《通知书》，发送申请人。

第六十五条

认为当事人申请监督的审判程序中审判人员违法行为认定依据不足的,应当重点监督、审查是否在决定之日起十五日内制作《不支持监督申请决定书》,发送申请人。

【条文释义】

本条是对不支持审判人员违法行为监督申请的监控。监控重点是文书制作、期限及发送对象。

本条的依据为《人民检察院民事诉讼监督规则》第一百零三条的规定。

【相关规定】

《人民检察院民事诉讼监督规则》

第一百零三条 人民检察院认为当事人申请监督的审判程序中审判人员违法行为认定依据不足的,应当作出不支持监督申请的决定,并在决定之日起十五日内制作《不支持监督申请决定书》,发送申请人。

第七章 对执行活动监督的监控

> **第六十六条**
> 认为人民法院在执行活动中可能存在怠于履行职责情形，要求说明案件执行情况及理由的，应当重点监督、审查是否制作《说明案件执行情况通知书》。

【条文释义】

本条是对要求说明案件执行情况及理由的监控。

本条的依据为《人民检察院民事诉讼监督规则》第一百零五条的规定。结合法院执行活动的复杂性，在2021年修订的《人民检察院民事诉讼监督规则》中增设第一百零五条。其适用前提是认为法院在执行活动中可能存在怠于履行职责情形，为进一步了解和梳理案件情况，赋予检察机关要求说明的职能。

【相关规定】

《人民检察院民事诉讼监督规则》

第一百零五条 人民检察院认为人民法院在执行活动中可能存在怠于履行职责情形的，可以依照有关规定向人民法院发出《说明案件执行情况通知书》，要求说明案件的执行情况及理由。

> **第六十七条**
> 对执行活动申请监督案件审结的，应当重点监督、审查是否制作《检察建议书（监督执行活动用）》或者《不支持监督申请决定书》。

【条文释义】

本条是对执行行为监督案件的审结文书制作监控。相较第六十八条，本条强调的监控重点是区分不同审查结果的不同结案文书制作。

本条的依据为《人民检察院民事诉讼监督规则》第一百零六条、第一百零九条的规定。

【相关规定】

《人民检察院民事诉讼监督规则》

第一百零六条 人民检察院发现人民法院在执行活动中有下列情形之一的,应当向同级人民法院提出检察建议:

(一)决定是否受理、执行管辖权的移转以及审查和处理执行异议、复议、申诉等执行审查活动存在违法、错误情形的;

(二)实施财产调查、控制、处分、交付和分配以及罚款、拘留、信用惩戒措施等执行实施活动存在违法、错误情形的;

(三)存在消极执行、拖延执行等情形的;

(四)其他执行违法、错误情形。

第一百零九条 人民检察院认为当事人申请监督的人民法院执行活动不存在违法情形的,应当作出不支持监督申请的决定,并在决定之日起十五日内制作《不支持监督申请决定书》,发送申请人。

第六十八条

对执行活动提出检察建议的,应当重点监督、审查是否自决定之日起十五日内将《检察建议书(监督执行活动用)》连同案件卷宗移送同级人民法院;案件来源为申请人申请监督的,制作《通知书(告知提出检察建议用)》,发送当事人。

【条文释义】

本条是对执行行为监督案件提出检察建议的监控。相较第六十七条,本条强调就执行行为制发检察建议的,对文书制作、移送时限的监控。

本条的依据为《人民检察院民事诉讼监督规则》第一百零八条的规定。

【相关规定】

《人民检察院民事诉讼监督规则》

第一百零八条 人民检察院对执行活动提出检察建议的,应当经检察长或者检察委员会决定,制作《检察建议书》,在决定之日起十五日内将《检察建议书》连同案件卷宗移送同级人民法院,并制作决定提出检察建议的《通知书》，发送当事人。

> **第六十九条**
> 认为当事人申请监督的人民法院执行活动不存在违法情形的，应当重点监督、审查是否在决定之日起十五日内制作《不支持监督申请决定书》，发送申请人。

【条文释义】

本条是对不支持执行行为监督申请的监控。监控重点是文书制作、期限及发送对象。

本条的依据为《人民检察院民事诉讼监督规则》第一百零九条的规定。

【相关规定】

《人民检察院民事诉讼监督规则》

第一百零九条 人民检察院认为当事人申请监督的人民法院执行活动不存在违法情形的，应当作出不支持监督申请的决定，并在决定之日起十五日内制作《不支持监督申请决定书》，发送申请人。

> **第七十条**
> 下级人民检察院依照《人民检察院民事诉讼监督规则》第三十条第二款规定办理的交办案件，应当重点监督、审查是否制作下列文书之一：
> （一）认为人民法院作出的执行复议裁定、决定等存在违法、错误情形的，制作《提请监督报告书（监督执行复议裁定、决定等用）》，提请上级人民检察院监督；
> （二）认为人民法院作出的执行复议裁定、决定等正确的，制作《不支持监督申请决定书》，发送申请人。

【条文释义】

本条是对交办案件办理的监控。监控重点为区分不同办理结果的不同法律文书制作。

本条的依据为《人民检察院民事诉讼监督规则》第一百零七条的规定。

【相关规定】

《人民检察院民事诉讼监督规则》

第一百零七条 人民检察院依照本规则第三十条第二款规定受理后交办的案件,下级人民检察院经审查认为人民法院作出的执行复议裁定、决定等存在违法、错误情形的,应当提请上级人民检察院监督;认为人民法院作出的执行复议裁定、决定等正确的,应当作出不支持监督申请的决定。

第八章 其他规定监控

> **第七十一条**
> 移送涉嫌违纪违法犯罪以及需要追究司法责任线索及材料的,应当重点监督、审查是否制作《违纪违法犯罪线索移送函》,报检察长决定。

【条文释义】

本条是对违纪违法犯罪线索移送的监控。

本条的依据为《人民检察院民事诉讼监督规则》第七十一条、第一百一十八条、第一百二十条的规定。

根据《人民检察院民事诉讼监督法律文书格式样本》中《违纪违法犯罪线索移送函》制作说明,本文书根据《人民检察院民事诉讼监督规则》第一百二十条第一款的规定制作,人民检察院向有关机关和部门移送违纪违法犯罪线索时使用。本文书发送对违纪违法犯罪行为有管辖权的单位或者部门。负责民事检察的部门向本院其他部门移送线索的,使用本部门印章;向外单位移送线索的,只能以本院名义移送,使用院章。

【相关规定】

《人民检察院民事诉讼监督规则》

第七十一条 人民检察院调查核实,有关单位和个人应当配合。拒绝或者妨碍人民检察院调查核实的,人民检察院可以向有关单位或者其上级主管部门提出检察建议,责令纠正;涉嫌违纪违法犯罪的,依照规定移送有关机关处理。

第一百一十八条 申请人向人民检察院提交的新证据是伪造的,或者对案件重要事实作虚假陈述的,人民检察院应当予以批评教育,并可以终结审查,但确有必要进行监督的除外;涉嫌违纪违法犯罪的,依照规定移送有关机关处理。

其他当事人有前款规定情形的,人民检察院应当予以批评教育;涉嫌违纪违法犯罪的,依照规定移送有关机关处理。

第一百二十条 负责民事检察的部门在履行职责过程中,发现涉嫌违纪违法犯罪以及需要追究司法责任的行为，应当报检察长决定，及时将相关线索及材料移送有管辖权的机关或者部门。

人民检察院其他职能部门在履行职责中发现符合本规则规定的应当依职权启动监督程序的民事诉讼监督案件线索，应当及时向负责民事检察的部门通报。

第七十二条

纠正或者撤回本院相关决定的，应当重点监督、审查是否制作《撤回（纠正）决定书（撤回或纠正本院作出的相关决定用）》，报经检察长或者检察委员会决定。

【条文释义】

本条是对纠正或者撤回本院决定的监控。

本条的依据为《人民检察院民事诉讼监督规则》第一百二十一条的规定。

根据《人民检察院民事诉讼监督法律文书格式样本》中《撤回（纠正）决定书（撤回或纠正本院作出的相关决定用）》制作说明，本文书根据《人民检察院民事诉讼监督规则》第一百二十一条的规定制作。人民检察院发现作出的相关决定确有错误需要纠正或者有其他情形需要撤回时使用。本文书与原文书发送范围一致，当事人申请监督的案件还应发送当事人。

【相关规定】

《人民检察院民事诉讼监督规则》

第一百二十一条 人民检察院发现作出的相关决定确有错误需要纠正或者有其他情形需要撤回的，应当经本院检察长或者检察委员会决定。

第七十三条

人民法院对人民检察院监督行为提出建议的，应当重点监督、审查人民检察院是否在一个月内将处理结果书面回复人民法院。

【条文释义】

本条是对回复人民法院对监督行为提出建议的期限监控。旨在以监控保障人民法院对检察监督提出意见的权利。

本条的依据为《人民检察院民事诉讼监督规则》第一百二十二条、最高人民法院、最高人民检察院《关于对民事审判活动与行政诉讼实行法律监督的若干意见（试行）》第十五条的规定。

【相关规定】

《人民检察院民事诉讼监督规则》

第一百二十二条 人民法院对人民检察院监督行为提出建议的，人民检察院应当在一个月内将处理结果书面回复人民法院。人民法院对回复意见有异议，并通过上一级人民法院向上一级人民检察院提出的，上一级人民检察院认为人民法院建议正确，应当要求下级人民检察院及时纠正。

最高人民法院、最高人民检察院《关于对民事审判活动与行政诉讼实行法律监督的若干意见（试行）》

第十五条 人民法院发现检察监督行为违反法律或者检察纪律的，可以向人民检察院提出书面建议，人民检察院应当在一个月内将处理结果书面回复人民法院；人民法院对于人民检察院的回复意见有异议的，可以通过上一级人民法院向上一级人民检察院提出。上一级人民检察院认为人民法院建议正确的，应当要求下级人民检察院及时纠正。

第七十四条

人民法院对民事诉讼监督案件作出再审判决、裁定或者其他处理决定的，应当重点监督、审查人民检察院是否制作《民事诉讼监督案件处理结果审查登记表》。

【条文释义】

本条是对人民法院就监督意见的处理结果审查的监控。旨在强调对民事诉讼监督案件的法院处理结果进行审查和登记，从而跟进了解监督的结果。

本条的依据为《人民检察院民事诉讼监督规则》第一百二十三条的规定。

【相关规定】

《人民检察院民事诉讼监督规则》

第一百二十三条 人民法院对民事诉讼监督案件作出再审判决、裁定或者其他处理决定后，提出监督意见的人民检察院应当对处理结果进行审查，并填写《民事诉讼监督案件处理结果审查登记表》。

> **第七十五条**
> 按照《人民检察院民事诉讼监督规则》第一百二十四条的规定提请上级人民检察院监督的,应当重点监督、审查是否制作《提请抗诉报告书》或者《提请监督报告书(监督审判人员违法行为用)》或者《提请监督报告书(监督执行活动用)》。

【条文释义】

本条是对提请上级人民检察院监督的监控。

本条的依据为《人民检察院民事诉讼监督规则》第一百二十四条、最高人民法院、最高人民检察院《关于对民事审判活动和行政诉讼实行法律监督的若干意见(试行)》第十条和最高人民法院、最高人民检察院《关于民事执行活动法律监督若干问题的规定》第十四条的规定。

对人民法院处理决定有错不纠的情形,检察机关进行再次监督,监控依据为《人民检察院民事诉讼监督法律文书格式样本》中《提请抗诉报告书》《提请监督报告书(监督审判人员违法行为用)》《提请监督报告书(监督执行活动用)》。

根据《人民检察院民事诉讼监督法律文书格式样本》中《提请抗诉报告书》制作说明,本文书为人民检察院向上一级人民检察院提请抗诉时使用。本文书连同提请抗诉检察卷宗报送上一级人民检察院。

根据《人民检察院民事诉讼监督法律文书格式样本》中《提请监督报告书(监督审判人员违法行为用)》制作说明,本文书为下级人民检察院提请上级人民检察院监督时使用。本文书发送上级人民检察院。

根据《人民检察院民事诉讼监督法律文书格式样本》中《提请监督报告书(监督执行活动用)》制作说明,本文书为下级人民检察院提请上级人民检察院监督时使用。本文书发送上级人民检察院。

【相关规定】

《人民检察院民事诉讼监督规则》

第一百二十四条 有下列情形之一的,人民检察院可以按照有关规定再次监督或者提请上级人民检察院监督:

(一)人民法院审理民事抗诉案件作出的判决、裁定、调解书仍有明显错误的;

(二)人民法院对检察建议未在规定的期限内作出处理并书面回复的;

(三)人民法院对检察建议的处理结果错误的。

最高人民法院、最高人民检察院《关于对民事审判活动与行政诉讼实行法律监督的若干意见(试行)》

第十条 人民检察院提出检察建议的,人民法院应当在一个月内作出处理并将处理情况书面回复人民检察院。

人民检察院对人民法院的回复意见有异议的，可以通过上一级人民检察院向上一级人民法院提出。上一级人民法院认为人民检察院的意见正确的，应当监督下级人民法院及时纠正。

最高人民法院、最高人民检察院《关于民事执行活动法律监督若干问题的规定》

第十四条 人民法院收到检察建议后逾期未回复或者处理结果不当的，提出检察建议的人民检察院可以依职权提请上一级人民检察院向其同级人民法院提出检察建议。上一级人民检察院认为应当跟进监督的，应当向其同级人民法院提出检察建议。人民法院应当在三个月内提出审查处理意见并以回复意见函的形式回复人民检察院，认为人民检察院的意见正确的，应当监督下级人民法院及时纠正。

第七十六条

当事人认为人民检察院对同级人民法院已经发生法律效力的民事判决、裁定、调解书作出的不支持监督申请决定存在明显错误申请复查的，应当重点监督、审查是否符合下列条件：

（一）属于《人民检察院民事诉讼监督规则》第十九条第一项规定的申请监督案件；

（二）属于下一级人民检察院对同级人民法院已经发生法律效力的民事判决、裁定、调解书作出的不支持监督申请决定；

（三）复查申请人是向下一级人民检察院提出民事诉讼监督申请的当事人；

（四）在不支持监督申请决定作出之日起一年内向上一级人民检察院申请复查；

（五）本院未作过复查。

【条文释义】

本条是对申请复查条件的监控。监控重点为复查申请符合的条件。

本条的依据为《人民检察院民事诉讼监督规则》第一百二十六条的规定。

【相关规定】

《人民检察院民事诉讼监督规则》

第一百二十六条 当事人认为人民检察院对同级人民法院已经发生法律

效力的民事判决、裁定、调解书作出的不支持监督申请决定存在明显错误的，可以在不支持监督申请决定作出之日起一年内向上一级人民检察院申请复查一次。负责控告申诉检察的部门经初核，发现可能有以下情形之一的，可以移送本院负责民事检察的部门审查处理：

（一）有新的证据，足以推翻原判决、裁定的；

（二）有证据证明原判决、裁定认定事实的主要证据是伪造的；

（三）据以作出原判决、裁定的法律文书被撤销或者变更的；

（四）有证据证明审判人员审理该案件时有贪污受贿，徇私舞弊，枉法裁判等行为的；

（五）有证据证明检察人员办理该案件时有贪污受贿，徇私舞弊，滥用职权等行为的；

（六）其他确有必要进行复查的。

负责民事检察的部门审查后，认为下一级人民检察院不支持监督申请决定错误，应当以人民检察院的名义予以撤销并依法提出抗诉；认为不存在错误，应当决定复查维持，并制作《复查决定书》，发送申请人。

上级人民检察院可以依职权复查下级人民检察院对同级人民法院已经发生法律效力的民事判决、裁定、调解书作出不支持监督申请决定的案件。

对复查案件的审查期限，参照本规则第五十二条第一款规定执行。

第七十七条

负责控告申诉检察的部门初核申请复查案件的，应当重点监督、审查下列事项：

（一）是否制作《申请复查案件初核报告（负责控告申诉检察的部门初核用）》或者《申请复查案件初核表（负责控告申诉检察的部门初核用）》；

（二）决定不予复查的，是否制作《不予复查决定书（负责控告申诉检察的部门初核用）》，并于作出决定之日起十五日内发送复查申请人；决定向本院负责民事检察的部门移送民事申请复查案件的，是否制作《民事申请复查案件移送函》；

（三）接收、初核民事申请复查案件，是否落实七日内程序回复、三个月办理过程或结果答复的规定。

【条文释义】

本条是对申请复查案件初核的监控。监控重点在于区分负责控告申诉检察的部门申请复查案件的不同初核结果制作的文书及回复、答复期限。

本条的依据为《人民检察院民事诉讼监督规则》第一百二十六条的规定。

【相关规定】

《人民检察院民事诉讼监督规则》

第一百二十六条 当事人认为人民检察院对同级人民法院已经发生法律效力的民事判决、裁定、调解书作出的不支持监督申请决定存在明显错误的，可以在不支持监督申请决定作出之日起一年内向上一级人民检察院申请复查一次。负责控告申诉检察的部门经初核，发现可能有以下情形之一的，可以移送本院负责民事检察的部门审查处理：

（一）有新的证据，足以推翻原判决、裁定的；

（二）有证据证明原判决、裁定认定事实的主要证据是伪造的；

（三）据以作出原判决、裁定的法律文书被撤销或者变更的；

（四）有证据证明审判人员审理该案件时有贪污受贿，徇私舞弊，枉法裁判等行为的；

（五）有证据证明检察人员办理该案件时有贪污受贿，徇私舞弊，滥用职权等行为的；

（六）其他确有必要进行复查的。

负责民事检察的部门审查后，认为下一级人民检察院不支持监督申请决定错误，应当以人民检察院的名义予以撤销并依法提出抗诉；认为不存在错误，应当决定复查维持，并制作《复查决定书》，发送申请人。

上级人民检察院可以依职权复查下级人民检察院对同级人民法院已经发生法律效力的民事判决、裁定、调解书作出不支持监督申请决定的案件。

对复查案件的审查期限，参照本规则第五十二条第一款规定执行。

第七十八条

对复查案件作出处理决定的，应当重点监督、审查是否制作《复查决定书（改变原决定用）》或者《复查决定书（维持原决定用）》，发送申请人。

《人民检察院民事诉讼监督案件办理流程监控要点》条文解读

【条文释义】

本条是对复查案件审查期限的监控。监控重点为复查案件审结法律文书制作。

本条的依据为《人民检察院民事诉讼监督规则》第一百二十六条的规定。

【相关规定】

《**人民检察院民事诉讼监督规则**》

第一百二十六条 当事人认为人民检察院对同级人民法院已经发生法律效力的民事判决、裁定、调解书作出的不支持监督申请决定存在明显错误的，可以在不支持监督申请决定作出之日起一年内向上一级人民检察院申请复查一次。负责控告申诉检察的部门经初核，发现可能有以下情形之一的，可以移送本院负责民事检察的部门审查处理：

（一）有新的证据，足以推翻原判决、裁定的；

（二）有证据证明原判决、裁定认定事实的主要证据是伪造的；

（三）据以作出原判决、裁定的法律文书被撤销或者变更的；

（四）有证据证明审判人员审理该案件时有贪污受贿，徇私舞弊，枉法裁判等行为的；

（五）有证据证明检察人员办理该案件时有贪污受贿，徇私舞弊，滥用职权等行为的；

（六）其他确有必要进行复查的。

负责民事检察的部门审查后，认为下一级人民检察院不支持监督申请决定错误，应当以人民检察院的名义予以撤销并依法提出抗诉；认为不存在错误，应当决定复查维持，并制作《复查决定书》，发送申请人。

上级人民检察院可以依职权复查下级人民检察院对同级人民法院已经发生法律效力的民事判决、裁定、调解书作出不支持监督申请决定的案件。

对复查案件的审查期限，参照本规则第五十二条第一款规定执行。

第七十九条

对复查案件的审查期限监控，参照本要点第四十二条的规定监督、审查。

【条文释义】

本条是对复查案件审查期限的监控。

本条的依据为《人民检察院民事诉讼监督规则》第五十二条、第一百二十六条的规定。

【相关规定】

《人民检察院民事诉讼监督规则》

第五十二条 人民检察院受理当事人申请对人民法院已经发生法律效力的民事判决、裁定、调解书监督的案件，应当在三个月内审查终结并作出决定，但调卷、鉴定、评估、审计、专家咨询等期间不计入审查期限。

对民事审判程序中审判人员违法行为监督案件和对民事执行活动监督案件的审查期限，参照前款规定执行。

第一百二十六条 当事人认为人民检察院对同级人民法院已经发生法律效力的民事判决、裁定、调解书作出的不支持监督申请决定存在明显错误的，可以在不支持监督申请决定作出之日起一年内向上一级人民检察院申请复查一次。负责控告申诉检察的部门经初核，发现可能有以下情形之一的，可以移送本院负责民事检察的部门审查处理：

（一）有新的证据，足以推翻原判决、裁定的；

（二）有证据证明原判决、裁定认定事实的主要证据是伪造的；

（三）据以作出原判决、裁定的法律文书被撤销或者变更的；

（四）有证据证明审判人员审理该案件时有贪污受贿，徇私舞弊，枉法裁判等行为的；

（五）有证据证明检察人员办理该案件时有贪污受贿，徇私舞弊，滥用职权等行为的；

（六）其他确有必要进行复查的。

负责民事检察的部门审查后，认为下一级人民检察院不支持监督申请决定错误，应当以人民检察院的名义予以撤销并依法提出抗诉；认为不存在错误，应当决定复查维持，并制作《复查决定书》，发送申请人。

上级人民检察院可以依职权复查下级人民检察院对同级人民法院已经发生法律效力的民事判决、裁定、调解书作出不支持监督申请决定的案件。

对复查案件的审查期限，参照本规则第五十二条第一款规定执行。

第八十条

补正法律文书笔误的,应当重点监督、审查是否作出《补正决定书》予以补正。

【条文释义】

本条是对补正文书笔误的监控。

本条的依据为《人民检察院民事诉讼监督规则》第一百二十九条的规定。

【相关规定】

《人民检察院民事诉讼监督规则》

第一百二十九条 人民检察院发现制作的法律文书存在笔误的,应当作出《补正决定书》予以补正。

第八十一条

邀请人民监督员参加公开听证或者协调人民法院安排人民监督员旁听提出抗诉案件再审的,应当重点监督、审查下列事项:

(一)启动人民监督员监督程序的,是否制作《提请启动人民监督员监督检察办案活动意见表》;

(二)采纳监督意见的,是否制作《人民监督员监督意见采纳情况告知书》,及时告知人民监督员;

(三)未采纳监督意见的,是否向人民监督员作出解释说明。人民监督员对于解释说明仍有异议的,是否报请检察长决定,检察长决定后是否制作《异议处理结果告知书》,向人民监督员告知监督事项的最后处理决定。

【条文释义】

本条是对人民监督员监督案件的监控。监控重点在于人民监督员监督案件不同程序节点的文书制作。

本条的依据为《人民检察院民事诉讼监督规则》第五十四条、第九十四条和《人民检察院办案活动接受人民监督员监督的规定》第八条、第十九条以及《人民检察院审查案件听证工作规定》第四条、第九条、第十六条的规定。

【相关规定】

《人民检察院民事诉讼监督规则》

第五十四条　人民检察院审查民事诉讼监督案件，认为确有必要的，可以组织有关当事人听证。

人民检察院审查民事诉讼监督案件，可以邀请与案件没有利害关系的人大代表、政协委员、人民监督员、特约检察员、专家咨询委员、人民调解员或者当事人所在单位、居住地的居民委员会、村民委员会成员以及专家、学者等其他社会人士参加公开听证，但该民事案件涉及国家秘密、个人隐私或者法律另有规定不得公开的除外。

第九十四条　人民检察院提出抗诉的案件，人民法院再审时，人民检察院应当派员出席法庭。

必要时，人民检察院可以协调人民法院安排人民监督员旁听。

《人民检察院办案活动接受人民监督员监督的规定》

第八条　人民检察院下列工作可以安排人民监督员依法进行监督：

（一）案件公开审查、公开听证；

（二）检察官出庭支持公诉；

（三）巡回检察；

（四）检察建议的研究提出、督促落实等相关工作；

（五）法律文书宣告送达；

（六）案件质量评查；

（七）司法规范化检查；

（八）检察工作情况通报；

（九）其他相关司法办案工作。

第十九条　人民检察院应当认真研究人民监督员的监督意见，依法作出处理。监督意见的采纳情况应当及时告知人民监督员。

人民检察院经研究未采纳监督意见的，应当向人民监督员作出解释说明。人民监督员对于解释说明仍有异议的，相关部门或者检察官办案组、独任检察官应当报请检察长决定。

《人民检察院审查案件听证工作规定》

第四条　人民检察院办理羁押必要性审查案件、拟不起诉案件、刑事申诉案件、民事诉讼监督案件、行政诉讼监督案件、公益诉讼案件等，在事实认定、法律适用、案件处理等方面存在较大争议，或者有重大社会影响，需要当面听取当事人和其他相关人员意见的，经检察长批准，可以召开听证会。

人民检察院办理审查逮捕案件，需要核实评估犯罪嫌疑人是否具有社会危险性、是否具有社会帮教条件的，可以召开听证会。

第九条 人民检察院可以根据案件办理需要，决定召开听证会。当事人及其辩护人、代理人向审查案件的人民检察院申请召开听证会的，人民检察院应当及时作出决定，告知申请人。不同意召开听证会的，应当向申请人说明理由。

第十六条 听证员的意见是人民检察院依法处理案件的重要参考。拟不采纳听证员多数意见的，应当向检察长报告并获同意后作出决定。

第九章　相关程序监控

第一节　案件请示

第八十二条　请示案件，应当重点监督、审查是否符合下列受理条件：

（一）请示文书包括以下内容：

1. 案件基本情况；

2. 需要请示的具体问题；

3. 本院及下级人民检察院检察委员会讨论情况、争议焦点及倾向性意见；

4. 本院检察长的意见。

（二）以院的名义向上级人民检察院请示。

（三）请示案件仅限于涉及法律适用、办案程序、司法政策等方面确属重大疑难复杂的问题，经本院研究难以决定的；符合《人民检察院检察委员会工作规则》第二十二条、第二十三条规定的案件。

（四）本院及下级人民检察院检察委员会会议纪要。

【条文释义】

本条是对请示案件的监控。监控重点为请示案件文书及相关材料内容是否齐备，请示主体是否适格，请示问题是否符合请示范畴。

本条的依据为《人民检察院民事诉讼监督规则》第一百二十五条、《人民检察院案件请示办理工作规定（试行）》第二条、第三条、第六条、第七条和《人民检察院检察委员会工作规则》第二十二条、第二十三条的规定。

【相关规定】

《人民检察院民事诉讼监督规则》

第一百二十五条　地方各级人民检察院对适用法律确属疑难、复杂，本院难以决断的重大民事诉讼监督案件，可以向上一级人民检察院请示。

请示案件依照最高人民检察院关于办理下级人民检察院请示件、下级人民检察院向最高人民检察院报送公文的相关规定办理。

《人民检察院案件请示办理工作规定（试行）》

第二条 下级人民检察院在办理具体案件时，对涉及法律适用、办案程序、司法政策等方面确属重大疑难复杂的问题，经本级人民检察院研究难以决定的，应当向上级人民检察院请示。

上级人民检察院认为必要时，可以要求下级人民检察院报告有关情况。

第三条 各级人民检察院依法对案件事实认定、证据采信独立承担办案责任，下级人民检察院不得就具体案件的事实认定问题向上级人民检察院请示。

第六条 下级人民检察院应当以院名义向上级人民检察院请示。

下级人民检察院业务部门向上级人民检察院对口业务部门请示，上级人民检察院业务部门认为请示问题属于重大疑难复杂的，应当要求下级人民检察院业务部门报请本院检察委员会讨论后，以院名义请示。

第七条 下级人民检察院请示案件，应当以书面形式提出。请示文书包括以下内容：

（一）案件基本情况；

（二）需要请示的具体问题；

（三）下级人民检察院检察委员会讨论情况、争议焦点及倾向性意见；

（四）下级人民检察院检察长的意见。

下级人民检察院有案卷材料的，应当一并附送。

《人民检察院检察委员会工作规则》

第二十二条 地方各级人民检察院检察长不同意本院检察委员会全体委员过半数的意见，属于办理案件的，可以报请上一级人民检察院决定；属于重大事项的，可以报请上一级人民检察院或者本级人民代表大会常务委员会决定。报请本级人民代表大会常务委员会决定的，应当同时抄报上一级人民检察院。

第二十三条 地方各级人民检察院检察委员会表决案件和事项，没有一种意见超过全体委员半数，如果全体委员出席会议的，应当报请上一级人民检察院决定。如果部分委员出席会议的，应当书面征求未出席会议委员的意见。征求意见后，应当按照全体委员过半数的意见作出决定，或者依照本规则第二十二条的规定办理；仍没有一种意见超过全体委员半数的，应当报请上一级人民检察院决定。

第八十三条

办理请示案件，应当重点监督、审查是否符合下列期限：

（一）正在办理的案件，在办案期限届满十日之前报送上级人民检察院；法律规定的办案期限不足十日的，在办案期限届满三日之前报送。

（二）对在诉讼程序内案件的请示，上级人民检察院在办案期限届满之前答复下级人民检察院；对不在诉讼程序内案件的请示，在一个月以内答复下级人民检察院；特别重大复杂案件，经分管副检察长批准后延长的，在延长一个月的期限内答复下级人民检察院。因特殊原因不能在规定的办理期限内答复的，在报告检察长后，及时通知下级人民检察院，并抄送本院负责案件管理的部门。

（三）对上级人民检察院的答复意见，下级人民检察院在执行完毕后十日以内将执行情况报送上级人民检察院。因特殊原因对答复意见不能执行的，下级人民检察院书面说明有关情况和理由，经本院检察长批准后报送上级人民检察院。

【条文释义】

本条是对请示案件办理期限的监控。监控重点为请示案件报送、答复及执行情况报送期限。

本条的依据为《人民检察院案件请示办理工作规定（试行）》第八条、第十四条、第二十条的规定。

【相关规定】

《人民检察院案件请示办理工作规定（试行）》

第八条 下级人民检察院对正在办理的案件向上级人民检察院请示的，应当在办案期限届满十日之前报送上级人民检察院；法律规定的办案期限不足十日的，应当在办案期限届满三日之前报送。

第十四条 上级人民检察院对案件请示应当及时办理并答复下级人民检察院。对在诉讼程序内案件的请示，应当在办案期限届满之前答复下级人民检察院。对不在诉讼程序内案件的请示，应当在一个月以内答复下级人民检察院；特别重大复杂案件，经分管副检察长批准，可以延长一个月。

因特殊原因不能在规定的办理期限内答复的，承办部门应当在报告检察长后，及时通知下级人民检察院，并抄送本院案件管理部门。

第二十条 对上级人民检察院的答复意见，下级人民检察院应当执行，并在执行完毕后十日以内将执行情况报送上级人民检察院。

下级人民检察院因特殊原因对答复意见不能执行的，应当书面说明有关情况和理由，经本院检察长批准后报送上级人民检察院。

第八十四条

请示案件，应当重点监督、审查下列事项：

（一）需要向上一级人民检察院请示的案件，是否制作《关于×××案的请示（通用版）》；

（二）上一级人民检察院办理请示案件，是否制作《请示案件审查报告》《关于×××案的批复》。

【条文释义】

本条是对请示案件文书制作的监控。

本条的依据为《人民检察院民事诉讼监督规则》第一百二十五条和《人民检察院案件请示办理工作规定（试行）》第五条、第七条、第十四条的规定。

【相关规定】

《人民检察院民事诉讼监督规则》

第一百二十五条 地方各级人民检察院对适用法律确属疑难、复杂，本院难以决断的重大民事诉讼监督案件，可以向上一级人民检察院请示。

请示案件依照最高人民检察院关于办理下级人民检察院请示件、下级人民检察院向最高人民检察院报送公文的相关规定办理。

《人民检察院案件请示办理工作规定（试行）》

第五条 案件请示应当遵循逐级请示原则。对重大紧急的突发案件，下级人民检察院必须越级请示的，应当说明理由，接受请示的上级人民检察院认为理由不能成立的，应当要求其逐级请示。

第七条 上级人民检察院对下级人民检察院请示的案件，经本院检察委员会审议决定，可以逐级向更高层级人民检察院请示。

下级人民检察院请示案件，应当以书面形式提出。请示文书包括以下内容：

（一）案件基本情况；

（二）需要请示的具体问题；

（三）下级人民检察院检察委员会讨论情况、争议焦点及倾向性意见；

（四）下级人民检察院检察长的意见。

下级人民检察院有案卷材料的，应当一并附送。

第十四条 上级人民检察院对案件请示应当及时办理并答复下级人民检察院。对在诉讼程序内案件的请示，应当在办案期限届满之前答复下级人民检察院。对不在诉讼程序内案件的请示，应当在一个月以内答复下级人民检察院；特别重大复杂案件，经分管副检察长批准，可以延长一个月。

因特殊原因不能在规定的办理期限内答复的，承办部门应当在报告检察长后，及时通知下级人民检察院，并抄送本院案件管理部门。

第二节　检察建议

第八十五条
检察建议案件，应当重点监督、审查是否符合下列管辖范围：

（一）被建议对象属于本院所办理案件的涉案单位、本级有关主管机关以及其他有关单位；

（二）向涉案单位以外的上级有关主管机关提出检察建议的，层报被建议单位的同级人民检察院决定并提出检察建议；或者由办理案件的人民检察院制作检察建议书后，报被建议单位的同级人民检察院审核并转送被建议单位；

（三）需要向下级有关单位提出检察建议的，指令对应的下级人民检察院提出；

（四）需要向异地有关单位提出检察建议的，征求被建议单位所在地同级人民检察院意见。被建议单位所在地同级人民检察院提出不同意见，办理案件的人民检察院坚持认为应当提出检察建议的，层报共同的上级人民检察院决定。

【条文释义】

本条是对检察建议管辖的监控。监控重点在于把握检察建议管辖是否遵循级别对应原则。

本条的依据为《人民检察院民事诉讼监督规则》第一百三十二条和《人民检察院检察建议工作规定》第三条的规定。

【相关规定】

《人民检察院民事诉讼监督规则》

第一百三十二条　检察建议案件的办理，本规则未规定的，适用《人民检察院检察建议工作规定》。

《人民检察院检察建议工作规定》

第三条　人民检察院可以直接向本院所办理案件的涉案单位、本级有关主管机关以及其他有关单位提出检察建议。

需要向涉案单位以外的上级有关主管机关提出检察建议的，应当层报被建议单位的同级人民检察院决定并提出检察建议，或者由办理案件的人民检察院制作检察建议书后，报被建议单位的同级人民检察院审核并转送被建议单位。

需要向下级有关单位提出检察建议的，应当指令对应的下级人民检察院提出检察建议。

需要向异地有关单位提出检察建议的，应当征求被建议单位所在地同级人民检察院意见。被建议单位所在地同级人民检察院提出不同意见，办理案件的人民检察院坚持认为应当提出检察建议的，层报共同的上级人民检察院决定。

第八十六条　检察官在履行职责中发现有应当提出检察建议情形，进行调查核实的，应当重点监督、审查下列事项：

（一）是否报经检察长决定；

（二）是否在调查核实完毕后制作调查终结报告。需要制发检察建议的，是否起草检察建议书一并报检察长决定。

拟制发社会治理检察建议的，报检察长决定前，是否送本院负责法律政策研究的部门进行审核。

【条文释义】

本条是对检察建议调查核实权的监控。监控重点为调查核实及制发检察建议是否报经检察长决定。

本条的依据为《人民检察院行政诉讼监督规则》第一百三十五条和《人民检察院检察建议工作规定》第十一条、第十三条、第十五条、第十七条的规定。

【相关规定】

《人民检察院行政诉讼监督规则》

第一百三十五条 人民检察院办理行政诉讼监督案件，本规则没有规定的，适用《人民检察院民事诉讼监督规则》的相关规定。

《人民检察院检察建议工作规定》

第十一条 人民检察院在办理案件中发现社会治理工作存在下列情形之一的，可以向有关单位和部门提出改进工作、完善治理的检察建议：

（一）涉案单位在预防违法犯罪方面制度不健全、不落实，管理不完善，存在违法犯罪隐患，需要及时消除的；

（二）一定时期某类违法犯罪案件多发、频发，或者已发生的案件暴露出明显的管理监督漏洞，需要督促行业主管部门加强和改进管理监督工作的；

（三）涉及一定群体的民间纠纷问题突出，可能导致发生群体性事件或者恶性案件，需要督促相关部门完善风险预警防范措施，加强调解疏导工作的；

（四）相关单位或者部门不依法及时履行职责，致使个人或者组织合法权益受到损害或者存在损害危险，需要及时整改消除的；

（五）需要给予有关涉案人员、责任人员或者组织行政处罚、政务处分、行业惩戒，或者需要追究有关责任人员的司法责任的；

（六）其他需要提出检察建议的情形。

第十三条 检察官在履行职责中发现有应当依照本规定提出检察建议情形的，应当报经检察长决定，对相关事项进行调查核实，做到事实清楚、准确。

第十五条 检察官一般应当在检察长作出决定后两个月以内完成检察建议事项的调查核实。情况紧急的，应当及时办结。

检察官调查核实完毕，应当制作调查终结报告，写明调查过程和认定的事实与证据，提出处理意见。认为需要提出检察建议的，应当起草检察建议书，一并报送检察长，由检察长或者检察委员会讨论决定是否提出检察建议。

经调查核实，查明相关单位不存在需要纠正或者整改的违法事实或者重大隐患，决定不提出检察建议的，检察官应当将调查终结报告连同相关材料订卷存档。

第十七条　检察官依据本规定第十一条的规定起草的检察建议书，报送检察长前，应当送本院负责法律政策研究的部门对检察建议的必要性、合法性、说理性等进行审核。

检察建议书正式发出前，可以征求被建议单位的意见。

> **第八十七条**
> 发出检察建议书报送备案的，应当重点监督、审查下列事项：
> （一）是否在发出检察建议书的五日内报上一级人民检察院对口业务部门和负责法律政策研究的部门备案。其中，社会治理检察建议是否报上一级人民检察院负责法律政策研究的部门备案，其他类型检察建议按业务条线是否报上一级人民检察院对口业务部门备案；
> （二）上级人民检察院认为下级人民检察院发出的检察建议书确有不当的，是否制作《指令变更检察建议决定书》或者《指令撤回检察建议决定书》。

【条文释义】

本条是对检察建议书报送备案的监控。监控要注意区分不同类型检察建议备案所对应的部门，以及指令变更或撤回情形的文书制作。

本条的依据为《人民检察院检察建议工作规定》第二十一条、第二十二条的规定。

【相关规定】

《人民检察院检察建议工作规定》

第二十一条　发出的检察建议书，应当于五日内报上一级人民检察院对口业务部门和负责法律政策研究的部门备案。

第二十二条　检察长认为本院发出的检察建议书确有不当的，应当决定变更或者撤回，并及时通知有关单位，说明理由。

上级人民检察院认为下级人民检察院发出的检察建议书确有不当的，应当指令下级人民检察院变更或者撤回,并及时通知有关单位,说明理由。

第三节 司法办案风险评估预警

第八十八条
  司法办案风险评估预警工作,应当重点监督、审查是否制作下列文书:
  (一)对可能存在风险的案件,制作《执法办案风险评估登记表》,拟定风险等级及风险评估意见;
  (二)对确定为重大、较大、一般风险的案件,制作《执法办案风险预警工作预案》;
  (三)案件办结后,制作《风险事项处理情况报告》。

【条文释义】

本条是对评估预警司法办案风险工作中文书制作的监控。监控重点为可能存在办案风险、确定风险等级、风险案件办结后三种情形的相应文书制作。

本条的依据为最高人民检察院《关于加强检察机关执法办案风险评估预警工作的意见》7 的规定。

【相关规定】

最高人民检察院《关于加强检察机关执法办案风险评估预警工作的意见》

7.办理风险评估预警应当按照以下程序进行:

(1)风险评估。承办人在办理案件过程中,应当根据案情、当事人及其近亲属等相关人员的言行举止、情绪和以往诉讼行为表现等情况,对可能存在风险的案件进行风险评估,拟定风险等级,形成风险评估意见,填写《执法办案风险评估登记表》,及时提交部门负责人审核,较大、重大风险案件呈报分管副检察长、检察长审查。

(2)制定工作预案。对确定为重大、较大、一般风险的案件,承办人和承办部门及时制定《执法办案风险预警工作预案》,内容包括:案件当事人的基本情况及主要诉求、简要案情和拟作出的案件处理决定、可能引发风险的情况及原因、拟化解的方案及稳控息诉措施、需要与本院其他部门及有关机关协调的问题等。拟定为重大风险案件的,由检察长决定启动预警化解机制;

拟定为较大风险案件的，由分管副检察长决定启动预警化解机制；拟定为一般风险案件的，由部门负责人决定启动预警化解机制。

（3）……

（4）办结报审归档。案件办结后，案件承办部门应当制作《风险事项处理情况报告》报分管副检察长审查。《风险事项处理情况报告》应包括以下主要内容：简要案情、当事人主要诉求、处理情况和法律依据、化解疏导工作及相关善后工作的情况。案件承办部门应将《执法办案风险评估登记表》、《执法办案风险预警工作预案》、《风险事项处理情况报告》归入检察副卷。

《人民检察院行政诉讼监督案件办理流程监控要点》条文解读

第一章 总　则

> **第一条**
> 　　为了加强对行政诉讼监督案件的监督管理，进一步深化流程监控工作，促进规范、公正、高效司法，根据《中华人民共和国行政诉讼法》《人民检察院行政诉讼监督规则》《人民检察院案件流程监控工作规定（试行）》和规范办案有关要求，结合检察工作实际，制定本要点。

【条文释义】

　　本条明确制定《人民检察院行政诉讼监督案件办理流程监控要点》（以下简称《要点》）的目的和依据。流程监控是案件管理的重要职能，是一项综合性、基础性和经常性的工作，也是强化过程控制的重要途径。随着司法体制改革的深入推进，检察机关内设机构系统性、整体性、重塑性改革落地，受审分离办案模式、《人民检察院行政诉讼监督规则》全面施行，对检察机关履行法律监督职能，尤其是行政诉讼监督案件办案提出了新要求新标准，对加强检察权运行监督制约，尤其是构建与之相适应的内部监督机制也是势在必行。通过强化流程监控，对司法办案全程、同步、动态监督，增强严格规范司法的刚性约束，对于强化内部监督制约，有针对性地防范和纠正司法办案中存在的突出问题，具有重要作用。因此，新形势下，最高人民检察院通过制定本《要点》夯实管理基础，健全完善案件管理制度体系，发挥制度管长远、管根本的作用。

　　制定本《要点》的依据，既包括《中华人民共和国行政诉讼法》《人民检察院行政诉讼监督规则》等法律和司法解释，也包括《人民检察院案件流程监控工作规定（试行）》等规范性文件和规范办案有关要求。

　　需要注意的是，现行行政诉讼监督办案系统已经由统一业务应用系统变更为检察业务应用系统，本《要点》也作了相应调整。如无特别说明，本《要点》适用的为变更后的检察业务应用系统。《人民检察院案件流程监控工作规定（试行）》系最高人民检察院2016年印发，条文内容相对原则、概括，《要点》依据该规定确定的原则，结合改革要求和办案实际细化规定行政检察各办案环节中办理期限、诉讼权利保障、文书制作等程序性监控事项和要求。

> **第二条**
> 本要点所称流程监控，是指依照法律规定和相关司法解释、规范性文件等，对人民检察院正在办理的行政诉讼监督案件的程序是否合法、规范、及时、完备，进行实时、动态的监督、提示、防控。

【条文释义】

本条阐明流程监控的定义。

本条的依据为《人民检察院案件流程监控工作规定（试行）》第二条的规定。

【相关规定】

《人民检察院案件流程监控工作规定（试行）》

第二条　本规定所称案件流程监控，是指对人民检察院正在受理或者办理的案件（包括对控告、举报、申诉、国家赔偿申请材料的处理活动），依照法律规定和相关司法解释、规范性文件等，对办理程序是否合法、规范、及时、完备，进行实时、动态的监督、提示、防控。

> **第三条**
> 流程监控工作应当坚持加强监督管理与服务保障相结合、全程管理与重点监控相结合、人工管理与依托信息技术相结合、合法合规与双赢多赢共赢相结合的原则。

【条文释义】

本条明确流程监控的基本原则。

本条的依据为《人民检察院案件流程监控工作规定（试行）》第三条的规定。

一是坚持监督管理与服务司法办案相结合。突出监控视角，按照案件类别对办案节点和事项进行梳理，指导案管工作人员规范有序地开展监控，引导办案人员规范办案。充分尊重检察官办案中的主体地位，流程监控的对象为案件程序性内容，重点解决办案流程不规范、不完备、不及时等问题。对属于实体性事项，如涉及事实认定、证据采信、法律适用等，不作为流程监控的内容，防止监管活动对正常办案造成不当干预，充分保障办案部门、办案人员的司法主体地位。

二是坚持全程管理与重点监控相结合。通过制定《要点》，明确各办案环节中办理期限、诉讼权利保障、文书制作等程序性监控事项，既有利于强化对行政诉讼监督案件的监督管理，引导检察官依法规范办案，更有利于促使检察官了解负责案件管理的部门监管重点和依据，着力于事前预防，寓监督于服务，实现双赢多赢共赢，为检察机关全面履行"四大检察"职能、推进"十大业务"协调发展提供重要保障。

三是坚持人工管理与依托信息技术相结合。信息化是流程监控工作的重要支撑，也是流程监控工作取得成效的重要保证。开展流程监控工作要善于向信息技术借势借力，以统一业务应用系统迭代升级为检察业务应用系统为契机，将《要点》规定的监控事项和规则嵌入信息系统，通过技术手段自动阻却、提示各种程序不规范、不及时、不完备等问题，努力提升案件管理的现代化水平。

【相关规定】

《人民检察院案件流程监控工作规定（试行）》

第三条　案件流程监控工作应当坚持加强监督管理与服务司法办案相结合、全程管理与重点监控相结合、人工管理与依托信息技术相结合的原则。

第四条

负责案件管理的部门承担流程监控工作的组织协调和具体实施。

办案部门应当协助、配合负责案件管理的部门开展案件流程监控工作，及时核实情况、反馈意见、纠正问题、加强管理。

负责技术信息的部门应当根据流程监控工作需要提供技术保障。

【条文释义】

本条规定了行政诉讼监督案件办理流程中负责控告申诉检察、行政检察、案件管理部门、技术信息部门的职责分工。

本条的依据为《人民检察院行政诉讼监督规则》第七条和《人民检察院案件流程监控工作规定（试行）》第四条的规定。

【相关规定】

《人民检察院行政诉讼监督规则》

第七条 负责控告申诉检察、行政检察、案件管理的部门分别承担行政诉讼监督案件的受理、办理、管理工作,各部门互相配合,互相制约。

当事人不服人民法院生效行政赔偿判决、裁定、调解书的案件,由负责行政检察的部门办理,适用本规则规定。

《人民检察院案件流程监控工作规定(试行)》

第四条 案件管理部门负责案件流程监控工作的组织协调和具体实施。

办案部门应当协助、配合案件管理部门开展案件流程监控工作,及时核实情况、反馈意见、纠正问题、加强管理。

履行诉讼监督职责的部门和纪检监察机构应当加强与案件管理部门的协作配合,及时查处案件流程监控中发现的违纪违法问题。

技术信息部门应当根据案件流程监控工作需要提供技术保障。

第五条

负责案件管理的部门发现本院办案活动有下列情形之一的,应当及时提出纠正意见:

(一)法律文书制作、使用不符合法律和有关规定的;

(二)违反办案期限有关规定的;

(三)侵害当事人、诉讼代理人诉讼权利的;

(四)其他应当提出纠正意见的情形。

【条文释义】

本条规定了负责案件管理的部门开展流程监控的内容。

本条的依据为《人民检察院行政诉讼监督规则》第一百一十六条、第一百一十七条、第一百一十八条的规定。

【相关规定】

《人民检察院行政诉讼监督规则》

第一百一十六条 人民检察院负责案件管理的部门对行政诉讼监督案件的受理、期限、程序、质量等进行管理、监督、预警。

第一百一十七条 负责案件管理的部门对以本院名义制发行政诉讼监督

法律文书实施监督管理。

第一百一十八条　负责案件管理的部门发现本院办案活动有下列情形之一的，应当及时提出纠正意见：

（一）法律文书制作、使用不符合法律和有关规定的；

（二）违反办案期限有关规定的；

（三）侵害当事人、委托代理人诉讼权利的；

（四）未依法对行政诉讼活动中的违法行为履行法律监督职责的；

（五）其他应当提出纠正意见的情形。

情节轻微的，可以口头提示；情节较重的，应当发送《案件流程监控通知书》，提示办案部门及时查明情况并予以纠正；情节严重的，应当同时向检察长报告。

负责行政检察的部门收到《案件流程监控通知书》后，应当在十日内将核查情况书面回复负责案件管理的部门。

> **第六条**
> 对正在受理、办理的行政诉讼监督案件开展流程监控，负责案件管理的部门应当通过下列方式了解情况、发现问题：
> （一）审查受理的案卷材料；
> （二）查阅检察业务应用系统等的案卡、流程、文书、数据等相关信息；
> （三）对需要向其他单位或者部门移送的案卷材料进行统一审核；
> （四）向办案人员或者办案部门核实情况；
> （五）上级人民检察院或者本院检察长、检察委员会决定的其他方式。

【条文释义】

本条规定了负责案件管理的部门开展流程监控的方式。

本条的依据为《人民检察院案件流程监控工作规定（试行）》第十六条的规定。

【相关规定】

《人民检察院案件流程监控工作规定（试行）》

第十六条　对正在受理、办理的案件开展案件流程监控，应当通过下列方式了解情况、发现问题：

（一）审查受理的案卷材料；

（二）查阅统一业务应用系统、案件信息公开系统的案卡、流程、文书、数据等相关信息；

（三）对需要向其他单位或者部门移送的案卷材料进行统一审核；

（四）向办案人员或者办案部门核实情况；

（五）上级人民检察院或者本院检察长、检察委员会决定的其他方式。

对诉讼参与人签收后附卷的通知书、告知书，应当上传到统一业务应用系统备查。

第七条

对流程监控发现的问题，应当按照不同情形作出处理：

（一）办案期限即将届满的，应当及时向办案人员发出预警；已经超期的，应当及时向办案人员了解核实情况，提出纠正意见；

（二）系统操作不规范、文书错漏等违规办案情节轻微的，应当向办案人员进行口头提示，或者通过检察业务应用系统提示；

（三）违规办案情节较重的，应当向办案部门发送《案件流程监控通知书》，提示办案部门及时查明情况并予以纠正，同时抄送本院负责检务督察的部门；

（四）违规办案情节严重的，应当向办案部门发送《案件流程监控通知书》，及时报告检察长，并抄送本院负责检务督察的部门；

（五）对于流程监控中发现的涉及事实认定、证据采信、法律适用等办案实体性问题线索，应当及时移送办案部门，或者案件办结后移送开展案件质量评查；

（六）发现审判机关违法办案的，应当及时移送办案部门依法处理。

【条文释义】

本条规定了负责案件管理的部门在开展流程监控过程中对发现的问题，可以采取的监控和处理措施。

本条的依据为《人民检察院案件流程监控工作规定（试行）》第十七条、《人民检察院行政诉讼监督规则》第一百一十八条、《人民检察院案件管理与检务督察工作衔接规定》第四条的规定。

本条第五项是对流程监控的对象为案件程序性内容这一重要特点的强调和细化，流程监控重点解决办案流程不规范、不完备、不及时等问题，对属于办案人自由裁量范围内的事项，如涉及事实认定、证据采信、法律适用等，不作为案管部门流程监控的内容，有效防止对正常的办案活动进行不当干预，保障办案部门、办案人员的主体地位。

【相关规定】

《人民检察院案件流程监控工作规定（试行）》

第十七条　对案件流程监控中发现的问题，应当按照不同情形作出处理：

（一）网上操作不规范、法律文书错漏等违规办案情节轻微的，应当向办案人员进行口头提示，或者通过统一业务应用系统提示；

（二）违规办案情节较重的，应当向办案部门发送案件流程监控通知书，提示办案部门及时查明情况并予以纠正；

（三）违规办案情节严重的，应当向办案部门发送案件流程监控通知书，同时通报相关诉讼监督部门，并报告检察长。

涉嫌违纪违法的，应当移送纪检监察机构处理。发现侦查机关、审判机关违法办案的，应当及时移送本院相关部门依法处理。

《人民检察院行政诉讼监督规则》

第一百一十八条　负责案件管理的部门发现本院办案活动有下列情形之一的，应当及时提出纠正意见：

（一）法律文书制作、使用不符合法律和有关规定的；

（二）违反办案期限有关规定的；

（三）侵害当事人、委托代理人诉讼权利的；

（四）未依法对行政诉讼活动中的违法行为履行法律监督职责的；

（五）其他应当提出纠正意见的情形。

情节轻微的，可以口头提示；情节较重的，应当发送《案件流程监控通知书》，提示办案部门及时查明情况并予以纠正；情节严重的，应当同时向检察长报告。

负责行政检察的部门收到《案件流程监控通知书》后，应当在十日内将核查情况书面回复负责案件管理的部门。

《人民检察院案件管理与检务督察工作衔接规定》

第四条　负责案件管理的部门在履职过程中形成的下列工作材料，应当抄送本院负责检务督察的部门：

（一）根据《人民检察院案件流程监控工作规定（试行）》（高检发案管字〔2016〕3号）第十七条、《人民检察院刑事案件办理流程监控要点》（高检发办字〔2020〕51号）第七条规定制作的《案件流程监控通知书》；

（二）案件质量评查确定的不合格案件、严重瑕疵案件的个案评查报告；

（三）开展业务数据专项检查、案件信息公开专项检查、案件质量评查等案件监督管理活动中形成的工作通报；

（四）业务监管过程中发现其他严重违规情形，向办案部门发送的书面监督纠正意见。

第八条

办案人员收到负责案件管理的部门口头提示后，应当立即核查，并在收到口头提示后三个工作日以内，将核查、纠正情况回复负责案件管理的部门。

办案部门收到《案件流程监控通知书》后，应当立即开展核查，并在收到通知书后十个工作日以内，将核查、纠正情况书面回复负责案件管理的部门。

办案部门对《案件流程监控通知书》内容有异议的，负责案件管理的部门应当进行复核，与办案部门充分交换意见。经复核后，仍有意见分歧的，报检察长决定。

【条文释义】

本条规定了办案人员及部门在收到负责案件管理的部门提出的口头提醒和《案件流程监控通知书》后，要及时将核查、纠正情况进行回复。

本条的依据为《人民检察院案件流程监控工作规定（试行）》第十八条、《人民检察院行政诉讼监督规则》第一百一十八条的规定。

【相关规定】

《人民检察院案件流程监控工作规定（试行）》

第十八条 办案人员收到口头提示后，应当立即核查，并在收到口头提示后三个工作日以内，将核查、纠正情况回复案件管理部门。

办案部门收到案件流程监控通知书后，应当立即开展核查，并在收到通知书后十个工作日以内，将核查、纠正情况书面回复案件管理部门。

办案部门对案件流程监控通知书内容有异议的，案件管理部门应当进行复核，重新审查并与办案部门充分交换意见。经复核后，仍有意见分歧的，报检察长决定。

《人民检察院行政诉讼监督规则》

第一百一十八条 负责案件管理的部门发现本院办案活动有下列情形之一的，应当及时提出纠正意见。

（一）法律文书制作、使用不符合法律和有关规定的；

（二）违反办案期限有关规定的；

（三）侵害当事人、委托代理人诉讼权利的；

（四）未依法对行政诉讼活动中的违法行为履行法律监督职责的；

（五）其他应当提出纠正意见的情形。

情节轻微的，可以口头提示；情节较重的，应当发送《案件流程监控通知书》，提示办案部门及时查明情况并予以纠正；情节严重的，应当同时向检察长报告。

负责行政检察的部门收到《案件流程监控通知书》后，应当在十日内将核查情况书面回复负责案件管理的部门。

第九条

对办案人员、办案部门未在规定期限内回复纠正的，负责案件管理的部门应当督促落实；经督促仍不回复或者无正当理由不纠正的，应当报告检察长。

【条文释义】

本条明确要求建立对流程监控发现问题的督促整改制度，要求对办案人员、办案部门未在规定期限内回复纠正的，负责案件管理的部门应当督促落实；对于经过督促仍然不回复或者无正当理由不纠正的，应当报告检察长，以实现流程监控的实效性和权威性，确保制度落地见效。

第十条

负责案件管理的部门应当建立流程监控日志和台账，记录流程监控工作情况、发现的问题、处理纠正结果等，及时向办案部门反馈，提出改进工作意见。

【条文释义】

本条规定了案件管理部门应当建立案件流程监控日志和台账。

本条的依据为《人民检察院案件流程监控工作规定（试行）》第十九条的规定。

【相关规定】

《人民检察院案件流程监控工作规定（试行）》

第十九条　案件管理部门应当建立案件流程监控日志和台账，记录每日开展的案件流程监控工作情况、发现的问题、处理纠正结果等，及时向办案部门反馈，定期汇总分析、通报，提出改进工作意见。

> 第十一条
> 负责案件管理的部门应当建立流程监控通报督办制度，对重大、典型的办案不规范问题以及普遍性、倾向性问题进行通报，督促整改落实，每季度或者半年开展一次。

【条文释义】

本条明确要求建立流程监控通报督办制度，每季度或者半年开展一次，开展常态化通报督办。目的在于对流程监控中发现的重大、典型的办案不规范问题以及普遍性问题进行通报督办，进一步督促办案人员整改落实，发挥制度管长远、管根本的作用。

> 第十二条
> 流程监控发现的问题及整改落实情况作为检察人员考核的重要依据。

【条文释义】

本条明确规定流程监控发现的问题及整改落实情况结果运用，作为检察人员考核的重要依据。

本条的依据为《人民检察院案件流程监控工作规定（试行）》第二十条的规定。

【相关规定】

《人民检察院案件流程监控工作规定（试行）》

第二十条　流程监控情况应当纳入检察人员司法档案，作为检察人员业绩评价等方面的重要依据。

> **第十三条**
> 　　行政诉讼监督案件，应当重点监督、审查案件承办确定是否采取随机分案为主、指定分案为辅的方式。指定分案或者变更承办检察官的，是否严格按照程序审批。

【条文释义】

本条是对行政诉讼监督案件承办确定的一般规则运行情况进行监控的规定。

本条第一句的依据为最高人民检察院《关于完善人民检察院司法责任制的若干意见》26、《人民检察院行政诉讼监督规则》第四十条和《最高人民检察院机关案件承办确定工作管理办法（试行）》第七条的规定。

本条第二句的依据为《最高人民检察院机关案件承办确定工作管理办法（试行）》第七条、第十一条、第十二条、第十三条的规定。

【相关规定】

最高人民检察院《关于完善人民检察院司法责任制的若干意见》

26.建立随机分案为主、指定分案为辅的案件承办确定机制。重大、疑难、复杂案件可以由检察长指定检察官办案组或独任检察官承办。

《人民检察院行政诉讼监督规则》

第四十条　负责行政检察的部门收到负责控告申诉检察、案件管理的部门移送的行政诉讼监督案件后，应当按照随机分案为主、指定分案为辅的原则，确定承办案件的独任检察官或者检察官办案组。

《最高人民检察院机关案件承办确定工作管理办法（试行）》

第七条　案件承办确定应当采取随机分案为主、指定分案为辅的方式进行。

随机分案是指由统一业务应用系统依照预先设定的案件承办确定工作方案，自动随机直接确定承办案件的独任检察官或者检察官办案组。

指定分案是指由检察长、分管副检察长依照规定直接指定承办案件的独任检察官或者检察官办案组。

职务犯罪侦查预防部门办理案件的承办确定方式,公诉部门办理死刑复核监督案件的承办确定方式,控告检察部门办理来信、来访案件的承办确定方式,另行规定。

第十一条 需要指定分案的,由本部门负责案件分配的人员提出意见,经部门主要负责人审核后,报请分管副检察长或者检察长指定。

第十二条 案件承办确定后,发现有下列情形之一,由承办该案件的独任检察官、检察官办案组提出变更处理意见,或者由本部门负责案件分配的人员提出变更处理意见,报请部门主要负责人作出变更决定:

(一)案件办理方式需要由独任检察官变更为检察官办案组,或者需要由检察官办案组变更为独任检察官的;

(二)因承办检察官请假休假、参加培训、参与专项活动、承担其他重大工作、岗位调整、离岗等客观原因,案件不能在规定期限内办结的;

(三)在办理过程中发现属于应当由同一独任检察官或者同一检察官办案组办理的情形。

第十三条 在案件办理过程中,发现有下列情形之一,需要变更承办案件的独任检察官或者检察官办案组的,应当报请分管副检察长、检察长决定:

(一)认为有违法办案等不宜继续办理情形的;

(二)有依法需要回避情形的;

(三)需要变更的案件属于分管副检察长、检察长指定办理的。

第十四条

对承办检察官自行回避或者被决定回避的,应当重点监督、审查是否另行确定承办检察官。

【条文释义】

本条是对行政诉讼监督案件承办确定互斥规则运行情况进行监控的规定。本条的依据为最高人民检察院《关于完善人民检察院司法责任制的若干意见》27和《人民检察院行政诉讼监督规则》第十四条、第十六条的规定。

【相关规定】

最高人民检察院《关于完善人民检察院司法责任制的若干意见》

27.当事人举报投诉检察官违法办案,律师申诉、控告检察官阻碍其依法行使诉讼权利，或有迹象表明检察官违法办案的，检察长可以要求检察官报告办案情况。检察长认为确有必要的，可以更换承办案件的检察官，并将相关情况记录在案。

《人民检察院行政诉讼监督规则》

第十四条 检察人员自行回避的，可以口头或者书面方式提出，并说明理由。口头提出申请的，应当记录在卷。

第十六条 检察长的回避，由检察委员会讨论决定；检察人员和其他人员的回避，由检察长决定。检察委员会讨论检察长回避问题时，由副检察长主持，检察长不得参加。

> 第十五条
> 　　对检察业务应用系统已经入卷的文书，应当根据《人民检察院行政诉讼监督规则》和检察官权力清单重点监督、审查是否由独任检察官或者检察官办案组办理，作出的决定是否在其职权范围内。
> 　　检察长、检察委员会对案件作出的决定，应当重点监督、审查检察官是否执行。

【条文释义】

本条是对承办行政诉讼监督案件的检察官行使权力进行监控的规定。

本条第一款的依据为《中华人民共和国人民检察院组织法》第二十八条、最高人民检察院《关于完善人民检察院司法责任制的若干意见》7和《人民检察院行政诉讼监督规则》第八条、第九条的规定。

本条第二款的依据为《人民检察院行政诉讼监督规则》第五十三条、第五十四条的规定。

【相关规定】

《中华人民共和国人民检察院组织法》

第二十八条 人民检察院办理案件，根据案件情况可以由一名检察官独任办理，也可以由两名以上检察官组成办案组办理。

由检察官办案组办理的，检察长应当指定一名检察官担任主办检察官，组织、指挥办案组办理案件。

最高人民检察院《关于完善人民检察院司法责任制的若干意见》

7. 诉讼监督等其他法律监督案件，可以由独任检察官承办，也可以由检察官办案组承办。独任检察官、主任检察官对检察长（分管副检察长）负责，在职权范围内对办案事项作出决定。以人民检察院名义提出纠正违法意见、检察建议、终结审查、不支持监督申请或提出（提请）抗诉的，由检察长（分管副检察长）或检察委员会决定。

《人民检察院行政诉讼监督规则》

第八条 人民检察院办理行政诉讼监督案件，由检察官、检察长、检察委员会在各自职权范围内对办案事项作出决定，并依照规定承担相应司法责任。

检察官在检察长领导下开展工作。重大办案事项，由检察长决定。检察长可以根据案件情况，提交检察委员会讨论决定。其他办案事项，检察长可以自行决定，也可以委托检察官决定。

本规则对应当由检察长或者检察委员会决定的重大办案事项有明确规定的，依照本规则的规定；本规则没有明确规定的，省级人民检察院可以制定有关规定，报最高人民检察院批准。

以人民检察院名义制发的法律文书，由检察长签发；属于检察官职权范围内决定事项的，检察长可以授权检察官签发。

重大、疑难、复杂或者有社会影响的案件，应当向检察长报告。

第九条 人民检察院办理行政诉讼监督案件，根据案件情况，可以由一名检察官独任办理，也可以由两名以上检察官组成办案组办理。由检察官办案组办理的，检察长应当指定一名检察官担任主办检察官，组织、指挥办案组办理案件。

检察官办理行政诉讼监督案件，可以根据需要配备检察官助理、书记员、司法警察、检察技术人员等检察辅助人员。检察辅助人员依照有关规定承担相应的检察辅助事务。

第五十三条 承办检察官办理案件过程中，可以提请负责行政检察的部门负责人召集检察官联席会议讨论。

负责行政检察的部门负责人对本部门的办案活动进行监督管理。需要报请检察长决定的事项和需要向检察长报告的案件，应当先由部门负责人审核。部门负责人可以主持召开检察官联席会议进行讨论，也可以直接报请检察长决定或者向检察长报告。

检察官联席会议讨论情况和意见应当如实记录，由参加会议的检察官签名后附卷保存。讨论结果供办案参考。

第五十四条 检察长不同意检察官意见的，可以要求检察官复核，也可以直接作出决定，或者提请检察委员会讨论决定。

检察官执行检察长决定时，认为决定错误的，应当书面提出意见。检察长不改变原决定的，检察官应当执行。

第十六条

下列办案事项，应当重点监督、审查是否由检察官承担：

（一）询问关键证人和对诉讼活动具有重要影响的其他诉讼参与人；

（二）组织收集、调取、审核证据；

（三）主持听证；

（四）代表检察机关当面提出监督意见；

（五）出席法庭；

（六）其他应当由检察官亲自承担的事项。

【条文释义】

本条是对承办行政诉讼监督案件的检察官办案亲历性开展监控的规定。

本条的依据为最高人民检察院《关于完善人民检察院司法责任制的若干意见》17 和《人民检察院行政诉讼监督规则》第七十二条的规定。

【相关规定】

最高人民检察院《关于完善人民检察院司法责任制的若干意见》

17. 检察官依照法律规定和检察长委托履行职责。

检察官承办案件，依法应当讯问犯罪嫌疑人、被告人的，至少亲自讯问一次。

下列办案事项应当由检察官亲自承担：

（一）询问关键证人和对诉讼活动具有重要影响的其他诉讼参与人；

（二）对重大案件组织现场勘验、检查，组织实施搜查，组织实施查封、扣押物证、书证，决定进行鉴定；

（三）组织收集、调取、审核证据；

（四）主持公开审查、宣布处理决定；

（五）代表检察机关当面提出监督意见；

（六）出席法庭；

（七）其他应当由检察官亲自承担的事项。

《人民检察院行政诉讼监督规则》

第七十二条 听证会由检察官主持，书记员负责记录，司法警察负责维持秩序。

听证过程应当全程录音录像。经检察长批准，人民检察院可以通过中国检察听证网和其他公共媒体，对听证会进行图文、音频、视频直播或者录播。

第十七条

对行政诉讼活动实施法律监督的，应当重点监督、审查是否采取提出抗诉或者检察建议的方式，但不应采取提出纠正意见的方式。

【条文释义】

本条是对行政诉讼监督案件所采取法律监督方式开展监控的规定。

本条的依据为《中华人民共和国行政诉讼法》第九十三条，《人民检察院行政诉讼监督规则》第三条，《人民检察院检察建议工作规定》第五条、第八条、第九条和全国人民代表大会常务委员会法制工作委员会《关于人民检察院在开展民事行政诉讼监督中可否采用提出纠正意见的监督方式问题的意见》的规定。

【相关规定】

《中华人民共和国行政诉讼法》

第九十三条 最高人民检察院对各级人民法院已经发生法律效力的判决、裁定，上级人民检察院对下级人民法院已经发生法律效力的判决、裁定，发现有本法第九十一条规定情形之一，或者发现调解书损害国家利益、社会公共利益的，应当提出抗诉。

地方各级人民检察院对同级人民法院已经发生法律效力的判决、裁定，发现有本法第九十一条规定情形之一，或者发现调解书损害国家利益、社会公共利益的，可以向同级人民法院提出检察建议，并报上级人民检察院备案；也可以提请上级人民检察院向同级人民法院提出抗诉。

各级人民检察院对审判监督程序以外的其他审判程序中审判人员的违法行为，有权向同级人民法院提出检察建议。

《人民检察院行政诉讼监督规则》

第三条 人民检察院通过提出抗诉、检察建议等方式，对行政诉讼实行法律监督。

《人民检察院检察建议工作规定》

第五条 检察建议主要包括以下类型：

（一）再审检察建议；

（二）纠正违法检察建议；

（三）公益诉讼检察建议；

（四）社会治理检察建议；

（五）其他检察建议。

第八条 人民检察院发现同级人民法院已经发生法律效力的判决、裁定具有法律规定的应当再审情形的，或者发现调解书损害国家利益、社会公共利益的，可以向同级人民法院提出再审检察建议。

第九条 人民检察院在履行对诉讼活动的法律监督职责中发现有关执法、司法机关具有下列情形之一的，可以向有关执法、司法机关提出纠正违法检察建议：

（一）人民法院审判人员在民事、行政审判活动中存在违法行为的；

（二）人民法院在执行生效民事、行政判决、裁定、决定或者调解书、支付令、仲裁裁决书、公证债权文书等法律文书过程中存在违法执行、不执行、怠于执行等行为，或者有其他重大隐患的；

（三）人民检察院办理行政诉讼监督案件或者执行监督案件，发现行政机关有违反法律规定、可能影响人民法院公正审理和执行的行为的；

（四）公安机关、人民法院、监狱、社区矫正机构、强制医疗执行机构等在刑事诉讼活动中或者执行人民法院生效刑事判决、裁定、决定等法律文书过程中存在普遍性、倾向性违法问题，或者有其他重大隐患，需要引起重视予以解决的；

（五）诉讼活动中其他需要以检察建议形式纠正违法的情形。

全国人民代表大会常务委员会法制工作委员会《关于人民检察院在开展民事行政诉讼监督中可否采用提出纠正意见的监督方式问题的意见》

人民检察院组织法第二十一条规定："人民检察院行使本法第二十条规定的法律监督职权，可以进行调查，并依法提出抗诉、纠正意见、检察建议。有关单位应当予以配合，并及时将采纳纠正意见、检察建议的情况书面回复人民检察院。""抗诉、纠正意见、检察建议的适用范围及其程序，依照法律有关规定。"根据上述规定，人民检察院提出纠正意见的适用范围及其程序，由法律规定。我国刑事诉讼法第五十七条、第二百零九条和第二百七十四条

— 115 —

分别对以非法方法收集证据，审理案件违反法律规定的诉讼程序，减刑、假释的裁定不当等情形，规定人民检察院有权向侦查机关、人民法院等提出纠正意见。民事诉讼法、行政诉讼法以及其他法律未规定人民检察院在行使对民事、行政诉讼审判活动和民事、行政执行活动的法律监督职权时可以提出纠正意见，因此，人民检察院不应采取提出纠正意见的方式。

> **第十八条**
> 上级人民检察院认为下级人民检察院的决定错误，指令下级人民检察院纠正，或者依法撤销、变更的，应当重点监督、审查是否制作《决定书（纠正下级人民检察院错误用）》。

【条文释义】

本条是对上级人民检察院认为下级人民检察院的决定错误，指令下级人民检察院纠正，或者依法撤销、变更开展监控的规定。

本条的依据为《中华人民共和国人民检察院组织法》第二十四条、《人民检察院行政诉讼监督规则》第十条的规定。

根据《人民检察院行政诉讼监督法律文书格式样本（2021年版）》中《决定书（纠正下级人民检察院错误用）》制作说明，本文书依据《人民检察院行政诉讼监督规则》第十条第二款、第九十二条第二款的规定制作。上级人民检察院认为下级人民检察院的决定错误，指令下级人民检察院纠正，或依法撤销、变更，或指令下级人民检察院纠正工作中的错误时使用。根据上级人民检察院纠正决定的情况，本文书发送下级人民检察院原监督文书的发送范围（如撤销的情形），或发送下级人民检察院（如指令下级人民检察院纠正的情形）。当事人申请监督的案件，还应发送当事人。

【相关规定】

《中华人民共和国人民检察院组织法》

第二十四条　上级人民检察院对下级人民检察院行使下列职权：

（一）认为下级人民检察院的决定错误的，指令下级人民检察院纠正，或者依法撤销、变更；

（二）可以对下级人民检察院管辖的案件指定管辖；

（三）可以办理下级人民检察院管辖的案件；

（四）可以统一调用辖区的检察人员办理案件。

上级人民检察院的决定，应当以书面形式作出。

《人民检察院行政诉讼监督规则》

第十条 最高人民检察院领导地方各级人民检察院和专门人民检察院的行政诉讼监督工作，上级人民检察院领导下级人民检察院的行政诉讼监督工作。

上级人民检察院认为下级人民检察院的决定错误的，有权指令下级人民检察院纠正，或者依法撤销、变更。上级人民检察院的决定，应当以书面形式作出，下级人民检察院应当执行。下级人民检察院对上级人民检察院的决定有不同意见的，可以在执行的同时向上级人民检察院报告。

上级人民检察院可以依法统一调用辖区的检察人员办理行政诉讼监督案件，调用的决定应当以书面形式作出。被调用的检察官可以代表办理案件的人民检察院履行相关检察职责。

第十九条
　　上级人民检察院依法统一调用辖区的检察人员办理行政诉讼监督案件的，应当重点监督、审查是否制作相应调用文书。

【条文释义】

本条是对上级人民检察院调用辖区检察人员办案开展监控的规定。

本条的依据为《中华人民共和国人民检察院组织法》第二十四条、《人民检察院行政诉讼监督规则》第十条的规定。

【相关规定】

《中华人民共和国人民检察院组织法》

第二十四条 上级人民检察院对下级人民检察院行使下列职权：

（一）认为下级人民检察院的决定错误的，指令下级人民检察院纠正，或者依法撤销、变更；

（二）可以对下级人民检察院管辖的案件指定管辖；

（三）可以办理下级人民检察院管辖的案件；

（四）可以统一调用辖区的检察人员办理案件。

上级人民检察院的决定，应当以书面形式作出。

《人民检察院行政诉讼监督规则》

第十条 最高人民检察院领导地方各级人民检察院和专门人民检察院的行政诉讼监督工作，上级人民检察院领导下级人民检察院的行政诉讼监督工作。

上级人民检察院认为下级人民检察院的决定错误的，有权指令下级人民检察院纠正，或者依法撤销、变更。上级人民检察院的决定，应当以书面形式作出，下级人民检察院应当执行。下级人民检察院对上级人民检察院的决定有不同意见的，可以在执行的同时向上级人民检察院报告。

上级人民检察院可以依法统一调用辖区的检察人员办理行政诉讼监督案件，调用的决定应当以书面形式作出。被调用的检察官可以代表办理案件的人民检察院履行相关检察职责。

第二章　回避监控

第二十条

申请、决定回避的，应当重点监督、审查下列事项：

（一）检察人员口头提出回避申请的，是否记录在卷；

（二）当事人口头提出申请回避的，是否记录在卷；

（三）当事人申请回避的，除对明显不属于法定回避事由的当场驳回外，是否在三日内制作《回避决定书》，并通知申请人；

（四）被申请回避的人员在人民检察院作出是否回避的决定前，应当暂停参与本案工作，但案件需要采取紧急措施的除外；

（五）检察委员会讨论检察长回避问题时，是否由副检察长主持，检察长未参加；其他检察人员和书记员、翻译人员、鉴定人、勘验人等的回避，是否由检察长决定。

决定检察人员、书记员、翻译人员、鉴定人、勘验人等回避时，是否制作《回避决定书》。决定回避的，是否发送当事人、被决定回避人；决定驳回回避申请的，是否发送回避申请人。

【条文释义】

本条是对决定回避开展监控的规定。

本条第一款第一项的依据为《人民检察院行政诉讼监督规则》第十三条、第十四条的规定。

本条第一款第二项的依据为《人民检察院行政诉讼监督规则》第十三条、第十五条的规定。

本条第一款第三项的依据为《人民检察院行政诉讼监督规则》第十三条、第十七条第一款的规定。

本条第一款第四项的依据为《人民检察院行政诉讼监督规则》第十三条、第十五条的规定。

本条第一款第五项的依据为《人民检察院行政诉讼监督规则》第十三条、第十六条的规定。

根据《人民检察院行政诉讼监督法律文书格式样本（2021年版）》中《回避决定书》制作说明，本文书根据《人民检察院行政诉讼监督规则》第十四条、第十七条第一款的规定制作。人民检察院决定检察人员、书记员、翻译人员、鉴定人、勘验人等回避时使用。本文书根据具体内容区别发送：决定回避的，发送当事人、被决定回避人；决定驳回回避申请的，发送回避申请人。

【相关规定】

《人民检察院行政诉讼监督规则》

第十三条　检察人员办理行政诉讼监督案件，有下列情形之一的，应当自行回避，当事人有权申请他们回避：

（一）是本案当事人或者当事人、委托代理人近亲属的；

（二）担任过本案的证人、委托代理人、审判人员、行政执法人员的；

（三）与本案有利害关系的；

（四）与本案当事人、委托代理人有其他关系，可能影响对案件公正办理的。

检察人员接受当事人、委托代理人请客送礼及其他利益，或者违反规定会见当事人、委托代理人，当事人有权申请他们回避。

上述规定，适用于书记员、翻译人员、鉴定人、勘验人等。

第十四条　检察人员自行回避的，可以口头或者书面方式提出，并说明理由。口头提出申请的，应当记录在卷。

第十五条　当事人申请回避，应当在人民检察院作出提出抗诉或者检察建议等决定前以口头或者书面方式提出，并说明理由。口头提出申请的，应当记录在卷。依照本规则第十三条第二款规定提出回避申请的，应当提供相关证据。

被申请回避的人员在人民检察院作出是否回避的决定前，应当暂停参与本案工作，但案件需要采取紧急措施的除外。

第十六条　检察长的回避，由检察委员会讨论决定；检察人员和其他人员的回避，由检察长决定。检察委员会讨论检察长回避问题时，由副检察长主持，检察长不得参加。

第十七条　人民检察院对当事人提出的回避申请，应当在三日内作出决定，并通知申请人。对明显不属于法定回避事由的申请，可以当场驳回，并记录在卷。

申请人对驳回回避申请的决定不服的，可以在接到决定时向原决定机关申请复议一次。人民检察院应当在三日内作出复议决定，并通知复议申请人。复议期间，被申请回避的人员不停止参与本案工作。

> **第二十一条**
> 　　申请人不服回避申请决定申请复议的，应当重点监督、审查是否在三日内制作《回避复议决定书》。维持原驳回回避申请的决定的，是否发送回避复议申请人；决定回避的，是否发送当事人、被决定回避人。

【条文释义】

本条是对回避复议开展监控的规定。

本条的依据为《人民检察院行政诉讼监督规则》第十七条的规定。

根据《人民检察院行政诉讼监督法律文书格式样本（2021年版）》中《回避复议决定书》制作说明，本文书根据《人民检察院行政诉讼监督规则》第十七条第二款的规定制作。人民检察院对回避复议申请作出决定时使用。本文书根据具体内容区别发送：维持原驳回回避申请的决定的，发送回避复议申请人；决定回避的，发送当事人、被决定回避人。

【相关规定】

《人民检察院行政诉讼监督规则》

第十七条　人民检察院对当事人提出的回避申请，应当在三日内作出决定，并通知申请人。对明显不属于法定回避事由的申请，可以当场驳回，并记录在卷。

申请人对驳回回避申请的决定不服的，可以在接到决定时向原决定机关申请复议一次。人民检察院应当在三日内作出复议决定，并通知复议申请人。复议期间，被申请回避的人员不停止参与本案工作。

第三章　受理监控

第二十二条

对当事人向人民检察院申请监督案件的管辖，应当重点监督、审查是否由作出生效行政判决、裁定、调解书的人民法院所在地同级人民检察院负责控告申诉检察的部门受理。

【条文释义】

本条是对生效行政判决、裁定、调解书申请监督管辖开展监控的规定。

本条的依据为《人民检察院行政诉讼监督规则》第二十八条的规定。

【相关规定】

《人民检察院行政诉讼监督规则》

第二十八条　当事人对已经发生法律效力的行政判决、裁定、调解书向人民检察院申请监督的，由作出生效判决、裁定、调解书的人民法院所在地同级人民检察院负责控告申诉检察的部门受理。

第二十三条

当事人认为行政审判程序中审判人员存在违法行为或者执行活动存在违法情形，向人民检察院申请监督案件的管辖，应当重点监督、审查是否由审理、执行案件的人民法院所在地同级人民检察院负责控告申诉检察的部门受理。

当事人不服审理、执行案件人民法院的上级人民法院作出的复议裁定、决定等，提出监督申请的，应当重点监督、审查是否由作出复议裁定、决定等的人民法院所在地同级人民检察院负责控告申诉检察的部门受理。

【条文释义】

本条是对行政审判程序审判人员或者执行活动存在违法情形管辖开展监控的规定。

本条第一款的依据为《人民检察院行政诉讼监督规则》第二十九条第一款的规定。

本条第二款的依据为《人民检察院行政诉讼监督规则》第二十九条第二款的规定。

【相关规定】

《人民检察院行政诉讼监督规则》

第二十九条 当事人认为行政审判程序中审判人员存在违法行为或者执行活动存在违法情形，向人民检察院申请监督的，由审理、执行案件的人民法院所在地同级人民检察院负责控告申诉检察的部门受理。

当事人不服审理、执行案件人民法院的上级人民法院作出的复议裁定、决定等，向人民检察院申请监督的，由作出复议裁定、决定等的人民法院所在地同级人民检察院负责控告申诉检察的部门受理。

> **第二十四条**
> 当事人认为人民检察院不依法受理其监督申请，向上一级人民检察院申请监督，上一级人民检察院认为当事人监督申请符合受理条件的，应当重点监督、审查是否指令下一级人民检察院受理或者直接受理。

【条文释义】

本条是对上级人民检察院指令或者直接受理开展监控的规定。

本条的依据为《人民检察院行政诉讼监督规则》第三十条的规定。

【相关规定】

《人民检察院行政诉讼监督规则》

第三十条 人民检察院不依法受理当事人监督申请的，当事人可以向上一级人民检察院申请监督。上一级人民检察院认为当事人监督申请符合受理条件的，应当指令下一级人民检察院受理，必要时也可以直接受理。

第二十五条

负责控告申诉检察的部门接收监督申请材料的,应当重点监督、审查是否在七日内进行处理,并答复申请人:

(一)符合受理条件的,应当依照《人民检察院行政诉讼监督规则》规定作出受理决定,并在检察业务应用系统中准确录入案件相关信息;

(二)不属于本院受理案件范围的,应当告知申请人向有关人民检察院申请监督;

(三)不属于人民检察院主管范围的,告知申请人向有关机关反映;

(四)不符合受理条件,且申请人不撤回监督申请的,可以决定不予受理。

【条文释义】

本条是对负责控告申诉检察的部门收案七日内审查处理开展监控的规定。

本条的依据为《人民检察院行政诉讼监督规则》第三十一条、《人民检察院办理群众来信工作规定》第十六条的规定。

需要注意的是,《人民检察院行政诉讼监督规则》第三十一条规定,负责控告申诉检察的部门接收监督申请材料后,应当在七日内进行处理,并答复申请人。《人民检察院办理群众来信工作规定》第十六条规定,负责控告申诉检察的部门应当自收到群众来信之日起七个工作日以内,根据群众来信事项分别作出回复。本《要点》规定的七日以内适用《人民检察院办理群众来信工作规定》第十六条七个工作日以内的规定。

【相关规定】

《人民检察院行政诉讼监督规则》

第三十一条 人民检察院负责控告申诉检察的部门对监督申请,应当在七日内根据以下情形作出处理,并答复申请人:

(一)符合受理条件的,应当依照本规则规定作出受理决定;

(二)不属于本院受理案件范围的,应当告知申请人向有关人民检察院申请监督;

(三)不属于人民检察院主管范围的,告知申请人向有关机关反映;

(四)不符合受理条件,且申请人不撤回监督申请的,可以决定不予受理。

《人民检察院办理群众来信工作规定》

第十六条 负责控告申诉检察的部门应当自收到群众来信之日起七个工作日以内，根据群众来信事项分别作出以下回复：

（一）本院依法受理的，告知受理情况；

（二）属于本院管辖但材料不齐的，告知来信人补充材料；

（三）属于其他人民检察院管辖的，告知移送情况；

（四）移送同级其他机关或者信访部门处理的，告知移送情况。

第二十六条

负责控告申诉检察的部门决定受理监督申请的，应当重点监督、审查是否在决定受理之日起三日内制作《受理通知书（当事人申请监督用）》，发送申请人，并告知其权利义务。

【条文释义】

本条是对负责控告申诉检察的部门依申请受理文书制作开展监控的规定。

本条的依据为《人民检察院行政诉讼监督规则》第三十二条的规定。

根据《人民检察院行政诉讼监督法律文书格式样本（2021年版）》中《受理通知书（当事人申请监督用）》制作说明，本文书根据《人民检察院行政诉讼监督规则》第三十二条的规定制作。人民检察院对符合受理条件的行政诉讼监督案件决定受理后通知申请人时使用。负责控告申诉检察的部门应当在决定受理之日起三日内制作《受理通知书》，连同附件《当事人联系方式确认书》《权利义务告知书》一并发送申请人。

【相关规定】

《人民检察院行政诉讼监督规则》

第三十二条 负责控告申诉检察的部门应当在决定受理之日起三日内制作《受理通知书》，发送申请人，并告知其权利义务。

需要通知其他当事人的，应当将《受理通知书》和监督申请书副本发送其他当事人，并告知其权利义务。其他当事人可以在收到监督申请书副本之日起十五日内提出书面意见；不提出意见的，不影响人民检察院对案件的审查。

> **第二十七条**
> 负责控告申诉检察的部门决定受理监督申请的，应当重点监督、审查是否在决定受理之日起三日内将案件材料移送本院负责行政检察的部门，同时将《受理通知书》抄送本院负责案件管理的部门。

【条文释义】

本条是对负责控告申诉检察的部门受理监督申请后，向本院负责行政检察的部门移送案件材料和负责案件管理的部门抄送《受理通知书》进行监控的规定。

本条的依据为《人民检察院行政诉讼监督规则》第三十三条的规定。

需要指出的是，本条依据《人民检察院行政诉讼监督规则》第三十三条提及的《受理通知书》，适用《人民检察院行政诉讼监督法律文书格式样本（2021年版）》中《受理通知书（当事人申请监督用）》的制作规定。

根据《人民检察院行政诉讼监督法律文书格式样本（2021年版）》中《受理通知书（当事人申请监督用）》制作说明，本文书根据《人民检察院行政诉讼监督规则》第三十二条的规定制作。人民检察院对符合受理条件的行政诉讼监督案件决定受理后通知申请人时使用。负责控告申诉检察的部门应当在决定受理之日起三日内制作《受理通知书》，连同附件《当事人联系方式确认书》《权利义务告知书》一并发送申请人。

【相关规定】

《人民检察院行政诉讼监督规则》

第三十三条 负责控告申诉检察的部门应当在决定受理之日起三日内将案件材料移送本院负责行政检察的部门，同时将《受理通知书》抄送本院负责案件管理的部门。负责控告申诉检察的部门收到其他当事人提交的书面意见等材料，应当及时移送负责行政检察的部门。

第二十八条

负责案件管理的部门对决定依职权监督的行政案件进行登记受理时，应当重点监督、审查负责行政检察的部门是否制作《依职权监督案件受理报告》并符合下列情形之一：

（一）损害国家利益或者社会公共利益的；

（二）审判人员、执行人员审理和执行行政案件时有贪污受贿、徇私舞弊、枉法裁判等行为的；

（三）依照有关规定需要人民检察院跟进监督的；

（四）人民检察院作出的不支持监督申请决定确有错误的；

（五）其他确有必要进行监督的。

对行政案件依职权监督，不受当事人是否申请再审和《人民检察院行政诉讼监督规则》第二十条第一、二、三款规定期限的限制。

【条文释义】

本条是对依职权启动监督程序案件受理登记进行监控的规定。

本条第一款的依据为《人民检察院行政诉讼监督规则》第十九条、第三十六条第一款的规定。

根据《人民检察院行政诉讼监督法律文书格式样本（2021年版）》中《依职权监督案件受理报告》制作说明，本文书根据《人民检察院行政诉讼监督规则》第三十六条的规定制作。人民检察院依职权受理行政诉讼监督案件报请审批时使用。承办检察官应当写明案件线索来源、是否符合《人民检察院行政诉讼监督规则》第三十六条规定的条件、依职权监督的具体理由和依据。

本条第二款的依据为《人民检察院行政诉讼监督规则》第二十条和第三十六条第二款的规定。

【相关规定】

《人民检察院行政诉讼监督规则》

第十九条　有下列情形之一的，当事人可以向人民检察院申请监督：

（一）人民法院驳回再审申请或者逾期未对再审申请作出裁定，当事人对已经发生法律效力的行政判决、裁定、调解书，认为确有错误的；

（二）认为再审行政判决、裁定确有错误的；
（三）认为行政审判程序中审判人员存在违法行为的；
（四）认为人民法院行政案件执行活动存在违法情形的。

当事人死亡或者终止的，其权利义务承继者可以依照前款规定向人民检察院申请监督。

第二十条 当事人依照本规则第十九条第一款第一项、第二项规定向人民检察院申请监督，应当在人民法院送达驳回再审申请裁定之日或者再审判决、裁定发生法律效力之日起六个月内提出；对人民法院逾期未对再审申请作出裁定的，应当在再审申请审查期限届满之日起六个月内提出。

当事人依照本规则第十九条第一款第一项、第二项规定向人民检察院申请监督，具有下列情形之一的，应当在知道或者应当知道之日起六个月内提出：

（一）有新的证据，足以推翻原生效判决、裁定的；
（二）原生效判决、裁定认定事实的主要证据系伪造的；
（三）据以作出原生效判决、裁定的法律文书被撤销或者变更的；
（四）审判人员在审理该案件时有贪污受贿、徇私舞弊、枉法裁判行为的。

当事人依照本规则第十九条第一款第三项、第四项向人民检察院申请监督，应当在知道或者应当知道审判人员违法行为或者执行活动违法情形发生之日起六个月内提出。

本条规定的期间为不变期间，不适用中止、中断、延长的规定。

第三十六条 人民检察院在履行职责中发现行政案件有下列情形之一的，应当依职权监督：

（一）损害国家利益或者社会公共利益的；
（二）审判人员、执行人员审理和执行行政案件时有贪污受贿、徇私舞弊、枉法裁判等行为的；
（三）依照有关规定需要人民检察院跟进监督的；
（四）人民检察院作出的不支持监督申请决定确有错误的；
（五）其他确有必要进行监督的。

人民检察院对行政案件依职权监督，不受当事人是否申请再审的限制。

> **第二十九条**
> 　　下级人民检察院提请抗诉、提请其他监督、请示等案件，应当重点监督、审查是否由上一级人民检察院负责案件管理的部门受理。

【条文释义】

本条是对上级人民检察院案件管理部门受理下级人民检察院报请案件进行监控的规定。

本条的依据为《人民检察院行政诉讼监督规则》第三十七条、第一百二十六条和《人民检察院案件请示办理工作规定（试行）》第九条的规定。

【相关规定】

《人民检察院行政诉讼监督规则》

第三十七条　下级人民检察院提请抗诉、提请其他监督等案件，由上一级人民检察院负责案件管理的部门受理。

依职权监督的案件，负责行政检察的部门应当到负责案件管理的部门登记受理。

第一百二十六条　地方各级人民检察院对适用法律确属疑难、复杂，本院难以决断的重大行政诉讼监督案件，可以向上一级人民检察院请示。

请示案件依照最高人民检察院关于办理下级人民检察院请示件、下级人民检察院向最高人民检察院报送公文的相关规定办理。

《人民检察院案件请示办理工作规定（试行）》

第九条　下级人民检察院请示案件，应当由本院案件管理部门通过统一业务应用系统，报送上级人民检察院案件管理部门，同时报送书面请示一式三份。

> **第三十条**
> 　　负责案件管理的部门接收案件材料后对符合受理或者登记受理条件的，应当重点监督、审查是否在三日内登记并将案件材料和案件登记表移送负责行政检察的部门。

- 129 -

【条文释义】

本条是对案件管理部门接收案件材料处理进行监控的规定。

本条的依据为《人民检察院行政诉讼监督规则》第三十八条的规定。

需要指出的是，本条依据《人民检察院行政诉讼监督规则》第三十八条第二款提及的行政检察的部门制作的《受理通知书》，适用《人民检察院行政诉讼监督法律文书格式样本（2021年版）》中《受理通知书（检察机关依职权受理用）》的制作规定。

根据《人民检察院行政诉讼监督法律文书格式样本（2021年版）》中《受理通知书（检察机关依职权受理用）》制作说明，本文书根据《人民检察院行政诉讼监督规则》第三十六条、第三十七条第二款、第三十八条第二款的规定制作。人民检察院依职权受理行政诉讼监督案件时使用。对于依职权发现的行政诉讼监督案件，负责行政检察的部门应当到负责案件管理的部门登记受理。需要通知当事人的，由负责行政检察的部门制作《受理通知书》，并在三日内发送当事人。本文书可以与《办理案件检察人员通知书》合并为一个通知文书。

【相关规定】

《人民检察院行政诉讼监督规则》

第三十八条　负责案件管理的部门接收案件材料后，应当在三日内登记并将案件材料和案件登记表移送负责行政检察的部门；案件材料不符合规定的，应当要求补齐。

负责案件管理的部门登记受理后，需要通知当事人的，负责行政检察的部门应当制作《受理通知书》，并在三日内发送当事人。

第四章　审查监控

第一节　一般规定

第三十一条
　　上级人民检察院将受理的行政诉讼监督案件交由下级人民检察院办理的,应当重点监督、审查下列事项:
　　(一)是否制作《交办通知书》,并限定办理期限;
　　(二)是否在法定期限内(含下级人民检察院办理期限)作出决定。

【条文释义】

　　本条是对上级院交办案件的监控。
　　本条的依据为《人民检察院行政诉讼监督规则》第四十一条的规定。

【相关规定】

《人民检察院行政诉讼监督规则》

　　第四十一条　上级人民检察院可以将受理的行政诉讼监督案件交由下级人民检察院办理,并限定办理期限。交办的案件应当制作《交办通知书》,并将有关材料移送下级人民检察院。下级人民检察院应当依法办理,在规定期限内提出处理意见并报送上级人民检察院,上级人民检察院应当在法定期限内作出决定。
　　上级人民检察院交办案件需要通知当事人的,应当制作通知文书,并发送当事人。

第三十二条
　　下级人民检察院办理上级人民检察院交办的行政诉讼监督案件的,应当重点监督、审查是否在规定期限内提出处理意见并报送上级人民检察院。

【条文释义】

本条是对下级院办理交办案件的监控。

本条的依据为《人民检察院行政诉讼监督规则》第四十一条的规定。

【相关规定】

《人民检察院行政诉讼监督规则》

第四十一条　上级人民检察院可以将受理的行政诉讼监督案件交由下级人民检察院办理，并限定办理期限。交办的案件应当制作《交办通知书》，并将有关材料移送下级人民检察院。下级人民检察院应当依法办理，在规定期限内提出处理意见并报送上级人民检察院，上级人民检察院应当在法定期限内作出决定。

上级人民检察院交办案件需要通知当事人的，应当制作通知文书，并发送当事人。

第三十三条

上级人民检察院决定办理下级人民检察院受理的行政诉讼监督案件的，应当重点监督、审查是否制作《提办通知书》。

【条文释义】

本条是对上级院提办案件的监控。

本条的依据为《人民检察院行政诉讼监督规则》第四十二条第一款的规定。

根据《人民检察院行政诉讼监督法律文书格式样本（2021年版）》中《提办通知书》制作说明，本文书根据《人民检察院行政诉讼监督规则》第四十二条第一款的规定制作。人民检察院提办下级人民检察院受理的行政诉讼监督案件时使用。本文书发送下级人民检察院。

【相关规定】

《人民检察院行政诉讼监督规则》

第四十二条　上级人民检察院认为确有必要的，可以办理下级人民检察院受理的行政诉讼监督案件。

下级人民检察院受理的行政诉讼监督案件，认为需要由上级人民检察院办理的，可以报请上级人民检察院办理。

最高人民检察院、省级人民检察院根据实质性化解行政争议等需要，可以指定下级人民检察院办理案件。

第三十四条
下级人民检察院对受理的行政诉讼监督案件，认为需要报请上级人民检察院办理的，应当重点监督、审查下列事项：
（一）下级人民检察院是否制作《关于×××的函（其他事项用）》；
（二）上级人民检察院同意报请意见的，是否制发《提办通知书》；不同意报请意见的，是否制作《关于×××的函（其他事项用）》，回复下级人民检察院。

【条文释义】

本条是对报请上级院办理案件的监控。

本条的依据为《人民检察院行政诉讼监督规则》第四十二条第二款的规定。

根据《人民检察院行政诉讼监督法律文书格式样本（2021年版）》中《关于×××的函（其他事项用）》制作说明，本文书为人民检察院向其他人民检察院或者相关单位说明情况或者通知相关事项时使用。

【相关规定】

《人民检察院行政诉讼监督规则》

第四十二条　上级人民检察院认为确有必要的，可以办理下级人民检察院受理的行政诉讼监督案件。

下级人民检察院受理的行政诉讼监督案件，认为需要由上级人民检察院办理的，可以报请上级人民检察院办理。

最高人民检察院、省级人民检察院根据实质性化解行政争议等需要，可以指定下级人民检察院办理案件。

第三十五条
人民检察院收到申请人或者其他当事人提交的证据材料，应当重点监督、审查是否制作《证据材料收据》。

【条文释义】

本条是对接收证据材料的监控。

本条的依据为《人民检察院行政诉讼监督规则》第三十三条、第四十四条的规定。

根据《人民检察院行政诉讼监督法律文书格式样本（2021年版）》中《证据材料收据》制作说明，本文书根据《人民检察院行政诉讼监督规则》第四十四条的规定制作。人民检察院在审查行政诉讼监督案件期间收到当事人提交的证据材料，出具收据时使用。本文书交提交人一份，附卷一份。人民检察院返还证据时收回提交人所持收据附卷，并注明返还时间，由提交人签字。

【相关规定】

《人民检察院行政诉讼监督规则》

第三十三条　负责控告申诉检察的部门应当在决定受理之日起三日内将案件材料移送本院负责行政检察的部门，同时将《受理通知书》抄送本院负责案件管理的部门。负责控告申诉检察的部门收到其他当事人提交的书面意见等材料，应当及时移送负责行政检察的部门。

第四十四条　人民检察院在审查行政诉讼监督案件期间收到申请人或者其他当事人提交的证据材料的，应当出具收据。

第三十六条
审查当事人申请监督的行政诉讼监督案件的，应当重点监督、审查是否制作《办理案件检察人员通知书》。

【条文释义】

本条是对告知办案人员姓名和法律职务的监控。

本条的依据为《人民检察院行政诉讼监督规则》第四十六条的规定。

根据《人民检察院行政诉讼监督法律文书格式样本（2021年版）》中《办理案件检察人员通知书》制作说明，本文书根据《人民检察院行政诉讼监督规则》第四十六条的规定制作。人民检察院告知当事人办案人员姓名和法律职务时使用。本文书发送当事人。向其他当事人告知办案人员姓名和法律职务，可以与《通知书（告知其他当事人提出意见用）》合并为一个通知文书。

【相关规定】

《人民检察院行政诉讼监督规则》

第四十六条 人民检察院应当告知当事人有申请回避的权利,并告知办理行政诉讼监督案件的检察人员、书记员等的姓名、法律职务。

第三十七条

审查行政诉讼监督案件,应当重点监督、审查下列事项:

(一)除当事人提交书面意见外,采取其他方式听取当事人意见的,是否制作《询问笔录》或者记录在卷;

(二)当事人委托律师担任代理人的,是否听取代理律师意见;

(三)是否在审查终结报告中写明其他当事人意见。

【条文释义】

本条是对听取意见的监控。

本条的依据为《人民检察院行政诉讼监督规则》第四十七条、第四十八条的规定。

【相关规定】

《人民检察院行政诉讼监督规则》

第四十七条 人民检察院审查案件,应当听取当事人意见,调查核实有关情况,必要时可以举行听证,也可以听取专家意见。

对于当事人委托律师担任代理人的,人民检察院应当听取代理律师意见,尊重和支持代理律师依法履行职责,依法为代理律师履职提供相关协助和便利,保障代理律师执业权利。

第四十八条 人民检察院可以采取当面、视频、电话、传真、电子邮件、由当事人提交书面意见等方式听取当事人意见。

听取意见的内容包括:

(一)申请人认为生效行政判决、裁定、调解书符合再审情形的主要事实和理由;

(二)申请人认为人民法院行政审判程序中审判人员违法的事实和理由;

(三)申请人认为人民法院行政案件执行活动违法的事实和理由;

（四）其他当事人针对申请人申请监督请求所提出的意见及理由；
（五）行政机关作出行政行为的事实和理由；
（六）申请人与其他当事人有无和解意愿；
（七）其他需要听取的意见。

第三十八条　向人民法院或者下级人民检察院调阅案卷的，应当重点监督、审查是否制作《调阅案卷单》。

【条文释义】

本条是对调卷的监控。

本条的依据为《人民检察院行政诉讼监督规则》第四十九条的规定。

根据《人民检察院行政诉讼监督法律文书格式样本（2021 年版）》中《调阅案卷单》制作说明，本文书根据《人民检察院行政诉讼监督规则》第四十九条的规定制作。人民检察院向人民法院或下级人民检察院调阅案卷时使用。本文书发送案卷所在的人民法院、人民检察院。委托其他人民检察院调阅案卷的，发送受委托调卷的人民检察院。

【相关规定】

《人民检察院行政诉讼监督规则》

第四十九条　人民检察院审查案件，可以依照有关规定调阅人民法院的诉讼卷宗、执行卷宗。

通过拷贝电子卷、查阅、复制、摘录等方式能够满足办案需要的，可以不调阅卷宗。

对于人民法院已经结案尚未归档的行政案件，正在办理或者已经结案尚未归档的执行案件，人民检察院可以直接到办理部门查阅、复制、拷贝、摘录案件材料，不调阅卷宗。

在对生效行政判决、裁定或者调解书的监督案件进行审查过程中，需要调取人民法院正在办理的其他案件材料的，人民检察院可以商请办理案件的人民法院调取。

第三十九条

办理行政诉讼监督案件，应当重点监督、审查是否全面检索相关指导性案例、典型案例和关联案例，并在审查终结报告中作出说明。

【条文释义】

本条是对案例检索的监控。

本条的依据为《人民检察院行政诉讼监督规则》第五十一条的规定。

【相关规定】

《人民检察院行政诉讼监督规则》

第五十一条　人民检察院办理行政诉讼监督案件，应当全面检索相关指导性案例、典型案例和关联案例，并在审查终结报告中作出说明。

第四十条

案件审查终结后，应当重点监督、审查是否根据案件类别制作对应的审查终结报告：

（一）《关于×××一案的审查终结报告（监督生效判决、裁定、调解书用）》；

（二）《关于×××一案的审查终结报告（监督审判人员违法行为用）》；

（三）《关于×××一案的审查终结报告（监督行政裁判执行活动用）》；

（四）《关于×××一案的审查终结报告（监督行政非诉执行活动用）》。

【条文释义】

本条是对审查终结报告制作的监控。

本条的依据为《人民检察院行政诉讼监督规则》第五十二条的规定。

【相关规定】

《人民检察院行政诉讼监督规则》

第五十二条　承办检察官对审查认定的事实负责。审查终结后，应当制作审查终结报告。审查终结报告应当全面、客观、公正地叙述案件事实，依照法律提出明确的处理意见。

第四十一条

召开检察官联席会议的，应当重点监督、审查是否制作《案件讨论笔录》，并由参加会议的检察官签名后附卷保存。

【条文释义】

本条是对检察官联席会议的监控。

本条的依据为《人民检察院行政诉讼监督规则》第五十三条第三款的规定。

【相关规定】

《人民检察院行政诉讼监督规则》

第五十三条　承办检察官办理案件过程中，可以提请负责行政检察的部门负责人召集检察官联席会议讨论。

负责行政检察的部门负责人对本部门的办案活动进行监督管理。需要报请检察长决定的事项和需要向检察长报告的案件，应当先由部门负责人审核。部门负责人可以主持召开检察官联席会议进行讨论，也可以直接报请检察长决定或者向检察长报告。

检察官联席会议讨论情况和意见应当如实记录，由参加会议的检察官签名后附卷保存。讨论结果供办案参考。

第四十二条

对需要报请检察长决定的事项和需要向检察长报告的案件，应当重点监督、审查是否先由部门负责人审核。

【条文释义】

本条是对部门负责人审核职责的监控。

本条的依据为《人民检察院行政诉讼监督规则》第五十三条第二款的规定。

【相关规定】

《人民检察院行政诉讼监督规则》

第五十三条 承办检察官办理案件过程中，可以提请负责行政检察的部门负责人召集检察官联席会议讨论。

负责行政检察的部门负责人对本部门的办案活动进行监督管理。需要报请检察长决定的事项和需要向检察长报告的案件，应当先由部门负责人审核。部门负责人可以主持召开检察官联席会议进行讨论，也可以直接报请检察长决定或者向检察长报告。

检察官联席会议讨论情况和意见应当如实记录，由参加会议的检察官签名后附卷保存。讨论结果供办案参考。

第四十三条

检察官执行检察长决定时，认为决定错误的，应当重点监督、审查是否书面提出意见。检察长不改变原决定的，检察官是否执行。

【条文释义】

本条是对执行检察长决定的监控。

本条的依据为《人民检察院行政诉讼监督规则》第五十四条的规定。

【相关规定】

《人民检察院行政诉讼监督规则》

第五十四条 检察长不同意检察官意见的，可以要求检察官复核，也可以直接作出决定，或者提请检察委员会讨论决定。

检察官执行检察长决定时，认为决定错误的，应当书面提出意见。检察长不改变原决定的，检察官应当执行。

第四十四条

对审查终结的案件，应当重点监督、审查是否作出下列决定之一：

（一）提出再审检察建议；

（二）提请抗诉或者提请其他监督；

（三）提出抗诉；

（四）提出检察建议；

（五）不支持监督申请；

（六）终结审查。

对于负责控告申诉检察的部门受理的当事人申请监督案件，应当重点监督、审查负责行政检察的部门是否将案件办理结果告知负责控告申诉检察的部门。

【条文释义】

本条是对审查终结决定的监控。

本条的依据为《人民检察院行政诉讼监督规则》第五十五条的规定。

【相关规定】

《人民检察院行政诉讼监督规则》

第五十五条　人民检察院对审查终结的案件，应当区分情况依法作出下列决定：

（一）提出再审检察建议；

（二）提请抗诉或者提请其他监督；

（三）提出抗诉；

（四）提出检察建议；

（五）不支持监督申请；

（六）终结审查。

对于负责控告申诉检察的部门受理的当事人申请监督案件，负责行政检察的部门应当将案件办理结果告知负责控告申诉检察的部门。

第四十五条

审查依当事人申请受理的行政诉讼监督案件，应当重点监督、审查是否在三个月内审查终结并作出决定。但调卷、鉴定、评估、审计、专家咨询等期间不计入审查期限。

依申请监督的案件，因调查核实、实质性化解行政争议及其他特殊情况需要延长审查期限的，是否制作《延长审查办理期限审批表》并报检察长批准。办理简易案件，不适用延长审查期限的规定。

【条文释义】

本条是对审查期限的监控。

本条的依据为《人民检察院行政诉讼监督规则》第五十六条、第七十九条的规定。

根据《人民检察院行政诉讼监督法律文书格式样本（2021年版）》中《延长审查办理期限审批表》制作说明，本文书根据《人民检察院行政诉讼监督规则》第五十六条第二款的规定制作。人民检察院延长审查办理期限审批时使用。

【相关规定】

《人民检察院行政诉讼监督规则》

第五十六条　人民检察院受理当事人申请对人民法院已经发生法律效力的行政判决、裁定、调解书监督的案件，应当在三个月内审查终结并作出决定，但调卷、鉴定、评估、审计、专家咨询等期间不计入审查期限。

有需要调查核实、实质性化解行政争议及其他特殊情况需要延长审查期限的，由本院检察长批准。

人民检察院受理当事人申请对行政审判程序中审判人员违法行为监督的案件和申请对行政案件执行活动监督的案件的审查期限，参照第一款、第二款规定执行。

第七十九条　办理简易案件，不适用延长审查期限的规定。

简易案件的审查终结报告、审批程序应当简化。

第二节 调查核实

> **第四十六条**
> 进行调查核实的，应当重点监督、审查是否违反规定采取限制人身自由和查封、扣押、冻结财产等强制性措施。

【条文释义】

本条是对调查核实禁止性措施的监控。

本条的依据为《人民检察院行政诉讼监督规则》第五十八条、第六十条的规定。

【相关规定】

《人民检察院行政诉讼监督规则》

第五十八条 人民检察院因履行法律监督职责的需要，有下列情形之一的，可以向当事人或者案外人调查核实有关情况：

（一）行政判决、裁定、调解书可能存在法律规定需要监督的情形，仅通过阅卷及审查现有材料难以认定的；

（二）行政审判程序中审判人员可能存在违法行为的；

（三）人民法院行政案件执行活动可能存在违法情形的；

（四）被诉行政行为及相关行政行为可能违法的；

（五）行政相对人、权利人合法权益未得到依法实现的；

（六）其他需要调查核实的情形。

人民检察院不得为证明行政行为的合法性调取行政机关作出行政行为时未收集的证据。

第六十条 人民检察院可以采取以下调查核实措施：

（一）查询、调取、复制相关证据材料；

（二）询问当事人、有关知情人员或者其他相关人员；

（三）咨询专业人员、相关部门或者行业协会等对专门问题的意见；

（四）委托鉴定、评估、审计；

（五）勘验物证、现场；

（六）查明案件事实所需要采取的其他措施。

检察人员应当保守国家秘密和工作秘密，对调查核实中知悉的商业秘密和个人隐私予以保密。

人民检察院调查核实,不得采取限制人身自由和查封、扣押、冻结财产等强制性措施。

第四十七条

向相关单位或者个人调取证据材料的,应当重点监督、审查是否制作《调取证据材料通知书》。

【条文释义】

本条是对调取证据材料的监控。

本条的依据为《中华人民共和国行政诉讼法》第一百零一条、《中华人民共和国民事诉讼法》第二百一十七条以及《人民检察院行政诉讼监督规则》第六十条的规定。

《人民检察院行政诉讼监督法律文书格式样本(2021年版)》中《调取证据材料通知书》制作说明,本文书根据《中华人民共和国行政诉讼法》第一百零一条、《中华人民共和国民事诉讼法》第二百一十七条、《人民检察院行政诉讼监督规则》第六十条第一款第一项的规定制作。人民检察院调取证据材料通知相关单位或个人时使用。本文书发送需要协助调取证据材料的单位或者个人。

【相关规定】

《中华人民共和国行政诉讼法》

第一百零一条 人民法院审理行政案件,关于期间、送达、财产保全、开庭审理、调解、中止诉讼、终结诉讼、简易程序、执行等,以及人民检察院对行政案件受理、审理、裁判、执行的监督,本法没有规定的,适用《中华人民共和国民事诉讼法》的相关规定。

《中华人民共和国民事诉讼法》

第二百一十七条 人民检察院因履行法律监督职责提出检察建议或者抗诉的需要,可以向当事人或者案外人调查核实有关情况。

《人民检察院行政诉讼监督规则》

第六十条 人民检察院可以采取以下调查核实措施:

(一)查询、调取、复制相关证据材料;

(二)询问当事人、有关知情人员或者其他相关人员;

（三）咨询专业人员、相关部门或者行业协会等对专门问题的意见；

（四）委托鉴定、评估、审计；

（五）勘验物证、现场；

（六）查明案件事实所需要采取的其他措施。

检察人员应当保守国家秘密和工作秘密，对调查核实中知悉的商业秘密和个人隐私予以保密。

人民检察院调查核实，不得采取限制人身自由和查封、扣押、冻结财产等强制性措施。

> **第四十八条**
> 询问当事人或者案外人的，应当重点监督、审查下列事项：
> （一）是否由二人以上共同进行；
> （二）《询问笔录》是否由被询问人签名；被询问人拒绝签名的，是否记明情况；询问人是否在笔录上签名。

【条文释义】

本条是对询问当事人或者案外人的监控。

本条的依据为《中华人民共和国行政诉讼法》第一百零一条、《中华人民共和国民事诉讼法》第二百一十七条、《中华人民共和国人民检察院组织法》第二十一条以及《人民检察院行政诉讼监督规则》第四十八条、第六十条、第六十七条的规定。

根据《人民检察院行政诉讼监督法律文书格式样本（2021年版）》中《询问笔录》制作说明，本文书根据《人民检察院行政诉讼监督规则》第四十八条、第六十条第一款第二项的规定制作。人民检察院询问当事人或案外人、听取当事人意见时使用。人民检察院调查询问，应当由二人以上共同进行。询问笔录经被询问人校阅后，由被询问人逐页签名、捺指印。被询问人拒绝签名、捺指印的，应当记明情况。询问人也应当在笔录上签名。

【相关规定】

《中华人民共和国行政诉讼法》

第一百零一条 人民法院审理行政案件，关于期间、送达、财产保全、开庭审理、调解、中止诉讼、终结诉讼、简易程序、执行等，以及人民检察院对行政案件受理、审理、裁判、执行的监督，本法没有规定的，适用《中华人民共和国民事诉讼法》的相关规定。

《中华人民共和国民事诉讼法》

第二百一十七条 人民检察院因履行法律监督职责提出检察建议或者抗诉的需要，可以向当事人或者案外人调查核实有关情况。

《中华人民共和国人民检察院组织法》

第二十一条 人民检察院行使本法第二十条规定的法律监督职权，可以进行调查核实，并依法提出抗诉、纠正意见、检察建议。有关单位应当予以配合，并及时将采纳纠正意见、检察建议的情况书面回复人民检察院。

抗诉、纠正意见、检察建议等适用范围及其程序，依照法律有关规定。

《人民检察院行政诉讼监督规则》

第四十八条 人民检察院可以采取当面、视频、电话、传真、电子邮件、由当事人提交书面意见等方式听取当事人意见。

听取意见的内容包括：

（一）申请人认为生效行政判决、裁定、调解书符合再审情形的主要事实和理由；

（二）申请人认为人民法院行政审判程序中审判人员违法的事实和理由；

（三）申请人认为人民法院行政案件执行活动违法的事实和理由；

（四）其他当事人针对申请人申请监督请求所提出的意见及理由；

（五）行政机关作出行政行为的事实和理由；

（六）申请人与其他当事人有无和解意愿；

（七）其他需要听取的意见。

第六十条 人民检察院可以采取以下调查核实措施：

（一）查询、调取、复制相关证据材料；

（二）询问当事人、有关知情人员或者其他相关人员；

（三）咨询专业人员、相关部门或者行业协会等对专门问题的意见；

（四）委托鉴定、评估、审计；

（五）勘验物证、现场；

（六）查明案件事实所需要采取的其他措施。

检察人员应当保守国家秘密和工作秘密，对调查核实中知悉的商业秘密和个人隐私予以保密。

人民检察院调查核实，不得采取限制人身自由和查封、扣押、冻结财产等强制性措施。

第六十七条　人民检察院调查核实，有关单位和个人应当配合。拒绝或者妨碍人民检察院调查核实的，人民检察院可以向有关单位或者其上级主管机关提出检察建议，责令纠正，必要时可以通报同级政府、监察机关；涉嫌违纪违法犯罪的，依照规定移送有关机关处理。

> **第四十九条**
> 　　向银行业金融机构查询当事人金融财产的，应当重点监督、审查是否制作《协助查询金融财产通知书》。

【条文释义】

本条是对查询当事人金融财产的监控。

本条的依据为《中华人民共和国人民检察院组织法》第二十一条、《人民检察院行政诉讼监督规则》第六十一条的规定。

根据《人民检察院行政诉讼监督法律文书格式样本（2021年版）》中《协助查询金融财产通知书》制作说明，本文书根据《中华人民共和国行政诉讼法》第一百零一条、《中华人民共和国民事诉讼法》第二百一十七条、《中华人民共和国人民检察院组织法》第二十一条、《人民检察院行政诉讼监督规则》第六十一条第一款的规定制作。人民检察院向银行或其他金融机构查询当事人金融财产时使用。本文书发送需要协助查询的单位一份，附卷一份。

【相关规定】

《中华人民共和国人民检察院组织法》

第二十一条　人民检察院行使本法第二十条规定的法律监督职权，可以进行调查核实，并依法提出抗诉、纠正意见、检察建议。有关单位应当予以配合，并及时将采纳纠正意见、检察建议的情况书面回复人民检察院。

抗诉、纠正意见、检察建议的适用范围及其程序，依照法律有关规定。

《人民检察院行政诉讼监督规则》

第六十一条　有下列情形之一的，人民检察院可以向银行业金融机构查询、调取、复制相关证据材料：

（一）可能损害国家利益、社会公共利益的；

（二）审判、执行人员可能存在违法行为的；

（三）当事人有伪造证据、恶意串通损害他人合法权益可能的。

人民检察院可以依照有关规定指派具备相应资格的检察技术人员对行政诉讼监督案件中的鉴定意见等技术性证据进行专门审查，并出具审查意见。

第五十条

就专门性问题书面咨询有关专业人员、相关部门或者行业协会意见的，应当重点监督、审查是否制作咨询用的《关于×××的函（其他事项用）》。口头咨询的，是否制作笔录，接受咨询的专业人员是否签名或者盖章；拒绝签名盖章的，是否记明情况。

【条文释义】

本条是对专门性问题咨询有关专业人员、相关部门或者行业协会意见的监控。

本条的依据为《人民检察院行政诉讼监督规则》第六十二条第一款的规定。

【相关规定】

《人民检察院行政诉讼监督规则》

第六十二条 人民检察院可以就专门性问题书面或者口头咨询有关专业人员、相关部门或者行业协会的意见。口头咨询的，应当制作笔录，由接受咨询的专业人员签名或者盖章。拒绝签名盖章的，应当记明情况。

人民检察院对专门性问题认为需要鉴定、评估、审计的，可以委托具备资格的机构进行鉴定、评估、审计。在诉讼过程中已经进行过鉴定、评估、审计的，除确有必要外，一般不再委托鉴定、评估、审计。

第五十一条

对专门性问题认为需要鉴定、评估、审计、翻译的，应当重点监督、审查是否制作《委托鉴定（评估、审计、翻译）函》，委托具备资格的机构进行鉴定、评估、审计、翻译。

【条文释义】

本条是对专门性问题委托鉴定、评估、审计、翻译的监控。

本条的依据为《人民检察院行政诉讼监督规则》第六十二条第二款的规定。

根据《人民检察院行政诉讼监督法律文书格式样本（2021年版）》中《委托鉴定（评估、审计、翻译）函》制作说明，本文书根据《中华人民共和国行政诉讼法》第一百零一条、《中华人民共和国民事诉讼法》第二百一十七条、《人民检察院行政诉讼监督规则》第六十二条第二款的规定制作。人民检察院委托鉴定、评估、审计、翻译时使用。本文书发送受委托的单位。

【相关规定】

《人民检察院行政诉讼监督规则》

第六十二条　人民检察院可以就专门性问题书面或者口头咨询有关专业人员、相关部门或者行业协会的意见。口头咨询的，应当制作笔录，由接受咨询的专业人员签名或者盖章。拒绝签名盖章的，应当记明情况。

人民检察院对专门性问题认为需要鉴定、评估、审计的，可以委托具备资格的机构进行鉴定、评估、审计。在诉讼过程中已经进行过鉴定、评估、审计的，除确有必要外，一般不再委托鉴定、评估、审计。

第五十二条

勘验物证或者现场的，应当重点监督、审查是否将勘验情况和结果制作《勘验笔录》，由勘验人、当事人和被邀参加人签名或者盖章。

【条文释义】

本条是对勘验物证或者现场的监控。

本条的依据为《人民检察院行政诉讼监督规则》第六十三条的规定。

【相关规定】

《人民检察院行政诉讼监督规则》

第六十三条　人民检察院认为确有必要的，可以勘验物证或者现场。勘验人应当出示人民检察院的证件，并邀请当地基层组织或者当事人所在单位派人参加。当事人或者当事人的成年家属应当到场，拒不到场的，不影响勘验的进行。

勘验人应当将勘验情况和结果制作笔录，由勘验人、当事人和被邀参加人签名或者盖章。

第五十三条

调查核实的，应当重点监督、审查下列事项：
（一）是否由二人以上共同进行；
（二）《调查笔录》是否由调查人、被调查人签名或者盖章；被调查人拒绝签名或者盖章的，是否记明情况。

【条文释义】

本条是对调查笔录制作的监控。
本条的依据为《人民检察院行政诉讼监督规则》第六十五条的规定。

【相关规定】

《人民检察院行政诉讼监督规则》

第六十五条　人民检察院调查核实，应当由二人以上共同进行。
调查笔录经被调查人校阅后，由调查人、被调查人签名或者盖章。被调查人拒绝签名盖章的，应当记明情况。

第五十四条

指令调查或者委托调查的，应当重点监督、审查下列事项：
（一）是否制作《指令调查通知书》或者《委托调查函》；
（二）受指令或者受委托人民检察院收到《指令调查通知书》或者《委托调查函》后，是否在十五日内完成调查核实工作并书面回复；因客观原因不能完成调查的，是否在上述期限内书面回复指令或者委托的人民检察院。

【条文释义】

本条是对指令调查或者委托调查的监控。
本条的依据为《人民检察院行政诉讼监督规则》第六十六条的规定。
根据《人民检察院行政诉讼监督法律文书格式样本（2021年版）》中

《指令调查通知书》制作说明，本文书根据《人民检察院行政诉讼监督规则》第六十六条的规定制作。人民检察院指令下级人民检察院调查核实有关情况时使用。本文书发送下级人民检察院。

根据《人民检察院行政诉讼监督法律文书格式样本（2021年版）》中《委托调查函》制作说明，本文书根据《人民检察院行政诉讼监督规则》第六十六条的规定制作。人民检察院委托外地人民检察院调查核实有关情况时使用。本文书发送受委托的人民检察院。

【相关规定】

《人民检察院行政诉讼监督规则》

第六十六条　人民检察院可以指令下级人民检察院或者委托外地人民检察院调查核实。

人民检察院指令调查或者委托调查的，应当发送《指令调查通知书》或者《委托调查函》，载明调查核实事项、证据线索及要求。受指令或者受委托人民检察院收到《指令调查通知书》或者《委托调查函》后，应当在十五日内完成调查核实工作并书面回复。因客观原因不能完成调查的，应当在上述期限内书面回复指令或者委托的人民检察院。

人民检察院到外地调查的，当地人民检察院应当配合。

第三节　听　证

> 第五十五条
> 拟组织召开听证会的，应当重点监督、审查是否制作《听证审批表》报检察长批准。

【条文释义】

本条是对提请听证的监控。

本条的依据为《人民检察院行政诉讼监督规则》第六十八条，《人民检察院审查案件听证工作规定》第四条、第九条的规定。

根据《人民检察院行政诉讼监督法律文书格式样本（2021年版）》中《听证审批表》的制作说明，本文书根据《人民检察院行政诉讼监督规则》第六十八条，《人民检察院审查案件听证工作规定》第四条、第九条的规定制作，人民检察院组织召开听证会审批时使用。

【相关规定】

《人民检察院行政诉讼监督规则》

第六十八条 人民检察院审查行政诉讼监督案件，在事实认定、法律适用、案件处理等方面存在较大争议，或者有重大社会影响，需要当面听取当事人和其他相关人员意见的，可以召开听证会。

《人民检察院审查案件听证工作规定》

第四条 人民检察院办理羁押必要性审查案件、拟不起诉案件、刑事申诉案件、民事诉讼监督案件、行政诉讼监督案件、公益诉讼案件等，在事实认定、法律适用、案件处理等方面存在较大争议，或者有重大社会影响，需要当面听取当事人和其他相关人员意见的，经检察长批准，可以召开听证会。

人民检察院办理审查逮捕案件，需要核实评估犯罪嫌疑人是否具有社会危险性、是否具有社会帮教条件的，可以召开听证会。

第九条 人民检察院可以根据案件办理需要，决定召开听证会。当事人及其辩护人、代理人向审查案件的人民检察院申请召开听证会的，人民检察院应当及时作出决定，告知申请人。不同意召开听证会的，应当向申请人说明理由。

第五十六条

邀请与案件没有利害关系的人大代表、政协委员、人民监督员等社会人士参加听证会或者担任听证员的，应当重点监督、审查是否在听证三日前制作《听证邀请函》。

【条文释义】

本条是对邀请有关人员参加听证会、担任听证员的监控。

本条的依据为《人民检察院行政诉讼监督规则》第六十九条的规定。

根据《人民检察院行政诉讼监督法律文书格式样本（2021年版）》中《听证邀请函》的制作说明，本文书根据《人民检察院行政诉讼监督规则》第六十九条的规定制作。人民检察院邀请有关人员参加听证会、担任听证员时使用。人民检察院召开听证会，应当邀请人民监督员参加听证会，依照有关规定接受人民监督员监督。根据案件具体情况，人民检察院可以邀请与案件没有利害关系的人大代表、政协委员、人民监督员、特约检察员、专家咨询委员、人民调解员或当事人所在单位、居住地的居民委员会、村民委员会成员以及专家、学者、律师等其他社会人士担任听证员。

【相关规定】

《人民检察院行政诉讼监督规则》

第六十九条　人民检察院召开听证会，可以邀请与案件没有利害关系的人大代表、政协委员、人民监督员、特约检察员、专家咨询委员、人民调解员或者当事人所在单位、居住地的居民委员会、村民委员会成员以及专家、学者、律师等其他社会人士担任听证员。

人民检察院应当邀请人民监督员参加听证会，依照有关规定接受人民监督员监督。

> **第五十七条**
> 决定召开听证会的，应当重点监督、审查是否制定听证方案；是否在听证三日前制作《听证通知书》通知当事人。

【条文释义】

本条是对听证准备的监控。

本条的依据为《人民检察院行政诉讼监督规则》第七十条，《人民检察院审查案件听证工作规定》第九条、第十条的规定。

【相关规定】

《人民检察院行政诉讼监督规则》

第七十条　人民检察院决定召开听证会的，应当做好以下准备工作：

（一）制定听证方案，确定听证会参加人；

（二）在听证三日前告知听证会参加人案由、听证时间和地点；

（三）告知当事人主持听证会的检察官及听证员的姓名、身份。

《人民检察院审查案件听证工作规定》

第九条　人民检察院可以根据案件办理需要，决定召开听证会。当事人及其辩护人、代理人向审查案件的人民检察院申请召开听证会的，人民检察院应当及时作出决定，告知申请人。不同意召开听证会的，应当向申请人说明理由。

第十条　人民检察院决定召开听证会的，应当做好以下准备工作：

（一）制定听证方案，确定听证会参加人；

（二）在听证三日前告知听证会参加人案由、听证时间和地点；

（三）告知当事人主持听证会的检察官及听证员的姓名、身份；

（四）公开听证的，发布听证会公告。

第五十八条

组织召开听证会的，应当重点监督、审查下列事项：

（一）是否制作《听证笔录》，由参加听证的人员校阅后签名。其中，参加听证的当事人及其委托代理人是否逐页签名，听证员、主持人、承办检察官、检察官助理、书记员是否签名。参加听证的人拒绝签名的，是否记明情况。

（二）听证会结束后，组织听证员对事实认定、法律适用和案件处理等进行评议的，是否制作《听证评议笔录》，由主持人、听证员签名。听证员拒绝签名的，是否记明情况。

【条文释义】

本条是对听证笔录制作的监控。

本条的依据为《人民检察院行政诉讼监督规则》第七十五条、《人民检察院审查案件听证工作规定》第十八条的规定。

根据《人民检察院行政诉讼监督法律文书格式样本（2021年版）》中《听证笔录》制作说明，本文书根据《人民检察院行政诉讼监督规则》第七十五条第一款的规定制作。人民检察院办理行政诉讼监督案件召开听证会时使用。本文书经参加听证的人员校阅后，由参加听证的当事人及其委托代理人逐页签名，听证员、主持人、承办检察官、检察官助理、书记员也应当签名。参加听证的人拒绝签名的，应当记明情况。

根据《人民检察院行政诉讼监督法律文书格式样本（2021年版）》中《听证评议笔录》制作说明，本文书根据《人民检察院行政诉讼监督规则》第七十五条第二款的规定制作。人民检察院召开行政诉讼监督案件听证会，组织听证员评议时使用。本文书经听证员校阅后，由听证员签名。听证员拒绝签名的，应当记明情况。主持人也应当签名。

【相关规定】

《人民检察院行政诉讼监督规则》

第七十五条 听证应当制作笔录，经参加听证的人员校阅后，由参加听证的人员签名。拒绝签名的，应当记明情况。

听证会结束后，主持人可以组织听证员对事实认定、法律适用和案件处理等进行评议，并制作评议笔录，由主持人、听证员签名。

听证员的意见是人民检察院依法处理案件的重要参考。

《人民检察院审查案件听证工作规定》

第十八条 听证过程应当由书记员制作笔录，并全程录音录像。

听证笔录由听证会主持人、承办检察官、听证会参加人和记录人签名或者盖章。笔录应当归入案件卷宗。

> **第五十九条**
> 拟不采纳听证员多数意见的，应当重点监督、审查是否报请检察长作出决定。

【条文释义】

本条是对不采纳听证员意见的监控。

本条的依据为《人民检察院审查案件听证工作规定》第十六条的规定。

【相关规定】

《人民检察院审查案件听证工作规定》

第十六条 听证员的意见是人民检察院依法处理案件的重要参考。拟不采纳听证员多数意见的，应当向检察长报告并获同意后作出决定。

第四节　中止审查和终结审查

> **第六十条**
> 中止审查的，应当重点监督、审查适用《人民检察院行政诉讼监督规则》第八十条第一款第四项情形是否适当；是否违规将调卷、鉴定、评估、审计、专家咨询等期间作为中止审查的事由。

【条文释义】

本条是对中止审查适用情形的监控。

本条的依据为《人民检察院行政诉讼监督规则》第五十六条、第八十条的规定。

【相关规定】

《人民检察院行政诉讼监督规则》

第五十六条　人民检察院受理当事人申请对人民法院已经发生法律效力的行政判决、裁定、调解书监督的案件，应当在三个月内审查终结并作出决定，但调卷、鉴定、评估、审计、专家咨询等期间不计入审查期限。

第八十条　有下列情形之一的，人民检察院可以中止审查：

（一）申请监督的公民死亡，需要等待继承人表明是否继续申请监督的；

（二）申请监督的法人或者其他组织终止，尚未确定权利义务承受人的；

（三）本案必须以另一案的处理结果为依据，而另一案尚未审结的；

（四）其他可以中止审查的情形。

中止审查的，应当制作《中止审查决定书》，并发送当事人。中止审查的原因消除后，应当及时恢复审查。

第六十一条

中止审查的，应当重点监督、审查下列事项：

（一）中止审查的，是否制作《中止审查决定书》，并发送当事人；

（二）恢复审查的，是否制作《恢复审查通知书》，并发送当事人。

【条文释义】

本条是对中止、恢复审查文书制作的监控。

本条的依据为《人民检察院行政诉讼监督规则》第八十条第二款的规定。

根据《人民检察院行政诉讼监督法律文书格式样本（2021年版）》中《中止审查决定书》制作说明，本文书根据《人民检察院行政诉讼监督规则》第八十条的规定制作。人民检察院作出中止审查决定时使用。本文书应当说明中止审查理由，发送当事人。

根据《人民检察院行政诉讼监督法律文书格式样本（2021年版）》中《恢复审查通知书》制作说明，本文书根据《人民检察院行政诉讼监督规则》

第八十条第二款的规定制作。人民检察院恢复审查后，通知当事人时使用。本文书发送当事人。

【相关规定】

《人民检察院行政诉讼监督规则》

第八十条　有下列情形之一的，人民检察院可以中止审查：

（一）申请监督的公民死亡，需要等待继承人表明是否继续申请监督的；

（二）申请监督的法人或者其他组织终止，尚未确定权利义务承受人的；

（三）本案必须以另一案的处理结果为依据，而另一案尚未审结的；

（四）其他可以中止审查的情形。

中止审查的，应当制作《中止审查决定书》，并发送当事人。中止审查的原因消除后，应当及时恢复审查。

第六十二条

终结审查的，应当重点监督、审查是否制作《终结审查决定书》。

【条文释义】

本条是对终结审查文书制作的监控。

本条的依据为《人民检察院行政诉讼监督规则》第八十一条的规定。

根据《人民检察院行政诉讼监督法律文书格式样本（2021年版）》中《终结审查决定书》制作说明，本文书根据《人民检察院行政诉讼监督规则》第八十一条的规定制作。人民检察院作出终结审查决定时使用。本文书需要通知当事人的，发送当事人；不需要通知当事人的，作为结案文书附卷。

【相关规定】

《人民检察院行政诉讼监督规则》

第八十一条　有下列情形之一的，人民检察院应当终结审查：

（一）人民法院已经裁定再审或者已经纠正违法行为的；

（二）申请人撤回监督申请，且不损害国家利益、社会公共利益或者他人合法权益的；

（三）申请人在与其他当事人达成的和解协议中声明放弃申请监督权利，且不损害国家利益、社会公共利益或者他人合法权益的；

（四）申请监督的公民死亡，没有继承人或者继承人放弃申请，且没有发现其他应当监督的违法情形的；

（五）申请监督的法人或者其他组织终止，没有权利义务承受人或者权利义务承受人放弃申请，且没有发现其他应当监督的违法情形的；

（六）发现已经受理的案件不符合受理条件的；

（七）人民检察院依职权发现的案件，经审查不需要监督的；

（八）其他应当终结审查的情形。

终结审查的，应当制作《终结审查决定书》，需要通知当事人的，发送当事人。

第五章　对生效判决、裁定、调解书监督的监控

第六十三条

提出再审检察建议的，应当重点监督、审查下列事项：

（一）是否制作《再审检察建议书》，在决定提出再审检察建议之日起十五日内将《再审检察建议书》连同案件卷宗移送同级人民法院，并制作《再审检察建议通知书》，发送当事人；

（二）提出再审检察建议，是否经本院检察委员会决定，并在《再审检察建议书》发出后五日内制作《行政诉讼监督案件检察建议报送备案报告》报上一级人民检察院负责行政检察的部门备案；

（三）上一级人民检察院审查下一级人民检察院报备的再审检察建议时，是否制作《行政诉讼监督案件检察建议备案审查表》；

（四）上一级人民检察院认为下级人民检察院发出的《再审检察建议书》错误或者不当，指令下级人民检察院撤回或变更的，应当重点监督、审查是否制作《决定书（纠正下级人民检察院错误用）》。

【条文释义】

本条是对提出再审检察建议的监控。再审检察建议是行政诉讼监督的重要方式之一，因此对其决定程序、制作形式和移送时间都有严格的要求，也是我们监控的重点。

本条的依据为《人民检察院行政诉讼监督规则》第九十二条、《人民检察院检察建议工作规定》第二十一条以及《检察机关开展检察建议工作有关问题的解答》第七条的规定。

根据《人民检察院行政诉讼监督法律文书格式样本（2021年版）》中《决定书（纠正下级人民检察院错误用）》的制作说明，本文书根据《人民检察院行政诉讼监督规则》第十条第二款、第九十二条第二款的规定制作。上

级人民检察院认为下级人民检察院的决定错误,指令下级人民检察院纠正,或依法撤销、变更,或指令下级人民检察院纠正工作中的错误时使用。根据上级人民检察院纠正决定的情况,本文书发送下级人民检察院原监督文书的发送范围(如撤销的情形),或发送下级人民检察院(如指令下级人民检察院纠正的情形)。当事人申请监督的案件,还应发送当事人。

根据《人民检察院行政诉讼监督法律文书格式样本(2021年版)》中《行政诉讼监督案件检察建议备案审查表》的制作说明,本文书依据《人民检察院行政诉讼监督规则》第九十二条第二款、第一百三十六条,《人民检察院检察建议工作规定》第二十二条第二款的规定制作。上一级人民检察院对检察建议备案报告进行审查时使用。上一级人民检察院承办检察官经审查发现下级人民检察院发出的检察建议书可能确有不当的,应当提出处理意见,按照相关规定报批。

【相关规定】

《人民检察院行政诉讼监督规则》

第九十二条 人民检察院提出再审检察建议,应当制作《再审检察建议书》,在决定之日起十五日内将《再审检察建议书》连同案件卷宗移送同级人民法院,并制作通知文书,发送当事人。

人民检察院提出再审检察建议,应当经本院检察委员会决定,并在提出再审检察建议之日起五日内将《再审检察建议书》及审查终结报告等案件材料报上一级人民检察院备案。上一级人民检察院认为下级人民检察院发出的《再审检察建议书》错误或者不当的,应当指令下级人民检察院撤回或者变更。

《人民检察院检察建议工作规定》

第二十一条 发出的检察建议书,应当于五日内报上一级人民检察院对口业务部门和负责法律政策研究的部门备案。

《检察机关开展检察建议工作有关问题的解答》

第七条 根据《检察建议工作规定》第二十一条规定,所有类型检察建议书均应当于发出后五日内报上一级人民检察院对口业务部门和上一级人民检察院负责法律政策研究的部门备案。其中,社会治理检察建议报上一级人民检察院负责法律政策研究的部门备案,其他类型检察建议按业务条线报上一级人民检察院对口业务部门备案。

第六十四条

决定提请抗诉的，应当重点监督、审查是否制作《提请抗诉报告书》，在决定提请抗诉之日起十五日内将《提请抗诉报告书》连同案件卷宗报送上一级人民检察院，并制作《提请抗诉通知书》，发送当事人。

【条文释义】

本条是对提请抗诉的监控。提请抗诉属检察内部办案流程，因此《提请抗诉报告书》不需发送当事人。监控重点在于法律监督文书的制作及报送时间。

本条的依据为《人民检察院行政诉讼监督规则》第九十三条的规定。

【相关规定】

《人民检察院行政诉讼监督规则》

第九十三条　人民检察院提请抗诉，应当制作《提请抗诉报告书》，在决定之日起十五日内将《提请抗诉报告书》连同案件卷宗报送上一级人民检察院，并制作通知文书，发送当事人。

第六十五条

提出抗诉的，应当重点监督、审查下列事项：

（一）是否制作《抗诉书》，在决定抗诉之日起十五日内将《抗诉书》连同案件卷宗移送同级人民法院；

（二）是否制作《抗诉通知书》，发送当事人。

【条文释义】

本条是对提出抗诉的监控。监控重点是对法律文书制作及移送时限的规定。此处注意把握"决定抗诉之日"应为检察长对案件签批的日期，如经检委会讨论，则指检委会讨论决定提出抗诉日期。

本条的依据为《人民检察院行政诉讼监督规则》第九十五条的规定。

【相关规定】

《人民检察院行政诉讼监督规则》

第九十五条　人民检察院提出抗诉，应当制作《抗诉书》，在决定之日起十五日内将《抗诉书》连同案件卷宗移送同级人民法院，并由接受抗诉的人民法院向当事人送达再审裁定时一并送达《抗诉书》。

人民检察院应当制作决定抗诉的通知文书,发送当事人。上级人民检察院可以委托提请抗诉的人民检察院将通知文书发送当事人。

第六十六条

认为当事人不服人民法院生效行政判决、裁定、调解书的监督申请不符合监督条件,作出不支持监督申请决定的,应当重点监督、审查是否制作《不支持监督申请决定书》,并在决定之日起十五日内发送当事人。

【条文释义】

本条是对不支持监督申请的监控。监控实践中应注意适用前提,即本条仅适用于当事人申请监督案件,不适用依职权监督案件。

本条的依据为《人民检察院行政诉讼监督规则》第九十六条的规定。

【相关规定】

《人民检察院行政诉讼监督规则》

第九十六条 人民检察院认为当事人不服人民法院生效行政判决、裁定、调解书的监督申请不符合监督条件,应当制作《不支持监督申请决定书》,在决定之日起十五日内发送当事人。

下级人民检察院提请抗诉的案件,上级人民检察院可以委托提请抗诉的人民检察院将《不支持监督申请决定书》发送当事人。

第六十七条

派员出席再审法庭的,应当重点监督、审查是否制作《派员出庭通知书》。

指令下级人民检察院出席再审法庭的,是否制作《指令出庭通知书》。下级人民检察院接受指令出庭的,是否另行制作《派员出庭通知书》。

【条文释义】

本条是对派员出庭的监控。监控重点为出庭文书制作情况。

本条的依据为《中华人民共和国民事诉讼法》第二百二十条、《人民检察院行政诉讼监督规则》第九十八条的规定。

根据《人民检察院行政诉讼监督法律文书格式样本（2021年版）》中《派员出庭通知书》制作说明，本文书根据《中华人民共和国行政诉讼法》第一百零一条、《中华人民共和国民事诉讼法》第二百二十条、《人民检察院行政诉讼监督规则》第九十八条第一款的规定制作。人民检察院派员出席再审法庭时使用。本文书发送再审人民法院。

根据《人民检察院行政诉讼监督法律文书格式样本（2021年版）》中《指令出庭通知书》制作说明，本文书根据《中华人民共和国行政诉讼法》第一百零一条、《中华人民共和国民事诉讼法》第二百二十条、《人民检察院行政诉讼监督规则》第九十八条第二款的规定制作。人民检察院指令下级人民检察院派员出席再审法庭时使用。本文书发送受指令出庭的人民检察院。下级人民检察院收到《指令出庭通知书》后，应当及时按照要求联系再审人民法院。收到再审人民法院《出庭通知书》后，另行制作《派员出庭通知书》，发送再审人民法院。

【相关规定】

《中华人民共和国民事诉讼法》

第二百二十条　人民检察院提出抗诉的案件，人民法院再审时，应当通知人民检察院派员出席法庭。

《人民检察院行政诉讼监督规则》

第九十八条　人民检察院提出抗诉的案件，人民法院再审时，人民检察院应当派员出席法庭，并全程参加庭审活动。

接受抗诉的人民法院将抗诉案件交下级人民法院再审的，提出抗诉的人民检察院可以指令再审人民法院的同级人民检察院派员出庭。

第六章　对审判程序中审判人员违法行为监督的监控

第六十八条

对审判程序中审判人员违法行为提出检察建议的，应当重点监督、审查下列事项：

（一）制作《检察建议书（监督审判人员违法行为用）》，是否经检察长批准或者检察委员会决定，并在决定之日起十五日内将《检察建议书（监督审判人员违法行为用）》连同案件卷宗移送同级人民法院；

（二）当事人申请监督的案件，是否制作《检察建议通知书》发送申请人。

【条文释义】

本条是对审判人员违法行为监督案件提出检察建议的监控。监控重点为就审判人员违法行为制发检察建议的相关文书制作、移送时限。

本条的依据为《人民检察院行政诉讼监督规则》第一百零四条、第一百零五条、第一百零六条的规定。

【相关规定】

《人民检察院行政诉讼监督规则》

第一百零四条　人民检察院发现人民法院行政审判活动有下列情形之一的，应当向同级人民法院提出检察建议：

（一）判决、裁定确有错误，但不适用再审程序纠正的；

（二）调解违反自愿原则或者调解协议内容违反法律的；

（三）对公民、法人或者其他组织提起的诉讼未在法定期限内决定是否立案的；

（四）当事人依照《中华人民共和国行政诉讼法》第五十二条规定向上一级人民法院起诉，上一级人民法院未按该规定处理的；

（五）审理案件适用审判程序错误的；

（六）保全、先予执行、停止执行或者不停止执行行政行为裁定违反法律规定的；

（七）诉讼中止或者诉讼终结违反法律规定的；

（八）违反法定审理期限的；

（九）对当事人采取罚款、拘留等妨害行政诉讼的强制措施违反法律规定的；

（十）违反法律规定送达的；

（十一）其他违反法律规定的情形。

第一百零五条 人民检察院发现同级人民法院行政审判程序中审判人员有《中华人民共和国法官法》第四十六条等规定的违法行为且可能影响案件公正审判、执行的，应当向同级人民法院提出检察建议。

第一百零六条 人民检察院依照本章规定提出检察建议，应当经检察长批准或者检察委员会决定，制作《检察建议书》，在决定之日起十五日内将《检察建议书》连同案件卷宗移送同级人民法院。当事人申请监督的案件，人民检察院应当制作通知文书，发送申请人。

第六十九条

认为当事人申请监督的审判程序中审判人员违法行为认定依据不足的，应当重点监督、审查是否在决定之日起十五日内制作《不支持监督申请决定书》，发送申请人。

【条文释义】

本条是对不支持审判人员违法行为监督申请的监控。监控重点是文书制作、期限及发送对象。

本条的依据为《人民检察院行政诉讼监督规则》第一百零七条的规定。

【相关规定】

《人民检察院行政诉讼监督规则》

第一百零七条 人民检察院认为当事人申请监督的行政审判程序中审判人员违法行为认定依据不足的，应当作出不支持监督申请的决定，并在决定之日起十五日内制作《不支持监督申请决定书》，发送申请人。

第七章　对执行活动监督的监控

第七十条

认为人民法院在行政案件执行活动中可能存在怠于履行职责情形，要求说明案件执行情况及理由的，应当重点监督、审查是否制作《说明案件执行情况通知书》。

【条文释义】

本条是对要求说明案件执行情况及理由的监控。

本条的依据为《人民检察院行政诉讼监督规则》第一百一十二条的规定。结合法院执行活动的复杂性，在2021年修订的《人民检察院行政诉讼监督规则》中增设第一百一十二条。其适用前提是认为法院在执行活动中可能存在怠于履行职责情形，为进一步了解和梳理案件情况，赋予检察机关的要求说明的职能。

【相关规定】

《人民检察院行政诉讼监督规则》

第一百一十二条　人民检察院认为人民法院在行政案件执行活动中可能存在怠于履行职责情形的，可以向人民法院发出《说明案件执行情况通知书》，要求说明案件的执行情况及理由，并在十五日内书面回复人民检察院。

第七十一条

对行政案件执行活动提出检察建议的，应当重点监督、审查下列事项：

（一）制作《检察建议书（监督执行活动用）》，是否经检察长批准或者检察委员会决定，并在决定之日起十五日内将《检察建议书（监督执行活动用）》连同案件卷宗移送同级人民法院；

（二）当事人申请监督的案件，是否制作《检察建议通知书》发送申请人。

【条文释义】

本条是对执行行为监督案件提出检察建议的监控。监控重点为就执行行为制发检察建议的决定程序、文书制作、移送时限。

本条的依据为《人民检察院行政诉讼监督规则》第一百零六条、第一百一十三条的规定。

【相关规定】

《人民检察院行政诉讼监督规则》

第一百零六条 人民检察院依照本章规定提出检察建议,应当经检察长批准或者检察委员会决定,制作《检察建议书》,在决定之日起十五日内将《检察建议书》连同案件卷宗移送同级人民法院。当事人申请监督的案件,人民检察院应当制作通知文书,发送申请人。

第一百一十三条 人民检察院依照本章规定提出检察建议,适用本规则第一百零六条的规定。

第七十二条

认为当事人申请监督的人民法院执行活动不存在违法情形的,应当重点监督、审查是否在决定之日起十五日内制作《不支持监督申请决定书》,发送申请人。

【条文释义】

本条是对不支持执行行为监督申请的监控。监控重点是文书制作、期限及发送对象。

本条的依据为《人民检察院行政诉讼监督规则》第一百一十四条的规定。

【相关规定】

《人民检察院行政诉讼监督规则》

第一百一十四条 对于当事人申请的执行监督案件,人民检察院认为人民法院执行活动不存在违法情形的,应当作出不支持监督申请的决定,并在决定之日起十五日内制作《不支持监督申请决定书》,发送申请人。

第八章　其他规定监控

第七十三条

在工作中发现或者收到执法司法等方面的问题、反映，需要人民检察院其他相关部门开展监督的线索，应当重点监督、审查是否制作《线索移送表》，按照《人民检察院内部移送法律监督线索工作规定》移送。发现或者收到涉及有关党员或者公职人员违纪违法线索的，应当重点监督、审查是否制作《违纪违法犯罪线索移送函》或者《移送问题线索函》报检察长批准后，按照《关于人民检察院向纪检监察机关移送问题线索工作的实施意见》等相关规定，向检务督察部门、纪检监察部门移送。

【条文释义】

本条是对法律监督线索、违纪违法线索移送的监控。监控要注意区分移送对象的不同，对应的文书制作及移送依据的不同。

本条的依据为《人民检察院行政诉讼监督规则》第六十七条、第一百二十三条的规定。

【相关规定】

《人民检察院行政诉讼监督规则》

第六十七条　人民检察院调查核实，有关单位和个人应当配合。拒绝或者妨碍人民检察院调查核实的，人民检察院可以向有关单位或者其上级主管机关提出检察建议，责令纠正，必要时可以通报同级政府、监察机关；涉嫌违纪违法犯罪的，依照规定移送有关机关处理。

第一百二十三条　人民检察院负责行政检察的部门在履行职责过程中，发现涉嫌违纪违法犯罪以及需要追究司法责任的行为，经检察长批准，应当及时将相关线索及材料移送有管辖权的机关或者部门。

人民检察院其他职能部门在履行职责中发现符合本规则规定的应当依职权监督的行政诉讼监督案件线索，应当及时向负责行政检察的部门通报。

第七十四条

发现作出的相关决定确有错误或者有其他情形需要撤回、变更的，应当重点监督、审查是否制作《撤回监督意见决定书》或者《决定书（作出其他决定用）》，报经检察长或者检察委员会决定。

【条文释义】

本条是对撤回或者变更本院决定的监控。

根据《人民检察院行政诉讼监督法律文书格式样本（2021年版）》中《撤回监督意见决定书》制作说明，本文书根据《人民检察院行政诉讼监督规则》第一百二十七条的规定制作。人民检察院发现本院监督意见确有错误或有其他情形需要撤回时使用。本文书与原监督文书发送范围一致，当事人申请监督的案件还应发送当事人。

根据《人民检察院行政诉讼监督法律文书格式样本（2021年版）》中《决定书（作出其他决定用）》制作说明，本文书用于人民检察院办理行政诉讼监督作出其他决定时使用。

【相关规定】

《人民检察院行政诉讼监督规则》

第一百二十七条　人民检察院发现作出的相关决定确有错误或者有其他情形需要撤回、变更的，应当经检察长或者检察委员会决定。

第七十五条

人民法院对人民检察院监督行为提出书面异议或者建议的，应当重点监督、审查是否在一个月内将处理结果以《关于×××的函（其他事项用）》的形式书面回复人民法院。

【条文释义】

本条是对回复人民法院对监督行为提出建议的期限监控。旨在以监控保障人民法院对检察监督提出意见的权利。

本条的依据为《人民检察院行政诉讼监督规则》第一百二十八条、第一百三十五条和《人民检察院民事诉讼监督规则》第一百二十二条的规定。

【相关规定】

《人民检察院行政诉讼监督规则》

第一百二十八条 人民法院对人民检察院监督行为提出书面异议的，人民检察院应当在规定期限内将处理结果书面回复人民法院。人民法院对回复意见仍有异议，并通过上一级人民法院向上一级人民检察院提出的，上一级人民检察院认为人民法院异议正确，应当要求下级人民检察院及时纠正。

第一百三十五条 人民检察院办理行政诉讼监督案件，本规则没有规定的，适用《人民检察院民事诉讼监督规则》的相关规定。

《人民检察院民事诉讼监督规则》

第一百二十二条 人民法院对人民检察院监督行为提出建议的，人民检察院应当在一个月内将处理结果书面回复人民法院。人民法院对回复意见有异议，并通过上一级人民法院向上一级人民检察院提出的，上一级人民检察院认为人民法院建议正确，应当要求下级人民检察院及时纠正。

第七十六条

人民法院对行政诉讼监督案件作出再审判决、裁定或者其他处理决定的，应当重点监督、审查是否填写《行政诉讼监督案件处理结果审查登记表》。

【条文释义】

本条是对人民法院就监督意见的处理结果审查的监控。旨在强调对行政诉讼监督案件的法院处理结果进行审查和登记，从而跟进了解监督的结果。

本条的依据为《人民检察院行政诉讼监督规则》第一百二十四条的规定。

【相关规定】

《人民检察院行政诉讼监督规则》

第一百二十四条 人民法院对行政诉讼监督案件作出再审判决、裁定或者其他处理决定后，提出监督意见的人民检察院应当对处理结果进行审查，并填写《行政诉讼监督案件处理结果审查登记表》。

第七十七条

按照《人民检察院行政诉讼监督规则》第一百二十五条的规定提请上级人民检察院监督的，应当重点监督、审查是否制作《提请抗诉报告书》或者《提请监督报告书（监督审判人员违法行为用）》或者《提请监督报告书（监督执行活动用）》。

【条文释义】

本条是对提请上级人民检察院监督的监控。

本条的依据为《人民检察院行政诉讼监督规则》第一百二十五条和《关于对民事审判活动与行政诉讼实行法律监督的若干意见（试行）》第十条的规定。

根据《人民检察院行政诉讼监督法律文书格式样本（2021年版）》中《提请抗诉报告书》制作说明，本文书为人民检察院对生效行政判决、裁定、调解书向上一级人民检察院提请抗诉时使用。人民检察院在决定提请抗诉之日起十五日内将本文书连同案件卷宗材料报送上一级人民检察院。

根据《人民检察院行政诉讼监督法律文书格式样本（2021年版）》中《提请监督报告书（监督审判人员违法行为用）》制作说明，本文书为人民检察院办理行政审判程序中审判人员违法行为监督案件，对于人民法院收到检察建议后未在规定的期限内处理并书面回复或者处理错误的，提出检察建议的人民检察院提请上一级人民检察院监督时使用。本文书连同案件卷宗材料报送上一级人民检察院。

根据《人民检察院行政诉讼监督法律文书格式样本（2021年版）》中《提请监督报告书（监督执行活动用）》制作说明，本文书为人民检察院办理行政案件执行活动监督案件，对于人民法院收到检察建议后未在规定的期限内处理并书面回复或者处理错误的，提出检察建议的人民检察院提请上一级人民检察院监督时使用。本文书连同案件卷宗材料报送上一级人民检察院。

【相关规定】

《人民检察院行政诉讼监督规则》

第一百二十五条 有下列情形之一的，人民检察院可以依照有关规定跟进监督或者提请上级人民检察院监督：

（一）人民法院审理行政抗诉案件作出的判决、裁定、调解书仍符合抗诉条件且存在明显错误的；

（二）人民法院、行政机关对人民检察院提出的检察建议未在规定的期限内作出处理并书面回复的；

（三）人民法院、行政机关对检察建议的处理错误的。

《关于对民事审判活动与行政诉讼实行法律监督的若干意见（试行）》

第十条　人民检察院提出检察建议的，人民法院应当在一个月内作出处理并将处理情况书面回复人民检察院。

人民检察院对人民法院的回复意见有异议的，可以通过上一级人民检察院向上一级人民法院提出。上一级人民法院认为人民检察院的意见正确的，应当监督下级人民法院及时纠正。

第七十八条

补正法律文书笔误的，应当重点监督、审查是否作出《补正决定书》予以补正。

【条文释义】

本条是对补正文书笔误的监控。

本条的依据为《人民检察院行政诉讼监督规则》第一百三十一条的规定。

【相关规定】

《人民检察院行政诉讼监督规则》

第一百三十一条　人民检察院发现制作的法律文书存在笔误的，应当作出《补正决定书》予以补正。

第七十九条

邀请人民监督员参加公开听证或者协调人民法院安排人民监督员旁听提出抗诉案件再审的，应当重点监督、审查下列事项：

（一）启动人民监督员监督程序的，是否制作《提请启动人民监督员监督检察办案活动意见表》；

（二）采纳监督意见的，是否及时告知人民监督员；

（三）未采纳监督意见的，是否向人民监督员作出解释说明；人民监督员对于解释说明仍有异议的，是否报请检察长决定，向人民监督员告知监督事项的最后处理决定。

【条文释义】

本条是对人民监督员监督案件的监控。监控重点在于人民监督员监督案件不同程序节点的文书制作。

本条的依据为《人民检察院行政诉讼监督规则》第六十八条、第六十九条和《人民检察院办案活动接受人民监督员监督的规定》第八条、第十九条以及《人民检察院审查案件听证工作规定》第四条、第九条、第十六条的规定。

【相关规定】

《人民检察院行政诉讼监督规则》

第六十八条　人民检察院审查行政诉讼监督案件，在事实认定、法律适用、案件处理等方面存在较大争议，或者有重大社会影响，需要当面听取当事人和其他相关人员意见的，可以召开听证会。

第六十九条　人民检察院召开听证会，可以邀请与案件没有利害关系的人大代表、政协委员、人民监督员、特约检察员、专家咨询委员、人民调解员或者当事人所在单位、居住地的居民委员会、村民委员会成员以及专家、学者、律师等其他社会人士担任听证员。

人民检察院应当邀请人民监督员参加听证会，依照有关规定接受人民监督员监督。

《人民检察院办案活动接受人民监督员监督的规定》

第八条　人民检察院下列工作可以安排人民监督员依法进行监督：

（一）案件公开审查、公开听证；

（二）检察官出庭支持公诉；

（三）巡回检察；

（四）检察建议的研究提出、督促落实等相关工作；

（五）法律文书宣告送达；

（六）案件质量评查；

（七）司法规范化检查；

（八）检察工作情况通报；

（九）其他相关司法办案工作。

第十九条　人民检察院应当认真研究人民监督员的监督意见，依法作出处理。监督意见的采纳情况应当及时告知人民监督员。

人民检察院经研究未采纳监督意见的，应当向人民监督员作出解释说明。人民监督员对于解释说明仍有异议的，相关部门或者检察官办案组、独任检察官应当报请检察长决定。

《人民检察院审查案件听证工作规定》

第四条 人民检察院办理羁押必要性审查案件、拟不起诉案件、刑事申诉案件、民事诉讼监督案件、行政诉讼监督案件、公益诉讼案件等，在事实认定、法律适用、案件处理等方面存在较大争议，或者有重大社会影响，需要当面听取当事人和其他相关人员意见的，经检察长批准，可以召开听证会。

人民检察院办理审查逮捕案件，需要核实评估犯罪嫌疑人是否具有社会危险性、是否具有社会帮教条件的，可以召开听证会。

第九条 人民检察院可以根据案件办理需要，决定召开听证会。当事人及其辩护人、代理人向审查案件的人民检察院申请召开听证会的，人民检察院应当及时作出决定，告知申请人。不同意召开听证会的，应当向申请人说明理由。

第十六条 听证员的意见是人民检察院依法处理案件的重要参考。拟不采纳听证员多数意见的，应当向检察长报告并获同意后作出决定。

第九章　相关程序监控

第一节　案件请示

第八十条

请示案件，应当重点监督、审查是否符合下列受理条件：

（一）请示文书包括以下内容：

1. 案件基本情况；
2. 需要请示的具体问题；
3. 本院及下级人民检察院检察委员会讨论情况、争议焦点及倾向性意见；
4. 本院检察长的意见。

（二）以院的名义向上级人民检察院请示。

（三）请示案件仅限于涉及法律适用、办案程序、司法政策等方面确属重大疑难复杂的问题，经本院研究难以决定的；符合《人民检察院检察委员会工作规则》第二十二条、第二十三条规定的案件。

（四）本院及下级人民检察院检察委员会会议纪要。

【条文释义】

本条为对请示案件的监控。监控重点为请示案件文书及相关材料内容是否齐备，请示主体是否适格，请示问题是否符合请示范畴。

本条的依据为《人民检察院行政诉讼监督规则》第一百二十六条和《人民检察院案件请示办理工作规定（试行）》第二条、第三条、第六条、第七条以及《人民检察院检察委员会工作规则》第二十二条、第二十三条的规定。

【相关规定】

《人民检察院行政诉讼监督规则》

第一百二十六条　地方各级人民检察院对适用法律确属疑难、复杂，本院难以决断的重大行政诉讼监督案件，可以向上一级人民检察院请示。

请示案件依照最高人民检察院关于办理下级人民检察院请示件、下级人民检察院向最高人民检察院报送公文的相关规定办理。

《人民检察院案件请示办理工作规定（试行）》

第二条 下级人民检察院在办理具体案件时，对涉及法律适用、办案程序、司法政策等方面确属重大疑难复杂的问题，经本级人民检察院研究难以决定的，应当向上级人民检察院请示。

上级人民检察院认为必要时，可以要求下级人民检察院报告有关情况。

第三条 各级人民检察院依法对案件事实认定、证据采信独立承担办案责任，下级人民检察院不得就具体案件的事实认定问题向上级人民检察院请示。

第六条 下级人民检察院应当以院名义向上级人民检察院请示。

下级人民检察院业务部门向上级人民检察院对口业务部门请示，上级人民检察院业务部门认为请示问题属于重大疑难复杂的，应当要求下级人民检察院业务部门报请本院检察委员会讨论后，以院名义请示。

第七条 下级人民检察院请示案件，应当以书面形式提出。请示文书包括以下内容：

（一）案件基本情况；

（二）需要请示的具体问题；

（三）下级人民检察院检察委员会讨论情况、争议焦点及倾向性意见；

（四）下级人民检察院检察长的意见。

下级人民检察院有案卷材料的，应当一并附送。

《人民检察院检察委员会工作规则》

第二十二条 地方各级人民检察院检察长不同意本院检察委员会全体委员过半数的意见，属于办理案件的，可以报请上一级人民检察院决定；属于重大事项的，可以报请上一级人民检察院或者本级人民代表大会常务委员会决定。报请本级人民代表大会常务委员会决定的，应当同时抄报上一级人民检察院。

第二十三条 地方各级人民检察院检察委员会表决案件和事项，没有一种意见超过全体委员半数，如果全体委员出席会议的，应当报请上一级人民检察院决定。如果部分委员出席会议的，应当书面征求未出席会议委员的意见。征求意见后，应当按照全体委员过半数的意见作出决定，或者依照本规则第二十二条的规定办理；仍没有一种意见超过全体委员半数的，应当报请上一级人民检察院决定。

> **第八十一条**
> 办理请示案件,应当重点监督、审查是否符合下列期限:
> (一)正在办理的案件,在办案期限届满十日之前报送上级人民检察院;法律规定的办案期限不足十日的,在办案期限届满三日之前报送。
> (二)对在诉讼程序内案件的请示,上级人民检察院在办案期限届满之前答复下级人民检察院;对不在诉讼程序内案件的请示,在一个月以内答复下级人民检察院;特别重大复杂案件,经分管副检察长批准后延长的,在延长一个月的期限内答复下级人民检察院。因特殊原因不能在规定的办理期限内答复的,在报告检察长后,及时通知下级人民检察院,并抄送本院负责案件管理的部门。
> (三)对上级人民检察院的答复意见,下级人民检察院在执行完毕后十日以内将执行情况报送上级人民检察院。因特殊原因对答复意见不能执行的,下级人民检察院书面说明有关情况和理由,经本院检察长批准后报送上级人民检察院。

【条文释义】

本条是对请示案件办理期限的监控。监控重点为请示案件报送、答复及执行情况报送期限。

本条的依据为《人民检察院案件请示办理工作规定(试行)》第八条、第十四条、第二十条的规定。

【相关规定】

《人民检察院案件请示办理工作规定(试行)》

第八条 下级人民检察院对正在办理的案件向上级人民检察院请示的,应当在办案期限届满十日之前报送上级人民检察院;法律规定的办案期限不足十日的,应当在办案期限届满三日之前报送。

第十四条 上级人民检察院对案件请示应当及时办理并答复下级人民检察院。对在诉讼程序内案件的请示,应当在办案期限届满之前答复下级人民检察院。对不在诉讼程序内案件的请示,应当在一个月以内答复下级人民检察院;特别重大复杂案件,经分管副检察长批准,可以延长一个月。

因特殊原因不能在规定的办理期限内答复的,承办部门应当在报告检察长后,及时通知下级人民检察院,并抄送本院案件管理部门。

第二十条　对上级人民检察院的答复意见，下级人民检察院应当执行，并在执行完毕后十日以内将执行情况报送上级人民检察院。

下级人民检察院因特殊原因对答复意见不能执行的，应当书面说明有关情况和理由，经本院检察长批准后报送上级人民检察院。

第八十二条

请示案件，应当重点监督、审查下列事项：

（一）需要向上一级人民检察院请示的案件，是否制作《关于×××案的请示（通用版）》；

（二）上一级人民检察院办理请示案件，是否制作《请示案件审查报告》《关于×××案的批复》。

【条文释义】

本条是对请示案件文书制作的监控。

本条的依据为《人民检察院行政诉讼监督规则》第一百二十六条和《人民检察院案件请示办理工作规定（试行）》第五条、第七条、第十四条的规定。

【相关规定】

《人民检察院行政诉讼监督规则》

第一百二十六条　地方各级人民检察院对适用法律确属疑难、复杂，本院难以决断的重大行政诉讼监督案件，可以向上一级人民检察院请示。

请示案件依照最高人民检察院关于办理下级人民检察院请示件、下级人民检察院向最高人民检察院报送公文的相关规定办理。

《人民检察院案件请示办理工作规定（试行）》

第五条　案件请示应当遵循逐级请示原则。对重大紧急的突发案件，下级人民检察院必须越级请示的，应当说明理由，接受请示的上级人民检察院认为理由不能成立的，应当要求其逐级请示。

第七条　上级人民检察院对下级人民检察院请示的案件，经本院检察委员会审议决定，可以逐级向更高层级人民检察院请示。

下级人民检察院请示案件，应当以书面形式提出。请示文书包括以下内容：

（一）案件基本情况；

（二）需要请示的具体问题；

（三）下级人民检察院检察委员会讨论情况、争议焦点及倾向性意见；

（四）下级人民检察院检察长的意见。

下级人民检察院有案卷材料的，应当一并附送。

第十四条 上级人民检察院对案件请示应当及时办理并答复下级人民检察院。对在诉讼程序内案件的请示，应当在办案期限届满之前答复下级人民检察院。对不在诉讼程序内案件的请示，应当在一个月以内答复下级人民检察院；特别重大复杂案件，经分管副检察长批准，可以延长一个月。

因特殊原因不能在规定的办理期限内答复的，承办部门应当在报告检察长后，及时通知下级人民检察院，并抄送本院案件管理部门。

第二节　检察建议

第八十三条

检察建议案件，应当重点监督、审查是否符合下列管辖范围：

（一）被建议对象属于本院所办理案件的涉案单位、本级有关主管机关以及其他有关单位。

（二）向涉案单位以外的上级有关主管机关提出检察建议的，层报被建议单位的同级人民检察院决定并提出检察建议；或者由办理案件的人民检察院制作检察建议书后，报被建议单位的同级人民检察院审核并转送被建议单位。

（三）需要向下级有关单位提出检察建议的，指令对应的下级人民检察院提出。

（四）需要向异地有关单位提出检察建议的，征求被建议单位所在地同级人民检察院意见。被建议单位所在地同级人民检察院提出不同意见，办理案件的人民检察院坚持认为应当提出检察建议的，层报共同的上级人民检察院决定。

【条文释义】

本条是对检察建议管辖的监控。监控重点在于把握检察建议管辖是否遵循级别对应原则。

本条的依据为《人民检察院行政诉讼监督规则》第一百三十六条和《人

民检察院检察建议工作规定》第三条的规定。

【相关规定】

《人民检察院行政诉讼监督规则》

第一百三十六条 人民检察院办理行政诉讼监督案件，向有关单位和部门提出检察建议，本规则没有规定的，适用《人民检察院检察建议工作规定》的相关规定。

《人民检察院检察建议工作规定》

第三条 人民检察院可以直接向本院所办理案件的涉案单位、本级有关主管机关以及其他有关单位提出检察建议。

需要向涉案单位以外的上级有关主管机关提出检察建议的，应当层报被建议单位的同级人民检察院决定并提出检察建议，或者由办理案件的人民检察院制作检察建议书后，报被建议单位的同级人民检察院审核并转送被建议单位。

需要向下级有关单位提出检察建议的，应当指令对应的下级人民检察院提出检察建议。

需要向异地有关单位提出检察建议的，应当征求被建议单位所在地同级人民检察院意见。被建议单位所在地同级人民检察院提出不同意见，办理案件的人民检察院坚持认为应当提出检察建议的，层报共同的上级人民检察院决定。

第八十四条

检察官在履行职责中发现有应当提出检察建议情形，进行调查核实的，应当重点监督、审查下列事项：

（一）是否报经检察长决定；

（二）是否在调查核实完毕后制作调查终结报告；需要制发检察建议的，是否起草检察建议书一并报检察长决定。

拟制发社会治理检察建议的，报检察长决定前，是否送本院负责法律政策研究的部门进行审核。

【条文释义】

本条是对检察建议调查核实权的监控。监控重点为调查核实及制发检察建议是否报经检察长决定。

本条的依据为《人民检察院行政诉讼监督规则》第一百三十六条和《人民检察院检察建议工作规定》第九条、第十一条、第十三条、第十五条、第十七条的规定。

【相关规定】

《人民检察院行政诉讼监督规则》

第一百三十六条 人民检察院办理行政诉讼监督案件，向有关单位和部门提出检察建议，本规则没有规定的，适用《人民检察院检察建议工作规定》的相关规定。

《人民检察院检察建议工作规定》

第九条 人民检察院在履行对诉讼活动的法律监督职责中发现有关执法、司法机关具有下列情形之一的，可以向有关执法、司法机关提出纠正违法检察建议：

（一）人民法院审判人员在民事、行政审判活动中存在违法行为的；

（二）人民法院在执行生效民事、行政判决、裁定、决定或者调解书、支付令、仲裁裁决书、公证债权文书等法律文书过程中存在违法执行、不执行、怠于执行等行为，或者有其他重大隐患的；

（三）人民检察院办理行政诉讼监督案件或者执行监督案件，发现行政机关有违反法律规定、可能影响人民法院公正审理和执行的行为的；

（四）公安机关、人民法院、监狱、社区矫正机构、强制医疗执行机构等在刑事诉讼活动中或者执行人民法院生效刑事判决、裁定、决定等法律文书过程中存在普遍性、倾向性违法问题，或者有其他重大隐患，需要引起重视予以解决的；

（五）诉讼活动中其他需要以检察建议形式纠正违法的情形。

第十一条 人民检察院在办理案件中发现社会治理工作存在下列情形之一的，可以向有关单位和部门提出改进工作、完善治理的检察建议：

（一）涉案单位在预防违法犯罪方面制度不健全、不落实，管理不完善，存在违法犯罪隐患，需要及时消除的；

（二）一定时期某类违法犯罪案件多发、频发，或者已发生的案件暴露出明显的管理监督漏洞，需要督促行业主管部门加强和改进管理监督工作的；

（三）涉及一定群体的民间纠纷问题突出，可能导致发生群体性事件或者恶性案件，需要督促相关部门完善风险预警防范措施，加强调解疏导工作的；

（四）相关单位或者部门不依法及时履行职责，致使个人或者组织合法权益受到损害或者存在损害危险，需要及时整改消除的；

（五）需要给予有关涉案人员、责任人员或者组织行政处罚、政务处分、行业惩戒，或者需要追究有关责任人员的司法责任的；

（六）其他需要提出检察建议的情形。

第十三条　检察官在履行职责中发现有应当依照本规定提出检察建议情形的，应当报经检察长决定，对相关事项进行调查核实，做到事实清楚、准确。

第十五条　检察官一般应当在检察长作出决定后两个月以内完成检察建议事项的调查核实。情况紧急的，应当及时办结。

检察官调查核实完毕，应当制作调查终结报告，写明调查过程和认定的事实与证据，提出处理意见。认为需要提出检察建议的，应当起草检察建议书，一并报送检察长，由检察长或者检察委员会讨论决定是否提出检察建议。

经调查核实，查明相关单位不存在需要纠正或者整改的违法事实或者重大隐患，决定不提出检察建议的，检察官应当将调查终结报告连同相关材料订卷存档。

第十七条　检察官依据本规定第十一条的规定起草的检察建议书，报送检察长前，应当送本院负责法律政策研究的部门对检察建议的必要性、合法性、说理性等进行审核。

检察建议书正式发出前，可以征求被建议单位的意见。

第八十五条

对人民法院同一类行政案件提出检察建议的，应当重点监督、审查是否报经检察长决定。

对有关单位发出的改正、改进检察建议，应当重点监督、审查是否制作《检察建议调查终结报告（社会治理检察建议用）》（或者在案件审查终结报告中一并报告）、《检察建议书（社会治理检察建议用）》，是否报经检察长决定。

【条文释义】

本条是对类案监督和对有关单位提出检察建议的监控。监控重点为相关文书制作及报请决定程序。

本条的依据为《人民检察院行政诉讼监督规则》第一百一十九条、第一百三十六条和《人民检察院检察建议工作规定》第五条、第九条、第十一条、第十三条以及最高人民检察院《关于完善人民检察院司法责任制的若干意见》16 的规定。

【相关规定】

《人民检察院行政诉讼监督规则》

第一百一十九条　人民检察院发现人民法院在多起同一类行政案件中有下列情形之一的，可以提出检察建议：

（一）同类问题适用法律不一致的；

（二）适用法律存在同类错误的；

（三）其他同类违法行为。

人民检察院发现有关单位的工作制度、管理方法、工作程序违法或者不当，需要改正、改进的，可以提出检察建议。

第一百三十六条　人民检察院办理行政诉讼监督案件，向有关单位和部门提出检察建议，本规则没有规定的，适用《人民检察院检察建议工作规定》的相关规定。

《人民检察院检察建议工作规定》

第五条　检察建议主要包括以下类型：

（一）再审检察建议；

（二）纠正违法检察建议；

（三）公益诉讼检察建议；

（四）社会治理检察建议；

（五）其他检察建议。

第九条　人民检察院在履行对诉讼活动的法律监督职责中发现有关执法、司法机关具有下列情形之一的，可以向有关执法、司法机关提出纠正违法检察建议：

（一）人民法院审判人员在民事、行政审判活动中存在违法行为的；

（二）人民法院在执行生效民事、行政判决、裁定、决定或者调解书、支付令、仲裁裁决书、公证债权文书等法律文书过程中存在违法执行、不执行、

怠于执行等行为,或者有其他重大隐患的;

(三)人民检察院办理行政诉讼监督案件或者执行监督案件,发现行政机关有违反法律规定、可能影响人民法院公正审理和执行的行为的;

(四)公安机关、人民法院、监狱、社区矫正机构、强制医疗执行机构等在刑事诉讼活动中或者执行人民法院生效刑事判决、裁定、决定等法律文书过程中存在普遍性、倾向性违法问题,或者有其他重大隐患,需要引起重视予以解决的;

(五)诉讼活动中其他需要以检察建议形式纠正违法的情形。

第十一条 人民检察院在办理案件中发现社会治理工作存在下列情形之一的,可以向有关单位和部门提出改进工作、完善治理的检察建议:

(一)涉案单位在预防违法犯罪方面制度不健全、不落实,管理不完善,存在违法犯罪隐患,需要及时消除的;

(二)一定时期某类违法犯罪案件多发、频发,或者已发生的案件暴露出明显的管理监督漏洞,需要督促行业主管部门加强和改进管理监督工作的;

(三)涉及一定群体的民间纠纷问题突出,可能导致发生群体性事件或者恶性案件,需要督促相关部门完善风险预警防范措施,加强调解疏导工作的;

(四)相关单位或者部门不依法及时履行职责,致使个人或者组织合法权益受到损害或者存在损害危险,需要及时整改消除的;

(五)需要给予有关涉案人员、责任人员或者组织行政处罚、政务处分、行业惩戒,或者需要追究有关责任人员的司法责任的;

(六)其他需要提出检察建议的情形。

第十三条 检察官在履行职责中发现有应当依照本规定提出检察建议情形的,应当报经检察长决定,对相关事项进行调查核实,做到事实清楚、准确。

最高人民检察院《关于完善人民检察院司法责任制的若干意见》

16.检察长统一领导人民检察院的工作,依照法律和有关规定履行以下职责:

(一)决定是否逮捕或是否批准逮捕犯罪嫌疑人;

(二)决定是否起诉;

(三)决定是否提出抗诉、检察建议、纠正违法意见或提请抗诉,决定终结审查、不支持监督申请;

（四）对人民检察院直接受理立案侦查的案件，决定立案、不立案、撤销案件以及复议、复核、复查；

（五）对人民检察院直接受理立案侦查的案件，决定采取强制措施，决定采取查封、扣押、冻结财产等重要侦查措施；

（六）决定将案件提请检察委员会讨论，主持检察委员会会议；

（七）决定检察人员的回避；

（八）主持检察官考评委员会对检察官进行考评；

（九）组织研究检察工作中的重大问题；

（十）法律规定应当由检察长履行的其他职责。

副检察长、检察委员会专职委员受检察长委托，可以履行前款规定的相关职责。

第八十六条

依照有关规定对同类违法情形提出改进工作、完善治理的检察建议，应当重点监督、审查下列事项：

（一）是否对同类违法情形只制发一份检察建议；

（二）是否制作《检察建议调查终结报告（社会治理检察建议用）》（或者在案件审查终结报告中一并报告）、《检察建议书（社会治理检察建议用）》。

【条文释义】

本条是对同类违法情形制发检察建议的监控。监控重点为文书制作及同类违法情形检察建议制发的数量和文书制作。

本条的依据为《人民检察院行政诉讼监督规则》第一百二十条和《人民检察院检察建议工作规定》第十一条的规定。

【相关规定】

《人民检察院行政诉讼监督规则》

第一百二十条　人民检察院依照有关规定提出改进工作、完善治理的检察建议，对同类违法情形，应当制发一份检察建议。

《人民检察院检察建议工作规定》

第十一条　人民检察院在办理案件中发现社会治理工作存在下列情形之

一的,可以向有关单位和部门提出改进工作、完善治理的检察建议:

(一)涉案单位在预防违法犯罪方面制度不健全、不落实,管理不完善,存在违法犯罪隐患,需要及时消除的;

(二)一定时期某类违法犯罪案件多发、频发,或者已发生的案件暴露出明显的管理监督漏洞,需要督促行业主管部门加强和改进管理监督工作的;

(三)涉及一定群体的民间纠纷问题突出,可能导致发生群体性事件或者恶性案件,需要督促相关部门完善风险预警防范措施,加强调解疏导工作的;

(四)相关单位或者部门不依法及时履行职责,致使个人或者组织合法权益受到损害或者存在损害危险,需要及时整改消除的;

(五)需要给予有关涉案人员、责任人员或者组织行政处罚、政务处分、行业惩戒,或者需要追究有关责任人员的司法责任的;

(六)其他需要提出检察建议的情形。

第八十七条

发出检察建议书报送备案的,应当重点监督、审查下列事项:

(一)是否在发出检察建议书的五日内制作《行政诉讼监督案件检察建议备案报告》,报上一级人民检察院备案。其中,社会治理检察建议是否报上一级人民检察院负责法律政策研究的部门备案,其他类型检察建议按业务条线是否报上一级人民检察院对口业务部门备案。

(二)上级人民检察院认为下级人民检察院发出的检察建议书确有不当的,是否制作《指令变更检察建议决定书》或者《指令撤回检察建议决定书》。

【条文释义】

本条是对检察建议书报送备案监控。监控要注意区分不同类型检察建议备案所对应的部门,以及指令变更或撤回情形的文书制作。

本条的依据为《人民检察院行政诉讼监督规则》第一百三十六条和《人民检察院检察建议工作规定》第二十一条、第二十二条的规定。

【相关规定】

《人民检察院行政诉讼监督规则》

第一百三十六条 人民检察院办理行政诉讼监督案件,向有关单位和部门提出检察建议,本规则没有规定的,适用《人民检察院检察建议工作规定》的相关规定。

《人民检察院检察建议工作规定》

第二十一条　发出的检察建议书,应当于五日内报上一级人民检察院对口业务部门和负责法律政策研究的部门备案。一般情况下,报上一级人民检察院对口业务部门和负责法律政策研究的部门备案,要通过统一业务应用系统报送。

第二十二条　检察长认为本院发出的检察建议书确有不当的,应当决定变更或者撤回,并及时通知有关单位,说明理由。

上级人民检察院认为下级人民检察院发出的检察建议书确有不当的,应当指令下级人民检察院变更或者撤回,并及时通知有关单位,说明理由。

第三节　司法办案风险评估预警

第八十八条

　　司法办案风险评估预警工作,应当重点监督、审查是否制作下列文书:

　　(一)对可能存在风险的案件,制作《执法办案风险评估登记表》,拟定风险等级及风险评估意见;

　　(二)对确定为重大、较大、一般风险的案件,制作《执法办案风险预警工作预案》;

　　(三)案件办结后,制作《风险事项处理情况报告》(或者在案件审查终结报告中一并报告)。

【条文释义】

本条是对评估预警司法办案风险工作中文书制作的监控。监控重点为可能存在办案风险、确定风险等级、风险案件办结后三种情形的相应文书制作。

本条的依据为最高人民检察院《关于加强检察机关执法办案风险评估预警工作的意见》[7]的规定。

【相关规定】

最高人民检察院《关于加强检察机关执法办案风险评估预警工作的意见》

7. 办理风险评估预警应当按照以下程序进行：

（1）风险评估。承办人在办理案件过程中，应当根据案情、当事人及其近亲属等相关人员的言行举止、情绪和以往诉讼行为表现等情况，对可能存在风险的案件进行风险评估，拟定风险等级，形成风险评估意见，填写《执法办案风险评估登记表》，及时提交部门负责人审核，较大、重大风险案件呈报分管副检察长、检察长审查。

（2）制定工作预案。对确定为重大、较大、一般风险的案件，承办人和承办部门及时制定《执法办案风险预警工作预案》，内容包括：案件当事人的基本情况及主要诉求、简要案情和拟作出的案件处理决定、可能引发风险的情况及原因、拟化解的方案及稳控息诉措施、需要与本院其他部门及有关机关协调的问题等。拟定为重大风险案件的，由检察长决定启动预警化解机制；拟定为较大风险案件的，由分管副检察长决定启动预警化解机制；拟定为一般风险案件的，由部门负责人决定启动预警化解机制。

（3）……

（4）办结报审归档。案件办结后，案件承办部门应当制作《风险事项处理情况报告》报分管副检察长审查。《风险事项处理情况报告》应包括以下主要内容：简要案情、当事人主要诉求、处理情况和法律依据、化解疏导工作及相关善后工作的情况。案件承办部门应将《执法办案风险评估登记表》、《执法办案风险预警工作预案》、《风险事项处理情况报告》归入检察副卷。

《人民检察院公益诉讼案件办理流程监控要点》条文解读

第一章 总 则

第一条

为了加强对公益诉讼案件的监督管理，进一步深化流程监控工作，促进规范、公正、高效司法，根据《中华人民共和国民法典》《中华人民共和国民事诉讼法》《中华人民共和国行政诉讼法》《人民检察院公益诉讼办案规则》《人民检察院案件流程监控工作规定（试行）》和规范办案有关要求，结合检察工作实际，制定本要点。

【条文释义】

本条明确制定《人民检察院公益诉讼案件办理流程监控要点》（以下简称《要点》）的目的和依据。流程监控是案件管理的重要职能，是一项综合性、基础性和经常性的工作，也是强化过程控制的重要途径。近年来，公益诉讼检察紧紧围绕党和国家工作大局，紧盯人民群众急难愁盼问题，依法能动履职，聚焦重点领域狠抓办案，办案数量持续提升，党中央对公益诉讼检察工作的发展提出了更高要求，人民群众也对公益诉讼检察工作有了更高期待，加强公益诉讼检察权运行监督制约，构建与之相适应的内部监督机制势在必行。通过强化流程监控，对司法办案全程、同步、动态监督，增强严格规范司法的刚性约束，对于强化内部监督制约，有针对性地防范和纠正司法办案中存在的突出问题，具有重要作用。因此，新形势下，最高人民检察院通过制定本《要点》夯实管理基础，健全完善案件管理制度体系，发挥制度管长远、管根本的作用。

制定本《要点》的依据，既包括《中华人民共和国民法典》《中华人民共和国民事诉讼法》《中华人民共和国行政诉讼法》、最高人民法院、最高人民检察院《关于检察公益诉讼案件适用法律若干问题的解释》《人民检察院公益诉讼办案规则》等法律和司法解释，也包括《人民检察院案件流程监控工作规定（试行）》等规范性文件和规范办案有关要求。

《人民检察院案件流程监控工作规定（试行）》系最高人民检察院2016年

印发，条文内容相对原则、概括，《要点》依据该规定确定的原则，结合改革要求和办案实际细化规定公益诉讼案件各办案环节中的办理期限、诉讼权利保障、文书制作等程序性监控事项和要求。

第二条

本要点所称流程监控，是指依照法律规定和相关司法解释、规范性文件等，对人民检察院正在办理的公益诉讼案件的程序是否合法、规范、及时、完备，进行实时、动态的监督、提示、防控。

【条文释义】

本条明确流程监控的定义。

本条的依据为《人民检察院案件流程监控工作规定（试行）》第二条的规定。

【相关规定】

《人民检察院案件流程监控工作规定（试行）》

第二条　本规定所称案件流程监控，是指对人民检察院正在受理或者办理的案件（包括对控告、举报、申诉、国家赔偿申请材料的处理活动），依照法律规定和相关司法解释、规范性文件等，对办理程序是否合法、规范、及时、完备，进行实时、动态的监督、提示、防控。

第三条

流程监控工作应当坚持加强监督管理与服务保障相结合、全程管理与重点监控相结合、人工管理与依托信息技术相结合、合法合规与双赢多赢共赢相结合的原则。

【条文释义】

本条明确开展流程监控的基本原则。

本条的依据为《人民检察院案件流程监控工作规定（试行）》第三条的规定。

一是坚持监督管理和服务司法办案相结合。突出监控视角，按照案件类别对各办案节点和事项进行梳理，指导案管工作人员规范有序地开展监控，引导办案人员规范办案。充分尊重检察官办案中的主体地位，流程监控的对象为案件程序性内容，重点解决办案流程不规范、不完备、不及时等问题。对属于实体性事项，如涉及事实认定、证据采信、法律适用等，不作为流程监控的内容，防止监管活动对正常办案造成不当干预，充分保障办案部门、办案人员的司法主体地位。

二是坚持全程管理与重点监控相结合。通过制定《要点》，明确各办案环节中办理期限、诉讼权利保障、文书制作等程序性监控事项，既有利于强化对公益诉讼案件的监督管理，引导检察官依法规范办理案件，更有利于检察官了解负责案件管理的部门的监管重点和依据，着力于事前预防，寓监督于服务，实现双赢多赢共赢，为检察机关全面履行"四大检察"职能、推进"十大业务"协调发展提供重要保障。

三是坚持人工管理与依托信息技术相结合。信息化既是流程监控工作的重要支撑，也是流程监控工作取得成效的重要保证。开展流程监控工作要善于向信息技术借势借力，以检察业务应用系统迭代升级为契机，将《要点》规定的监控事项和规则嵌入信息系统，通过技术手段自动阻却、提示各种程序的不规范、不及时、不完备等问题，努力提升案件管理的现代化水平。

【相关规定】

《人民检察院案件流程监控工作规定（试行）》

第三条 案件流程监控工作应当坚持加强监督管理与服务司法办案相结合、全程管理与重点监控相结合、人工管理与依托信息技术相结合的原则。

第四条

负责案件管理的部门承担流程监控工作的组织协调和具体实施。

办案部门应当协助、配合负责案件管理的部门开展案件流程监控工作，及时核实情况、反馈意见、纠正问题、加强管理。

负责技术信息的部门应当根据流程监控工作需要提供技术保障。

【条文释义】

本条明确开展流程监控工作中各部门的职责分工。

本条的依据为《人民检察院案件流程监控工作规定（试行）》第四条的规定。

【相关规定】

《人民检察院案件流程监控工作规定（试行）》

第四条 案件管理部门负责案件流程监控工作的组织协调和具体实施。

办案部门应当协助、配合案件管理部门开展案件流程监控工作，及时核实情况、反馈意见、纠正问题、加强管理。

履行诉讼监督职责的部门和纪检监察机构应当加强与案件管理部门的协作配合，及时查处案件流程监控中发现的违纪违法问题。

技术信息部门应当根据案件流程监控工作需要提供技术保障。

第五条 对正在受理、办理的公益诉讼案件开展流程监控，应当通过下列方式了解情况、发现问题：

（一）审查受理的案卷材料；

（二）查阅检察业务应用系统等的案卡、流程、文书、数据等相关信息；

（三）对需要向其他单位或者部门移送的法律文书、案卷材料进行统一审核；

（四）向办案人员或者办案部门核实情况；

（五）上级人民检察院或者本院检察长、检察委员会决定的其他方式。

【条文释义】

本条明确开展流程监控的方式。

本条的依据为《人民检察院案件流程监控工作规定（试行）》第十六条的规定。

【相关规定】

《人民检察院案件流程监控工作规定（试行）》

第十六条 对正在受理、办理的案件开展案件流程监控，应当通过下列方式了解情况、发现问题：

（一）审查受理的案卷材料；

（二）查阅统一业务应用系统、案件信息公开系统的案卡、流程、文书、数据等相关信息；

（三）对需要向其他单位或者部门移送的案卷材料进行统一审核；

（四）向办案人员或者办案部门核实情况；

（五）上级人民检察院或者本院检察长、检察委员会决定的其他方式。

对诉讼参与人签收后附卷的通知书、告知书等，应当上传到统一业务应用系统备查。

第六条

对流程监控发现的问题，应当按照不同情形作出处理：

（一）办案期限即将届满的，应当及时向办案人员发出预警，已经超期的，应当及时向办案人员了解核实情况，提出纠正意见；

（二）系统操作不规范、文书错漏等违规办案情节轻微的，应当向办案人员进行口头提示，或者通过检察业务应用系统提示；

（三）违规办案情节较重的，应当向办案部门发送《案件流程监控通知书》，提示办案部门及时查明情况并予以纠正，同时抄送本院负责检务督察的部门；

（四）违规办案情节严重的，应当向办案部门发送《案件流程监控通知书》，及时报告检察长，并抄送本院负责检务督察的部门；

（五）对于流程监控中发现的涉及事实认定、证据采信、法律适用等办案实体性问题线索，应当及时移送办案部门，或者案件办结后移送开展案件质量评查；

（六）发现侦查机关、审判机关违法办案的，应当及时移送办案部门依法处理。

【条文释义】

本条明确案件管理部门开展流程监控工作中应采取的监控处理措施。

本条第一项至第四项、第六项的依据为《人民检察院案件流程监控工作规定（试行）》第十七条的规定。

本条第三项、第四项参考《人民检察院案件管理与检务督察工作衔接规定》第四条的规定。

本条第五项，是对流程监控的对象为案件程序性内容这一重要特点的强调和细化，流程监控重点解决办案流程不规范、不完备、不及时等问题，对属于办案人员实体自由裁量范围内的事项，如涉及事实认定、证据采信、法律适用等，不作为案件管理部门流程监控内容，有效防止对正常的办案活动进行不当干预，保障办案部门、办案人员的主体地位。

【相关规定】

《人民检察院案件流程监控工作规定（试行）》

第十七条 对案件流程监控中发现的问题，应当按照不同情形作出处理：

（一）网上操作不规范、法律文书错漏等违规办案情节轻微的，应当向办案人员进行口头提示，或者通过统一业务应用系统提示；

（二）违规办案情节较重的，应当向办案部门发送案件流程监控通知书，提示办案部门及时查明情况并予以纠正；

（三）违规办案情节严重的，应当向办案部门发送案件流程监控通知书，同时通报相关诉讼监督部门，并报告检察长。

涉嫌违纪违法的，应当移送纪检监察机构处理。

发现侦查机关、审判机关违法办案的，应当及时移送本院相关部门依法处理。

《人民检察院案件管理与检务督察工作衔接规定》

第四条 负责案件管理的部门在履职过程中形成的下列工作材料，应当抄送本院负责检务督察的部门：

（一）根据《人民检察院案件流程监控工作规定（试行）》第十七条、《人民检察院刑事案件办理流程监控要点》第七条规定制作的《案件流程监控通知书》；

（二）案件质量评查确定的不合格案件、严重瑕疵案件的个案评查报告；

（三）开展业务数据专项检查、案件信息公开专项检查、案件质量评查等案件监督管理活动中形成的工作通报；

（四）业务监管过程中发现其他严重违规情形，向办案部门发送的书面监督纠正意见。

第七条

办案人员收到负责案件管理的部门口头提示后，应当立即核查，并在收到口头提示后三个工作日以内，将核查、纠正情况回复负责案件管理的部门。

办案部门收到《案件流程监控通知书》后，应当立即开展核查，并在收到通知书后十个工作日以内，将核查、纠正情况书面回复负责案件管理的部门。

办案部门对《案件流程监控通知书》内容有异议的，负责案件管理的部门应当进行复核，与办案部门充分交换意见。经复核后，仍有意见分歧的，报检察长决定。

【条文释义】

本条明确业务部门在案件管理部门展开流程监控后进行核查、纠正的要求。

本条的依据为《人民检察院案件流程监控工作规定（试行）》第十八条的规定。

【相关规定】

《人民检察院案件流程监控工作规定（试行）》

第十八条 办案人员收到口头提示后，应当立即核查，并在收到口头提示后三个工作日以内，将核查、纠正情况回复案件管理部门。

办案部门收到案件流程监控通知书后，应当立即开展核查，并在收到通知书后十个工作日以内，将核查、纠正情况书面回复案件管理部门。

办案部门对案件流程监控通知书内容有异议的，案件管理部门应当进行复核，重新审查并与办案部门充分交换意见。经复核后，仍有意见分歧的，报检察长决定。

第八条

对办案人员、办案部门未在规定期限内回复纠正的，负责案件管理的部门应当督促落实；经督促仍不回复或者无正当理由不纠正的，应当报告检察长。

【条文释义】

本条是对流程监控发现问题的督促落实情况的规定，明确要求应建立对流程监控发现问题的督促整改制度，对办案人员、办案部门未在规定期限内回复纠正的，负责案件管理的部门应当督促落实；对于经过督促仍然不回复或者无正当理由不纠正的，应当报告检察长，以实现流程监控的实效性和权威性，确保制度落地见效。

第九条

负责案件管理的部门应当建立流程监控日志和台账，记录流程监控工作情况、发现的问题、处理纠正结果等，及时向办案部门反馈，提出改进工作意见。

【条文释义】

本条明确要求开展流程监控应该建立台账。

本条的依据为《人民检察院案件流程监控工作规定（试行）》第十九条的规定。

【相关规定】

《人民检察院案件流程监控工作规定（试行）》

第十九条　案件管理部门应当建立案件流程监控日志和台账，记录每日开展的案件流程监控工作情况、发现的问题、处理纠正结果等，及时向办案部门反馈，定期汇总分析、通报，提出改进工作意见。

> 第十条
> 负责案件管理的部门应当建立流程监控通报督办制度，对重大、典型的办案不规范问题以及普遍性、倾向性问题定期进行通报，督促整改落实。

【条文释义】

本条明确案件管理部门需建立流程监控通报督办制度，开展常态化通报督办。目的在于对流程监控中发现的重大、典型的办案不规范问题以及普遍性问题进行通报督办，进一步督促办案人员整改落实，发挥制度管长远、管根本的作用。

> 第十一条
> 流程监控发现的问题及整改落实情况作为检察人员考核的重要依据。

【条文释义】

本条明确对流程监控结果的运用。

本条的依据为《人民检察院案件流程监控工作规定（试行）》第二十条的规定。

【相关规定】

《人民检察院案件流程监控工作规定（试行）》

第二十条　案件流程监控情况应当纳入检察人员司法档案，作为检察人员业绩评价等方面的重要依据。

> **第十二条**
> 对检察业务应用系统已经入卷的文书，应当根据《人民检察院公益诉讼办案规则》和检察官权力清单，重点监督、审查是否由独任检察官或者检察官办案组办理，作出的决定是否在其职权范围内。
> 检察长、检察委员会对案件作出的决定，应当重点监督、审查检察官是否执行。

【条文释义】

本条是对检察官行使权力进行监控的规定。

本条第一款的依据为《中华人民共和国人民检察院组织法》第二十八条和《人民检察院公益诉讼办案规则》第五条、第六条以及最高人民检察院《关于完善人民检察院司法责任制的若干意见》7、16 的规定。

本条第二款的依据为《人民检察院公益诉讼办案规则》第七条、第八条以及《人民检察院检察委员会工作规则》第二十九条、第三十条、第三十一条的规定。

【相关规定】

《中华人民共和国人民检察院组织法》

第二十八条　人民检察院办理案件，根据案件情况可以由一名检察官独任办理，也可以由两名以上检察官组成办案组办理。

由检察官办案组办理的，检察长应当指定一名检察官担任主办检察官，组织、指挥办案组办理案件。

《人民检察院公益诉讼办案规则》

第五条　人民检察院办理公益诉讼案件，由检察官、检察长、检察委员会在各自职权范围内对办案事项作出决定，并依照规定承担相应司法责任。

检察官在检察长领导下开展工作。重大办案事项，由检察长决定。检察长可以根据案件情况，提交检察委员会讨论决定。其他办案事项，检察长可以自行决定，也可以授权检察官决定。

以人民检察院名义制发的法律文书，由检察长签发；属于检察官职权范围内决定事项的，检察长可以授权检察官签发。

第六条 人民检察院办理公益诉讼案件,根据案件情况,可以由一名检察官独任办理,也可以由两名以上检察官组成办案组办理。由检察官办案组办理的,检察长应当指定一名检察官担任主办检察官,组织、指挥办案组办理案件。

检察官办理案件,可以根据需要配备检察官助理、书记员、司法警察、检察技术人员等检察辅助人员。检察辅助人员依照法律规定承担相应的检察辅助事务。

第七条 负责公益诉讼检察的部门负责人对本部门的办案活动进行监督管理。需要报请检察长决定的事项,应当先由部门负责人审核。部门负责人可以主持召开检察官联席会议进行讨论,也可以直接报请检察长决定。

第八条 检察长不同意检察官处理意见的,可以要求检察官复核,也可以直接作出决定,或者提请检察委员会讨论决定。

检察官执行检察长决定时,认为决定错误的,应当书面提出意见。检察长不改变原决定的,检察官应当执行。

最高人民检察院《关于完善人民检察院司法责任制的若干意见》

7. 诉讼监督等其他法律监督案件,可以由独任检察官承办,也可以由检察官办案组承办。独任检察官、主任检察官对检察长(分管副检察长)负责,在职权范围内对办案事项作出决定。以人民检察院名义提出纠正违法意见、检察建议、终结审查、不支持监督申请或提出(提请)抗诉的,由检察长(分管副检察长)或检察委员会决定。

16. 检察长统一领导人民检察院的工作,依照法律和有关规定履行以下职责:

(一)决定是否逮捕或是否批准逮捕犯罪嫌疑人;

(二)决定是否起诉;

(三)决定是否提出抗诉、检察建议、纠正违法意见或提请抗诉,决定终结审查、不支持监督申请;

(四)对人民检察院直接受理立案侦查的案件,决定立案、不立案、撤销案件以及复议、复核、复查;

(五)对人民检察院直接受理立案侦查的案件,决定采取强制措施,决定采取查封、扣押、冻结财产等重要侦查措施;

(六)决定将案件提请检察委员会讨论,主持检察委员会会议;

(七)决定检察人员的回避;

(八)主持检察官考评委员会对检察官进行考评;

(九)组织研究检察工作中的重大问题;

（十）法律规定应当由检察长履行的其他职责。

副检察长、检察委员会专职委员受检察长委托，可以履行前款规定的相关职责。

《人民检察院检察委员会工作规则》

第二十九条　检察委员会的决定，办案检察官或者事项承办人和有关内设机构、下级人民检察院应当及时执行。

检察委员会原则通过但提出完善意见的司法解释、规范性文件、工作经验总结等事项，承办内设机构应当根据意见进行修改。修改情况应当书面报告检察长。

第三十条　办案检察官或者事项承办人和有关内设机构因特殊原因无法及时执行检察委员会决定或者在执行完毕前出现新情况的，应当立即书面报告检察长。

下级人民检察院因特殊原因无法及时执行上级人民检察院检察委员会决定或者执行完毕前出现新情况的，应当立即书面报告上级人民检察院。

第三十一条　下级人民检察院不同意上级人民检察院检察委员会决定的，可以向上级人民检察院书面报告，但是不能停止对该决定的执行。

上级人民检察院有关内设机构应当对下级人民检察院书面报告进行审查并提出意见，报检察长决定。检察长决定提交检察委员会复议的，可以通知下级人民检察院暂停执行原决定，并在接到报告后的一个月以内召开检察委员会会议进行复议。经复议认为原决定确有错误或者出现新情况的，应当作出新的决定；认为原决定正确的，应当作出维持的决定。经复议作出的决定，下级人民检察院应当执行。

第十三条

下列办案事项，应当重点监督、审查是否由检察官承担：

（一）组织收集、调取、审核证据；

（二）主持勘验、听证；

（三）出席法庭；

（四）其他应当由检察官亲自承担的事项。

【条文释义】

本条是对检察官办案亲历性的监控。

本条的依据为《人民检察院公益诉讼办案规则》第四十二条和第四十九条和最高人民检察院《关于完善人民检察院司法责任制的若干意见》17以及《人民检察院公益诉讼办案听证工作指引》第十二条的规定。

【相关规定】

《人民检察院公益诉讼办案规则》

第四十二条　人民检察院认为确有必要的，可以勘验物证或者现场。

勘验应当在检察官的主持下，由两名以上检察人员进行，可以邀请见证人参加。必要时，可以指派或者聘请有专门知识的人进行。勘验情况和结果应当制作笔录，由参加勘验的人员、见证人签名或者盖章。

检察技术人员可以依照相关规定在勘验过程中进行取样并进行快速检测。

第四十九条　人民检察院提起公益诉讼的案件，应当派员出庭履行职责，参加相关诉讼活动。

人民检察院应当自收到人民法院出庭通知书之日起三日内向人民法院提交《派员出庭通知书》。《派员出庭通知书》应当写明出庭人员的姓名、法律职务以及出庭履行的职责。

人民检察院应当指派检察官出席第一审法庭，检察官助理可以协助检察官出庭，并根据需要配备书记员担任记录及其他辅助工作。涉及专门性、技术性问题，可以指派或者聘请有专门知识的人协助检察官出庭。

最高人民检察院《关于完善人民检察院司法责任制的若干意见》

17. 检察官依照法律规定和检察长委托履行职责。

检察官承办案件，依法应当讯问犯罪嫌疑人、被告人的，至少亲自讯问一次。

下列办案事项应当由检察官亲自承担：

（一）询问关键证人和对诉讼活动具有重要影响的其他诉讼参与人；

（二）对重大案件组织现场勘验、检查，组织实施搜查，组织实施查封、扣押物证、书证，决定进行鉴定；

（三）组织收集、调取、审核证据；

（四）主持公开审查、宣布处理决定；

（五）代表检察机关当面提出监督意见；

（六）出席法庭；

（七）其他应当由检察官亲自承担的事项。

《人民检察院公益诉讼办案听证工作指引》

第十二条 听证会一般由承办案件的检察官或者办案组的主办检察官主持。检察长、部门负责人承办案件的,应当担任主持人。

第十四条

上级人民检察院依法统一调用辖区的检察人员办理公益诉讼案件的,应当重点监督、审查下列事项:

(一)是否制作《调用检察人员办理案件决定书》,并由作出调用决定的人民检察院检察长签发;

(二)被调用检察人员需要代表本院履行相应职责的,是否制作《调用检察人员履行职责告知函》送达与办理该案有关的监察机关、公安机关、人民法院。

【条文释义】

本条是对上级院调用辖区检察人员办案情况的监控。

本条的依据为《中华人民共和国人民检察院组织法》第二十四条和《人民检察院公益诉讼办案规则》第十一条的规定。

关于《调用检察人员办理案件决定书》《调用检察人员履行职责告知函》,目前检察业务应用系统的格式文书标准库里尚没有设置模板,实践中各地可以根据具体情况决定该文书的内容。

【相关规定】

《中华人民共和国人民检察院组织法》

第二十四条 上级人民检察院对下级人民检察院行使下列职权:

(一)认为下级人民检察院的决定错误的,指令下级人民检察院纠正,或者依法撤销、变更;

(二)可以对下级人民检察院管辖的案件指定管辖;

(三)可以办理下级人民检察院管辖的案件;

(四)可以统一调用辖区的检察人员办理案件。

上级人民检察院的决定,应当以书面形式作出。

《人民检察院公益诉讼办案规则》

第十一条 人民检察院办理公益诉讼案件,实行一体化工作机制,上级人民检察院根据办案需要,可以交办、提办、督办、领办案件。

上级人民检察院可以依法统一调用辖区的检察人员办理案件,调用的决定应当以书面形式作出。被调用的检察官可以代表办理案件的人民检察院履行调查、出庭等职责。

第二章 一般规定监控

第一节 管 辖

> **第十五条**
> 办理公益诉讼案件,应当重点监督、审查下列事项:
> (一)行政公益诉讼案件,是否由行政机关对应的同级人民检察院立案管辖。行政机关为人民政府的,可以由上一级人民检察院立案管辖。
> (二)民事公益诉讼案件,是否由违法行为发生地、损害结果地或者违法行为人住所地基层人民检察院立案管辖。
> (三)刑事附带民事公益诉讼案件,是否由办理刑事案件的人民检察院立案管辖。

【条文释义】

本条是对一般管辖的监控。

本条第一项的依据为《人民检察院公益诉讼办案规则》第十三条的规定;第二项的依据为《人民检察院公益诉讼办案规则》第十四条第一款的规定;第三项的依据为《人民检察院公益诉讼办案规则》第十四条第二款的规定。

值得注意的是,行政公益诉讼的立案管辖,当被监督行政机关为政府的,同级检察机关和上一级检察机关均具有立案管辖权,可以根据案件的具体情况办理。此外,依据《人民检察院公益诉讼办案规则》第十五条,设区的市级以上人民检察院拥有对重大、复杂民事公益诉讼案件的立案管辖权。在实践中,有大量的民事公益诉讼案件系由设区的市级以上人民检察院直接立案办理,各地在监控的时候应该把握尺度,不能任意收紧监控范围。

【相关规定】

《人民检察院公益诉讼办案规则》

第十三条 人民检察院办理行政公益诉讼案件,由行政机关对应的同级人民检察院立案管辖。

行政机关为人民政府，由上一级人民检察院管辖更为适宜的，也可以由上一级人民检察院立案管辖。

第十四条 人民检察院办理民事公益诉讼案件，由违法行为发生地、损害结果地或者违法行为人住所地基层人民检察院立案管辖。

刑事附带民事公益诉讼案件，由办理刑事案件的人民检察院立案管辖。

第十五条 设区的市级以上人民检察院管辖本辖区内重大、复杂的案件。公益损害范围涉及两个以上行政区划的公益诉讼案件，可以由共同的上一级人民检察院管辖。

> **第十六条**
> 人民检察院立案管辖与人民法院诉讼管辖级别、地域不对应的，具有管辖权的人民检察院立案后，需要提起诉讼的，应当重点监督、审查是否制作《移送审查起诉意见书（行政公益诉讼用）》或者《移送审查起诉意见书（民事公益诉讼用）》，将案件移送有管辖权人民法院对应的同级人民检察院。

【条文释义】

本条是对立案、诉讼管辖衔接情况的监控。

本条的依据为《人民检察院公益诉讼办案规则》第十六条的规定。

根据《人民检察院公益诉讼法律文书格式样本（2021年版）》中《移送审查起诉意见书（行政公益诉讼用）》《移送审查起诉意见书（民事公益诉讼用）》制作说明，本文书根据《人民检察院公益诉讼办案规则》第十六条的规定制作。用于向有起诉管辖权的人民检察院移送行政／民事公益诉讼案件审查起诉。

关于公益诉讼案件立案管辖与诉讼管辖分离原则，检察机关立案办理公益诉讼案件的管辖设置体现的是监督规律，审判机关的管辖体现的是诉讼规律。检察机关提起诉讼要遵循检察权、审判权的运行规律，因此如果负责案件管理的部门发现检察机关立案管辖与审判机关管辖级别、地域不对应情形的，应当要求移送至有管辖权人民法院对应的检察机关提起诉讼。

【相关规定】

《人民检察院公益诉讼办案规则》

第十六条 人民检察院立案管辖与人民法院诉讼管辖级别、地域不对应的，具有管辖权的人民检察院可以立案，需要提起诉讼的，应当将案件移送有管辖权人民法院对应的同级人民检察院。

> 第十七条
> 上级人民检察院决定指定下级人民检察院跨行政区划管辖案件的，应当重点监督、审查下列事项：
> （一）上级人民检察院是否制作《指定管辖决定书（行政公益诉讼用）》或者《指定管辖决定书（民事公益诉讼用）》，并于作出决定之日起七日内送达被指定管辖的人民检察院以及具有属地管辖权的人民检察院；
> （二）被指定跨行政区划管辖的人民检察院作出终结案件决定前，是否报请作出指定管辖决定的上级人民检察院同意。

【条文释义】

本条是对指定管辖的监控。

本条的依据为《人民检察院公益诉讼办案规则》第十七条的规定。

根据《人民检察院公益诉讼法律文书格式样本（2021年版）》中《指定管辖决定书（行政公益诉讼用）》《指定管辖决定书（民事公益诉讼用）》制作说明，本文书根据《人民检察院公益诉讼办案规则》第十七条或者第十八条的规定制作。上级人民检察院将行政/民事公益诉讼案件指定下级人民检察院管辖时使用。

【相关规定】

《人民检察院公益诉讼办案规则》

第十七条 上级人民检察院可以根据办案需要，将下级人民检察院管辖的公益诉讼案件指定本辖区内其他人民检察院办理。

最高人民检察院、省级人民检察院和设区的市级人民检察院可以根据跨区域协作工作机制规定，将案件指定或移送相关人民检察院跨行政区划管辖。基层人民检察院可以根据跨区域协作工作机制规定，将案件移送相关人民检察院跨行政区划管辖。

人民检察院对管辖权发生争议的，由争议双方协商解决。协商不成的，报共同的上级人民检察院指定管辖。

> **第十八条**
> 报请指定管辖案件，应当重点监督、审查下列事项：
> （一）下级人民检察院认为不适宜由其办理的案件，报请上级人民检察院指定管辖的，是否制作《报请指定管辖意见书（行政公益诉讼用）》或者《报请指定管辖意见书（民事公益诉讼用）》，逐级报请。
> （二）上级人民检察院是否在收到请示之日起十五日内制作《报请指定管辖答复（行政公益诉讼用）》或者《报请指定管辖答复（民事公益诉讼用）》。决定指定管辖的，按照本要点第十七条的规定监控。

【条文释义】

本条是对报请指定管辖的监控。

本条的依据为《人民检察院公益诉讼办案规则》第十七条、第十八条的规定。

根据《人民检察院公益诉讼法律文书格式样本（2021年版）》中《报请指定管辖意见书（行政公益诉讼用）》《报请指定管辖意见书（民事公益诉讼用）》制作说明，本文书根据《人民检察院公益诉讼办案规则》第十七条的规定制作。下级人民检察院向上级人民检察院报请行政/民事公益诉讼案件指定管辖时使用。

根据《人民检察院公益诉讼法律文书格式样本（2021年版）》中《报请指定管辖答复（行政公益诉讼用）》《报请指定管辖答复（民事公益诉讼用）》制作说明，本文书为上级人民检察院对下级人民检察院报请指定管辖意见，答复指定其他人民检察院管辖时使用。

【相关规定】

《人民检察院公益诉讼办案规则》

第十七条 上级人民检察院可以根据办案需要，将下级人民检察院管辖的公益诉讼案件指定本辖区内其他人民检察院办理。

最高人民检察院、省级人民检察院和设区的市级人民检察院可以根据跨区域协作工作机制规定，将案件指定或移送相关人民检察院跨行政区划管辖。基层人民检察院可以根据跨区域协作工作机制规定，将案件移送相关人民检察院跨行政区划管辖。

- 208 -

人民检察院对管辖权发生争议的,由争议双方协商解决。协商不成的,报共同的上级人民检察院指定管辖。

第十八条 上级人民检察院认为确有必要的,可以办理下级人民检察院管辖的案件,也可以将本院管辖的案件交下级人民检察院办理。

下级人民检察院认为需要由上级人民检察院办理的,可以报请上级人民检察院决定。

> **第十九条**
> 上级人民检察院向同级人民法院商请审查起诉案件指定管辖的,应当重点监督、审查是否制作《商请指定管辖函(行政公益诉讼用)》或者《商请指定管辖函(民事公益诉讼用)》。

【条文释义】

本条是对需商请指定管辖情况的监控。

本条的依据为《人民检察院公益诉讼办案规则》第十七条、第十八条的规定。

根据《人民检察院公益诉讼法律文书格式样本(2021年版)》中《商请指定管辖函(行政公益诉讼用)》《商请指定管辖函(民事公益诉讼用)》制作说明,本文书根据《人民检察院公益诉讼办案规则》制作。为人民检察院向同级人民法院商请审查起诉案件指定管辖时使用。本文书一式两份,一份送达同级人民法院,一份保存备查。

关于商请审查起诉案件指定管辖,在《人民检察院公益诉讼办案规则》中无明确规定。检察业务应用系统的公益诉讼格式文书标准库里设置了商请指定管辖的文书模板,《人民检察院公益诉讼法律文书格式样本(2021年版)》里提到了商请指定管辖的依据来源,实践中各地可根据公益诉讼上级部门的指导意见处理有关情形。

【相关规定】

《人民检察院公益诉讼办案规则》

第十七条 上级人民检察院可以根据办案需要,将下级人民检察院管辖的公益诉讼案件指定本辖区内其他人民检察院办理。

最高人民检察院、省级人民检察院和设区的市级人民检察院可以根据跨区域协作工作机制规定，将案件指定或移送相关人民检察院跨行政区划管辖。基层人民检察院可以根据跨区域协作工作机制规定，将案件移送相关人民检察院跨行政区划管辖。

人民检察院对管辖权发生争议的，由争议双方协商解决。协商不成的，报共同的上级人民检察院指定管辖。

第十八条 上级人民检察院认为确有必要的，可以办理下级人民检察院管辖的案件，也可以将本院管辖的案件交下级人民检察院办理。

下级人民检察院认为需要由上级人民检察院办理的，可以报请上级人民检察院决定。

第二十条

上级人民检察院认为确有必要，决定将本院管辖的案件交下级人民检察院办理的，应当重点监督、审查是否制作《指定管辖决定书（行政公益诉讼用）》或者《指定管辖决定书（民事公益诉讼用）》。

【条文释义】

本条是对需交办案件情况的监控。

本条的依据为《人民检察院公益诉讼办案规则》第十一条第一款、第十七条、第十八条的规定。

根据《人民检察院公益诉讼法律文书格式样本（2021年版）》中《指定管辖决定书（行政公益诉讼用）》《指定管辖决定书（民事公益诉讼用）》制作说明，本文书根据《人民检察院公益诉讼办案规则》第十七条或者第十八条的规定制作。上级人民检察院将行政/民事公益诉讼案件指定下级人民检察院管辖时使用。

实践中，上级院交办线索的情形有多种，除上级院管辖的线索，还有很多上级院发现或收到的应由下级院管辖的线索，比如最高检交办或行政机关移交的线索。各交办线索的案件，可以参照执行。

【相关规定】

《人民检察院公益诉讼办案规则》

第十一条 人民检察院办理公益诉讼案件，实行一体化工作机制，上级人民检察院根据办案需要，可以交办、提办、督办、领办案件。

上级人民检察院可以依法统一调用辖区的检察人员办理案件，调用的决定应当以书面形式作出。被调用的检察官可以代表办理案件的人民检察院履行调查、出庭等职责。

第十七条　上级人民检察院可以根据办案需要，将下级人民检察院管辖的公益诉讼案件指定本辖区内其他人民检察院办理。

最高人民检察院、省级人民检察院和设区的市级人民检察院可以根据跨区域协作工作机制规定，将案件指定或移送相关人民检察院跨行政区划管辖。基层人民检察院可以根据跨区域协作工作机制规定，将案件移送相关人民检察院跨行政区划管辖。

人民检察院对管辖权发生争议的，由争议双方协商解决。协商不成的，报共同的上级人民检察院指定管辖。

第十八条　上级人民检察院认为确有必要的，可以办理下级人民检察院管辖的案件，也可以将本院管辖的案件交下级人民检察院办理。

下级人民检察院认为需要由上级人民检察院办理的，可以报请上级人民检察院决定。

> **第二十一条**
>
> 需要将公益诉讼案件移送他院继续办理的，应当重点监督、审查是否制作《案件移送通知书（行政公益诉讼用）》或者《案件移送通知书（民事公益诉讼用）》。

【条文释义】

本条是对案件需移送办理情况的监控。

本条的依据为《人民检察院公益诉讼办案规则》第二十六条的规定。

根据《人民检察院公益诉讼法律文书格式样本（2021年版）》中《案件移送通知书（行政公益诉讼用）》《案件移送通知书（民事公益诉讼用）》制作说明，本文书为人民检察院移送行政/民事公益诉讼案件时使用。

关于《移送案件线索通知书》与《案件移送通知书》的区别。在《人民检察院公益诉讼法律文书格式样本（2021年版）》中，《移送案件线索通知书（行政公益诉讼用）》《移送案件线索通知书（民事公益诉讼用）》的制作说明，本文书根据《人民检察院公益诉讼办案规则》第二十六条的规定制作。人民检察院对行政/民事公益诉讼案件线索决定移送其他同级人民检察院时使用。

根据上述说明，《移送案件线索通知书》为移送公益诉讼案件线索时使用，《案件移送通知书》则为公益诉讼线索立案后，移送案件时使用。

【相关规定】

《人民检察院公益诉讼办案规则》

第二十六条　人民检察院发现公益诉讼案件线索不属于本院管辖的，应当制作《移送案件线索通知书》，移送有管辖权的同级人民检察院，受移送的人民检察院应当受理。受移送的人民检察院认为不属于本院管辖的，应当报告上级人民检察院，不得自行退回原移送线索的人民检察院或者移送其他人民检察院。

人民检察院发现公益诉讼案件线索属于上级人民检察院管辖的，应当制作《报请移送案件线索意见书》，报请移送上级人民检察院。

第二节　回　避

第二十二条

检察人员、当事人及其诉讼代理人申请回避的，应当重点监督、审查下列事项：

（一）检察人员自行回避的，是否制作《回避申请审批表（公益诉讼用）》。口头提出回避申请的，是否记录在卷。

（二）当事人及其诉讼代理人口头申请回避的，是否记录在卷。

被申请回避的人员在人民检察院作出是否回避的决定前，不停止参与本案工作。

【条文释义】

本条是对申请回避情况的监控。

本条的依据为《人民检察院公益诉讼办案规则》第二十条、第二十一条的规定。

根据《人民检察院公益诉讼法律文书格式样本（2021年版）》中《回避申请审批表（公益诉讼用）》制作说明，本文书根据《人民检察院公益诉讼办案规则》第二十条的规定制作。人民检察院检察人员、翻译人员、鉴定人、勘验人等申请回避时使用。

【相关规定】

《人民检察院公益诉讼办案规则》

第二十条　检察人员自行回避的，应当书面或者口头提出，并说明理由。口头提出的，应当记录在卷。

第二十一条　当事人及其诉讼代理人申请回避的，应当书面或者口头提出，并说明理由。口头提出的，应当记录在卷。

被申请回避的人员在人民检察院作出是否回避的决定前，不停止参与本案工作。

第二十三条

决定回避的，应当重点监督、审查下列事项：

（一）是否制作《回避决定书（公益诉讼用）》或者《驳回回避申请决定书（公益诉讼用）》，其中当事人及其诉讼代理人申请回避的，是否在三日内制作上述文书，并通知申请人。

（二）检察长的回避，是否由检察委员会讨论决定，并由副检察长主持，检察长不得参加。检察人员和其他人员的回避，是否由检察长决定。

【条文释义】

本条是对决定回避情况的监控。

本条的依据为《人民检察院公益诉讼办案规则》第二十二条、第二十三条的规定。

根据《人民检察院公益诉讼法律文书格式样本（2021年版）》中《回避决定书（公益诉讼用）》制作说明，本文书根据《人民检察院公益诉讼办案规则》第二十三条的规定制作。人民检察院决定检察人员、翻译人员、鉴定人、勘验人等回避时使用。

根据《人民检察院公益诉讼法律文书格式样本（2021年版）》中《驳回回避申请决定书（公益诉讼用）》制作说明，本文书根据《人民检察院公益诉讼办案规则》第二十三条的规定制作。人民检察院驳回回避申请时使用。本文书发送回避申请人。

【相关规定】

《人民检察院公益诉讼办案规则》

第二十二条 检察长的回避,由检察委员会讨论决定;检察人员和其他人员的回避,由检察长决定。检察委员会讨论检察长回避问题时,由副检察长主持。

第二十三条 人民检察院对当事人提出的回避申请,应当在收到申请后三日内作出决定,并通知申请人。申请人对决定不服的,可以在接到决定时向原决定机关申请复议一次。人民检察院应当在三日内作出复议决定,并通知复议申请人。复议期间,被申请回避的人员不停止参与本案工作。

第二十四条

申请人不服驳回回避申请决定,申请复议的,应当重点监督、审查是否在三日内制作《回避复议决定书(公益诉讼用)》。维持原驳回回避申请决定的,发送复议申请人;决定回避的,发送当事人、被决定回避人并通知复议申请人。

复议期间,被申请回避的人员不停止参与本案工作。

【条文释义】

本条是对回避复议情况的监控。

本条的依据为《人民检察院公益诉讼办案规则》第二十三条的规定。

根据《人民检察院公益诉讼法律文书格式样本(2021年版)》中《回避复议决定书(公益诉讼用)》制作说明,本文书根据《人民检察院公益诉讼办案规则》第二十三条的规定制作。人民检察院对回避复议申请作出决定时使用。本文书依据具体内容区别发送情况:维持原驳回回避申请的决定的,发送回避申请人;决定回避的,发送当事人、被决定回避人。

【相关规定】

《人民检察院公益诉讼办案规则》

第二十三条 人民检察院对当事人提出的回避申请,应当在收到申请后三日内作出决定,并通知申请人。申请人对决定不服的,可以在接到决定时向原决定机关申请复议一次。人民检察院应当在三日内作出复议决定,并通知复议申请人。复议期间,被申请回避的人员不停止参与本案工作。

第三节 立 案

> **第二十五条**
> 对公益诉讼案件线索进行初步调查的,应当重点监督、审查是否制作《初步调查报告(行政公益诉讼用)》或者《初步调查报告(民事公益诉讼用)》。

【条文释义】

本条是对初步调查情况的监控。

本条的依据为《人民检察院公益诉讼办案规则》第二十七条、第八十五条的规定。

根据《人民检察院公益诉讼法律文书格式样本(2021年版)》中《初步调查报告(行政公益诉讼用)》制作说明,本文书根据《人民检察院公益诉讼办案规则》第二十七条的规定制作。初步调查是否符合行政公益诉讼立案条件时使用。

根据《人民检察院公益诉讼法律文书格式样本(2021年版)》中《初步调查报告(民事公益诉讼用)》制作说明,本文书根据《人民检察院公益诉讼办案规则》第二十七条、第八十五条的规定制作。初步调查是否符合民事公益诉讼立案条件时使用。

关于《初步调查报告》与《立案审批表》的关系。参考《人民检察院公益诉讼办案规则》第二十七条规定,办理公益诉讼案件,必要时可以进行初步调查,并形成《初步调查报告》。第三十条规定检察官对案件线索进行评估后提出立案或者不立案意见的,应当制作《立案审批表》,经过初步调查的附《初步调查报告》。结合《人民检察院公益诉讼法律文书格式样本(2021年版)》中《立案审批表(行政公益诉讼用)》《立案审批表(民事公益诉讼用)》的制作说明,本文书根据《人民检察院公益诉讼办案规则》第三十条的规定制作。初步调查后不制作《初步调查报告》时,报批行政/民事公益诉讼案件线索是否符合立案条件时使用。本文书由承办人制作,层报主管检察长审批。因此,未经过初步调查的,报批公益诉讼案件线索是否符合立案条件时可以用《立案审批表》代替《初步调查报告》。

【相关规定】

《人民检察院公益诉讼办案规则》

第二十七条 人民检察院应当对公益诉讼案件线索的真实性、可查性等进行评估，必要时可以进行初步调查，并形成《初步调查报告》。

第八十五条 人民检察院经过对民事公益诉讼线索进行评估，认为同时存在以下情形的，应当立案：

（一）社会公共利益受到损害；

（二）可能存在破坏生态环境和资源保护，食品药品安全领域侵害众多消费者合法权益，侵犯未成年人合法权益，侵害英雄烈士等的姓名、肖像、名誉、荣誉等损害社会公共利益的违法行为。

第二十六条

检察官对案件线索进行评估后提出立案或者不立案意见，未经过初步调查的，应当重点监督、审查是否制作《立案审批表（行政公益诉讼用）》或者《立案审批表（民事公益诉讼用）》报检察长决定。

检察长决定立案的，是否制作《立案决定书（行政公益诉讼用）》或者《立案决定书（民事公益诉讼用）》。决定不立案的，是否制作《不立案决定书（行政公益诉讼用）》或者《不立案决定书（民事公益诉讼用）》。

【条文释义】

本条是对立案或不立案情况的监控。

本条的依据为《中华人民共和国行政诉讼法》第二十五条、《中华人民共和国民事诉讼法》第五十八条和《人民检察院公益诉讼办案规则》第三十条、第六十七条、第六十八条、第八十五条的规定。

根据《人民检察院公益诉讼法律文书格式样本（2021年版）》中《立案审批表（行政公益诉讼用）》《立案审批表（民事公益诉讼用）》制作说明，本文书根据《人民检察院公益诉讼办案规则》第三十条的规定制作。初步调查后不制作《初步调查报告》时，报批行政／民事公益诉讼案件线索是否符合立案条件时使用。本文书由承办人制作，层报主管检察长审批。

根据《人民检察院公益诉讼法律文书格式样本（2021年版）》中《立案决定书（行政公益诉讼用）》制作说明，本文书根据《中华人民共和国行政诉讼法》第二十五条第四款、《人民检察院公益诉讼办案规则》第三十条的规定制作。人民检察院对行政公益诉讼案件决定立案时使用。本文书应当自立案之日起七日内送达行政机关。

根据《人民检察院公益诉讼法律文书格式样本（2021年版）》中《立案决定书（民事公益诉讼用）》制作说明，本文书依据《中华人民共和国民事诉讼法》第五十八条第二款、《人民检察院公益诉讼办案规则》第八十五条的规定制作。人民检察院对民事公益诉讼案件决定立案时使用。

根据《人民检察院公益诉讼法律文书格式样本（2021年版）》中《不立案决定书（行政公益诉讼用）》《不立案决定书（民事公益诉讼用）》制作说明，本文书根据《人民检察院公益诉讼办案规则》第三十条的规定制作。人民检察院对行政/民事公益诉讼案件决定不立案时使用。

【相关规定】

《中华人民共和国民事诉讼法》

第五十八条 对污染环境、侵害众多消费者合法权益等损害社会公共利益的行为，法律规定的机关和有关组织可以向人民法院提起诉讼。

人民检察院在履行职责中发现破坏生态环境和资源保护、食品药品安全领域侵害众多消费者合法权益等损害社会公共利益的行为，在没有前款规定的机关和组织或者前款规定的机关和组织不提起诉讼的情况下，可以向人民法院提起诉讼。前款规定的机关或者组织提起诉讼的，人民检察院可以支持起诉。

《中华人民共和国行政诉讼法》

第二十五条 行政行为的相对人以及其他与行政行为有利害关系的公民、法人或者其他组织，有权提起诉讼。

有权提起诉讼的公民死亡，其近亲属可以提起诉讼。

有权提起诉讼的法人或者其他组织终止，承受其权利的法人或者其他组织可以提起诉讼。

人民检察院在履行职责中发现生态环境和资源保护、食品药品安全、国有财产保护、国有土地使用权出让等领域负有监督管理职责的行政机关违法行使职权或者不作为，致使国家利益或者社会公共利益受到侵害的，应当向行政机关提出检察建议，督促其依法履行职责。行政机关不依法履行职责的，人民检察院依法向人民法院提起诉讼。

《人民检察院公益诉讼办案规则》

第三十条 检察官对案件线索进行评估后提出立案或者不立案意见的，应当制作《立案审批表》，经过初步调查的附《初步调查报告》，报请检察长决定后制作《立案决定书》或者《不立案决定书》。

第六十七条 人民检察院经过对行政公益诉讼案件线索进行评估，认为同时存在以下情形的，应当立案：

（一）国家利益或者社会公共利益受到侵害；

（二）生态环境和资源保护、食品药品安全、国有财产保护、国有土地使用权出让、未成年人保护等领域对保护国家利益或者社会公共利益负有监督管理职责的行政机关可能违法行使职权或者不作为。

第六十八条 人民检察院对于符合本规则第六十七条规定的下列情形，应当立案：

（一）对于行政机关作出的行政决定，行政机关有强制执行权而怠于强制执行，或者没有强制执行权而怠于申请人民法院强制执行的；

（二）在人民法院强制执行过程中，行政机关违法处分执行标的的；

（三）根据地方裁执分离规定，人民法院将行政强制执行案件交由有强制执行权的行政机关执行，行政机关不依法履职的；

（四）其他行政强制执行中行政机关违法行使职权或者不作为的情形。

第八十五条 人民检察院经过对民事公益诉讼线索进行评估，认为同时存在以下情形的，应当立案：

（一）社会公共利益受到损害；

（二）可能存在破坏生态环境和资源保护，食品药品安全领域侵害众多消费者合法权益，侵犯未成年人合法权益，侵害英雄烈士等的姓名、肖像、名誉、荣誉等损害社会公共利益的违法行为。

第二十七条

在办理公益诉讼案件过程中，发现涉嫌犯罪或者职务违法、违纪线索的，应当重点监督、审查下列事项：

（一）发现不属于检察机关管辖的党员、公职人员涉嫌违纪违法、职务犯罪问题线索的，是否制作《移送问题线索函》经由本院负责检务督察的部门移送纪检监察机关；

（二）发现公安机关管辖的涉嫌犯罪线索的，是否移送有管辖权的主管机关。

【条文释义】

本条是对违纪违法犯罪线索移送情况的监控。

本条的依据为《人民检察院公益诉讼办案规则》第三十一条的规定。

关于《移送问题线索函》，目前检察业务应用系统的格式文书标准库中尚没有配置该文书,各地在移送问题线索时,可以参考使用系统内配置的《违纪违法线索移送函》,待最高检配置《移送问题线索函》后准确使用该文书。

【相关规定】

《人民检察院公益诉讼办案规则》

第三十一条 负责公益诉讼检察的部门在办理公益诉讼案件过程中,发现涉嫌犯罪或者职务违法、违纪线索的,应当依照规定移送本院相关检察业务部门或者其他有管辖权的主管机关。

第四节 调 查

> 第二十八条
> 开展调查和收集证据的,应当重点监督、审查是否违反规定采取限制人身自由或者查封、扣押、冻结财产等强制性措施。

【条文释义】

本条是对开展调查中的禁止性规定的监控。

本条的依据为《人民检察院公益诉讼办案规则》第三十五条的规定。

【相关规定】

《人民检察院公益诉讼办案规则》

第三十五条 人民检察院办理公益诉讼案件,可以采取以下方式开展调查和收集证据:

(一)查阅、调取、复制有关执法、诉讼卷宗材料等;

(二)询问行政机关工作人员、违法行为人以及行政相对人、利害关系人、证人等;

(三)向有关单位和个人收集书证、物证、视听资料、电子数据等证据;

(四)咨询专业人员、相关部门或者行业协会等对专门问题的意见;

(五)委托鉴定、评估、审计、检验、检测、翻译;

(六)勘验物证、现场;

(七)其他必要的调查方式。

人民检察院开展调查和收集证据不得采取限制人身自由或者查封、扣押、冻结财产等强制性措施。

第二十九条

开展调查和收集证据,应当重点监督、审查是否由两名以上检察人员共同进行。

检察人员,包括检察官和检察辅助人员。

【条文释义】

本条是对调查和收集证据主体的监控。

本条第一款的依据为《人民检察院公益诉讼办案规则》第三十六条第一款的规定;第二款的依据为《人民检察院公益诉讼办案规则》第一百零九条第二款的规定。

【相关规定】

《人民检察院公益诉讼办案规则》

第三十六条 人民检察院开展调查和收集证据,应当由两名以上检察人员共同进行。检察官可以组织司法警察、检察技术人员参加,必要时可以指派或者聘请其他具有专门知识的人参与。根据案件实际情况,也可以商请相关单位协助进行。

在调查收集证据过程中,检察人员可以依照有关规定使用执法记录仪、自动检测仪等办案设备和无人机航拍、卫星遥感等技术手段。

第一百零九条 本规则所称检察官,包括检察长、副检察长、检察委员会委员、检察员。

本规则所称检察人员,包括检察官和检察辅助人员。

第三十条

询问行政机关工作人员、违法行为人以及行政相对人、利害关系人、证人等,应当重点监督、审查下列事项:

(一)询问证人的,是否制作《证人权利义务告知书(公益诉讼用)》。

(二)询问是否个别进行。

(三)是否制作《询问笔录(公益诉讼用)》,并由被询问人签名或者盖章。被询问人拒绝签名盖章的,是否在《询问笔录(公益诉讼用)》上记明。

【条文释义】

本条是对询问相关规定的监控。

本条的依据为《人民检察院公益诉讼办案规则》第三十五条、第三十七条的规定。

根据《人民检察院公益诉讼法律文书格式样本（2021年版）》中《权利义务告知书（公益诉讼用）》制作说明，本文书根据《人民检察院公益诉讼办案规则》第三十七条的规定制作。人民检察院告知证人诉讼权利义务时使用。本文书发送当事人，回执附卷。

根据《人民检察院公益诉讼法律文书格式样本（2021年版）》中《询问笔录（公益诉讼用）》制作说明，本文书为人民检察院询问时使用。人民检察院派员调查询问，应当由两名以上检察人员共同进行。询问笔录经被询问人校阅后，由询问人、被询问人签名或盖章。被询问人拒绝签名盖章的，应当记明情况。

【相关规定】

《人民检察院公益诉讼办案规则》

第三十五条 人民检察院办理公益诉讼案件，可以采取以下方式开展调查和收集证据：

（一）查阅、调取、复制有关执法、诉讼卷宗材料等；

（二）询问行政机关工作人员、违法行为人以及行政相对人、利害关系人、证人等；

（三）向有关单位和个人收集书证、物证、视听资料、电子数据等证据；

（四）咨询专业人员、相关部门或者行业协会等对专门问题的意见；

（五）委托鉴定、评估、审计、检验、检测、翻译；

（六）勘验物证、现场；

（七）其他必要的调查方式。

人民检察院开展调查和收集证据不得采取限制人身自由或者查封、扣押、冻结财产等强制性措施。

第三十七条 询问应当个别进行。检察人员在询问前应当出示工作证，询问过程中应当制作《询问笔录》。被询问人确认无误后，签名或者盖章。被询问人拒绝签名盖章的，应当在笔录上注明。

第三十一条

向有关单位或者个人调取物证、书证的，应当重点监督、审查下列事项：

（一）是否制作《调取证据通知书（公益诉讼用）》和《调取证据清单（公益诉讼用）》。

（二）调取书证为复制件的，是否注明调取人、提供人、调取时间、证据出处和"本复制件与原件核对一致"等字样，并签字、盖章。书证页码较多的，加盖骑缝章。

（三）调取原物确有困难的，是否调取足以反映原物外形或者内容的照片、录像或者复制品等其他证据材料。

（四）收集提取视听资料、电子数据复制件的，是否说明其来源和制作经过。人民检察院自行收集提取视听资料、电子数据的，是否注明收集时间、地点、收集人员及其他需要说明的情况。

【条文释义】

本条是对调取证据文书制作事项的监控。

本条的依据为《人民检察院公益诉讼办案规则》第三十五条、第三十八条、第三十九条的规定。

根据《人民检察院公益诉讼法律文书格式样本（2021年版）》中《调取证据通知书（公益诉讼用）》制作说明，本文书根据《人民检察院公益诉讼办案规则》第三十五条、第三十八条的规定制作。人民检察院调取证据通知相关单位或个人时使用。本文书发送需要调取证据的单位或个人。

根据《人民检察院公益诉讼法律文书格式样本（2021年版）》中《调取证据清单（公益诉讼用）》制作说明，本文书根据《人民检察院公益诉讼办案规则》第三十八条的规定制作。本文书是人民检察院向有关单位和个人收集、调取证据时所开列的清单。在调取证据较多的情况下配合《调取证据通知书》使用。本文书提交人一份，附卷一份。人民检察院返还证据时收回提交人所持收据附卷，并注明返还时间，由提交人签字。

【相关规定】

《人民检察院公益诉讼办案规则》

第三十五条 人民检察院办理公益诉讼案件，可以采取以下方式开展调

查和收集证据:

（一）查阅、调取、复制有关执法、诉讼卷宗材料等；

（二）询问行政机关工作人员、违法行为人以及行政相对人、利害关系人、证人等；

（三）向有关单位和个人收集书证、物证、视听资料、电子数据等证据；

（四）咨询专业人员、相关部门或者行业协会等对专门问题的意见；

（五）委托鉴定、评估、审计、检验、检测、翻译；

（六）勘验物证、现场；

（七）其他必要的调查方式。

人民检察院开展调查和收集证据不得采取限制人身自由或者查封、扣押、冻结财产等强制性措施。

第三十八条 需要向有关单位或者个人调取物证、书证的，应当制作《调取证据通知书》和《调取证据清单》，持上述文书调取有关证据材料。

调取书证应当调取原件，调取原件确有困难或者因保密需要无法调取原件的，可以调取复制件。书证为复制件的，应当注明调取人、提供人、调取时间、证据出处和"本复制件与原件核对一致"等字样，并签字、盖章。书证页码较多的，加盖骑缝章。

调取物证应当调取原物，调取原物确有困难的，可以调取足以反映原物外形或者内容的照片、录像或者复制品等其他证据材料。

第三十九条 人民检察院应当收集提取视听资料、电子数据的原始存储介质，调取原始存储介质确有困难或者因保密需要无法调取的，可以调取复制件。调取复制件的，应当说明其来源和制作经过。

人民检察院自行收集提取视听资料、电子数据的，应当注明收集时间、地点、收集人员及其他需要说明的情况。

> 第三十二条
> 向银行或者其他金融机构查询当事人金融财产的，应当重点监督、审查是否制作《协助查询金融财产通知书（公益诉讼用）》。

【条文释义】

本条是对查询当事人金融财产相关事项的监控。

本条的依据为最高人民法院、最高人民检察院《关于检察公益诉讼案件适用法律若干问题的解释》第六条的规定。

根据《人民检察院公益诉讼法律文书格式样本（2021年版）》中《协助查询金融财产通知书（公益诉讼用）》制作说明，本文书依据最高人民法院、最高人民检察院《关于检察公益诉讼案件适用法律若干问题的解释》第六条的规定制作。人民检察院向银行或其他金融机构查询当事人金融财产时使用。本文书第一联送达金融机构或邮电部门，第二联退回后附卷。

【相关规定】

最高人民法院、最高人民检察院《关于检察公益诉讼案件适用法律若干问题的解释》

第六条　人民检察院办理公益诉讼案件，可以向有关行政机关以及其他组织、公民调查收集证据材料；有关行政机关以及其他组织、公民应当配合；需要采取证据保全措施的，依照民事诉讼法、行政诉讼法相关规定办理。

第三十三条
　　就专门性问题咨询有关专业人员、相关部门或者行业协会意见的，应当重点监督、审查下列事项：
　　（一）口头咨询的，是否制作《询问笔录（公益诉讼用）》，并由出具咨询意见的专业人员签名、盖章；
　　（二）书面咨询的，书面咨询意见是否由出具该意见的专业人员或者单位签名、盖章。

【条文释义】

本条是对专门性问题咨询有关专业人员、相关部门或者行业协会意见的监控。

本条的依据为《人民检察院公益诉讼办案规则》第四十条的规定。

关于书面咨询的文书，最高检案件管理部门没有作出具体统一要求，检察业务应用系统的格式文书标准库里有各种《函》的文书格式，各地可以自行斟酌使用。

【相关规定】

《人民检察院公益诉讼办案规则》

第四十条　人民检察院可以就专门性问题书面或者口头咨询有关专业人

员、相关部门或者行业协会的意见。

口头咨询的，应当制作笔录，由接受咨询的专业人员签名或者盖章。书面咨询的，应当由出具咨询意见的专业人员或者单位签名、盖章。

第三十四条

对专门性问题委托具备资格的机构进行鉴定、评估、审计、检验、检测、翻译的，应当重点监督、审查下列事项：

（一）是否制作《委托鉴定（评估、审计、检验、检测、翻译）函》，委托具备资格的机构进行鉴定、评估、审计、检验、检测、翻译；

（二）鉴定人进行鉴定后，是否出具书面鉴定意见，并由鉴定人及授权签字人在鉴定文书上签名，同时附上鉴定机构和鉴定人的资质证明或者其他证明文件。

【条文释义】

本条是对专门性问题委托鉴定、评估、审计、检验、检测、翻译的监控。

本条的依据为《中华人民共和国民事诉讼法》第八十条、《中华人民共和国刑事诉讼法》第一百四十七条、最高人民法院、最高人民检察院《关于检察公益诉讼案件适用法律若干问题的解释》第六条、《人民检察院公益诉讼办案规则》第四十一条的规定。

根据《人民检察院工作文书格式样本（2020年版）》中《委托鉴定（评估、审计、翻译）函》制作说明，本文书根据最高人民法院、最高人民检察院《关于检察公益诉讼案件适用法律若干问题的解释》第六条的规定制作。人民检察院委托鉴定、评估、审计、翻译时使用。

【相关规定】

《中华人民共和国民事诉讼法》

第八十条　鉴定人有权了解进行鉴定所需要的案件材料，必要时可以询问当事人、证人。

鉴定人应当提出书面鉴定意见，在鉴定书上签名或者盖章。

《中华人民共和国刑事诉讼法》

第一百四十七条　鉴定人进行鉴定后，应当写出鉴定意见，并且签名、签定人故意作虚假鉴定的应当承担法律责任。

最高人民法院、最高人民检察院《关于检察公益诉讼案件适用法律若干问题的解释》

第六条 人民检察院办理公益诉讼案件，可以向有关行政机关以及其他组织、公民调查收集证据材料；有关行政机关以及其他组织、公民应当配合；需要采取证据保全措施的，依照民事诉讼法、行政诉讼法相关规定办理。

《人民检察院公益诉讼办案规则》

第四十一条 人民检察院对专门性问题认为确有必要鉴定、评估、审计、检验、检测、翻译的，可以委托具备资格的机构进行鉴定、评估、审计、检验、检测、翻译，委托时应当制作《委托鉴定（评估、审计、检验、检测、翻译）函》。

第三十五条

勘验物证或者现场的，应当重点监督、审查下列事项：

（一）勘验是否在检察官的主持下，由两名以上检察人员进行；

（二）是否将勘验情况和结果制作《勘验笔录（公益诉讼用）》，并由参加勘验的人员、见证人签名或者盖章。

【条文释义】

本条是对勘验物证或者现场的监控。

本条的依据为《人民检察院公益诉讼办案规则》第三十五条、第四十二条的规定。

根据《人民检察院公益诉讼法律文书格式样本（2021年版）》中《勘验笔录（公益诉讼用）》制作说明，本文书根据《人民检察院公益诉讼办案规则》第三十五条、第四十二条的规定制作。人民检察院勘验物证、现场时使用。

【相关规定】

《人民检察院公益诉讼办案规则》

第三十五条 人民检察院办理公益诉讼案件，可以采取以下方式开展调查和收集证据：

（一）查阅、调取、复制有关执法、诉讼卷宗材料等；

（二）询问行政机关工作人员、违法行为人以及行政相对人、利害关系人、证人等；

（三）向有关单位和个人收集书证、物证、视听资料、电子数据等证据；

（四）咨询专业人员、相关部门或者行业协会等对专门问题的意见；

（五）委托鉴定、评估、审计、检验、检测、翻译；

（六）勘验物证、现场；

（七）其他必要的调查方式。

人民检察院开展调查和收集证据不得采取限制人身自由或者查封、扣押、冻结财产等强制性措施。

第四十二条 人民检察院认为确有必要的，可以勘验物证或者现场。

勘验应当在检察官的主持下，由两名以上检察人员进行，可以邀请见证人参加。必要时，可以指派或者聘请有专门知识的人进行。勘验情况和结果应当制作笔录，由参加勘验的人员、见证人签名或者盖章。

检察技术人员可以依照相关规定在勘验过程中进行取样并进行快速检测。

第三十六条

建议人民法院对财产、证据、行为进行诉讼保全的，应当重点监督、审查是否制作《财产（证据、行为）保全建议书（公益诉讼用）》。

【条文释义】

本条是对提出财产（证据、行为）保全建议的监控。

本文的依据为最高人民法院、最高人民检察院《关于检察公益诉讼案件适用法律若干问题的解释》第六条的规定。

根据《人民检察院公益诉讼法律文书格式样本（2021年版）》中《财产（证据、行为）保全建议书》制作说明，本文书根据最高人民法院、最高人民检察院《关于检察公益诉讼案件适用法律若干问题的解释》第六条的规定制作。人民检察院建议人民法院对财产、证据、行为进行诉讼保全时使用。本文书应当发送人民法院。

【相关规定】

最高人民法院、最高人民检察院《关于检察公益诉讼案件适用法律若干问题的解释》

第六条 人民检察院办理公益诉讼案件，可以向有关行政机关以及其他组织、公民调查收集证据材料；有关行政机关以及其他组织、公民应当配合；需要采取证据保全措施的，依照民事诉讼法、行政诉讼法相关规定办理。

第三十七条

委托异地同级人民检察院调查收集证据的，应当重点监督、审查下列事项：

（一）委托的人民检察院是否出具《委托协助调查函（公益诉讼用）》，载明需要调查的对象、事项及要求；

（二）受委托的人民检察院是否在收到委托书之日起三十日内完成调查，并将情况回复委托的人民检察院。

【条文释义】

本条是对委托调查情形的监控。

本条的依据为《人民检察院公益诉讼办案规则》第四十三条的规定。

根据《人民检察院公益诉讼法律文书格式样本（2021年版）》中《委托协助调查函（公益诉讼用）》制作说明，本文书根据《人民检察院公益诉讼办案规则》第四十三条的规定制作。人民检察院需要委托异地同级人民检察院调查有关情况时使用。本文书发送委托协助调查的人民检察院。

【相关规定】

《人民检察院公益诉讼办案规则》

第四十三条　人民检察院办理公益诉讼案件，需要异地调查收集证据的，可以自行调查或者委托当地同级人民检察院进行。委托时应当出具委托书，载明需要调查的对象、事项及要求。受委托人民检察院应当在收到委托书之日起三十日内完成调查，并将情况回复委托的人民检察院。

第三十八条

组织召开听证会的，应当重点监督、审查是否制作《提请听证审批表（公益诉讼用）》报检察长批准。

【条文释义】

本条是对提请听证的监控。

本条的依据为《人民检察院公益诉讼办案规则》第四十四条和《人民检察院审查案件听证工作规定》第四条、第九条以及《人民检察院公益诉讼办案听证工作指引》第十三条的规定。

根据《人民检察院公益诉讼法律文书格式样本（2021年版）》中《提请听证审批表（公益诉讼用）》制作说明，本文书依据《人民检察院公益诉讼办案规则》第四十四条案件调查、审查过程中进行听证的有关规定制作。提请案件听证审批时使用。

【相关规定】

《人民检察院公益诉讼办案规则》

第四十四条 人民检察院可以依照规定组织听证，听取听证员、行政机关、违法行为人、行政相对人、受害人代表等相关各方意见，了解有关情况。

听证形成的书面材料是人民检察院依法办理公益诉讼案件的重要参考。

《人民检察院审查案件听证工作规定》

第四条 人民检察院办理羁押必要性审查案件、拟不起诉案件、刑事申诉案件、民事诉讼监督案件、行政诉讼监督案件、公益诉讼案件等，在事实认定、法律适用、案件处理等方面存在较大争议，或者有重大社会影响，需要当面听取当事人和其他相关人员意见的，经检察长批准，可以召开听证会。

人民检察院办理审查逮捕案件，需要核实评估犯罪嫌疑人是否具有社会危险性、是否具有社会帮教条件的，可以召开听证会。

第九条 人民检察院可以根据案件办理需要，决定召开听证会。当事人及其辩护人、代理人向审查案件的人民检察院申请召开听证会的，人民检察院应当及时作出决定，告知申请人。不同意召开听证会的，应当向申请人说明理由。

《人民检察院公益诉讼办案听证工作指引》

第十三条 人民检察院根据案件办理需要，决定是否召开听证会。当事人及其代理人向办理案件的人民检察院申请召开听证会的，人民检察院应当及时作出决定并告知申请人。不同意召开听证会的，应当说明理由。

人民检察院决定召开听证会的，应当经检察长批准。

第三十九条

依照规定组织听证的，应当重点监督、审查听证员是否与案件无利害关系。

【条文释义】

本条是对参加听证人员的身份的监控。

本条的依据为《人民检察院审查案件听证工作规定》第七条、第八条和《人民检察院公益诉讼办案听证工作指引》第十条、第十一条、第十四条的规定。

【相关规定】

《人民检察院审查案件听证工作规定》

第七条 人民检察院可以邀请与案件没有利害关系并同时具备下列条件的社会人士作为听证员：

（一）年满二十三周岁的中国公民；

（二）拥护中华人民共和国宪法和法律；

（三）遵纪守法、品行良好、公道正派；

（四）具有正常履行职责的身体条件。

有下列情形之一的，不得担任听证员：

（一）受过刑事处罚的；

（二）被开除公职的；

（三）被吊销律师、公证员执业证书的；

（四）其他有严重违法违纪行为，可能影响司法公正的。

参加听证会的听证员一般为三至七人。

第八条 人民检察院可以邀请人民监督员参加听证会，依照有关规定接受人民监督员监督。

《人民检察院公益诉讼办案听证工作指引》

第十条 人民检察院可以邀请人大代表、政协委员、专家学者、律师、公益诉讼志愿者等作为听证员参加听证，听证员须符合《听证工作规定》第七条的规定并且与案件无直接利害关系。

涉及环境资源、食品药品、财税审计、安全生产、网络信息、文物保护等方面专门性问题的，必要时应当邀请有专门知识的人担任听证员。

参加听证会的听证员一般为三至七人。

第十一条 人民检察院可以邀请人民监督员参加听证会，依照有关规定接受人民监督员监督。

第十四条 人民检察院决定召开听证会的，应当做好以下准备工作：

（一）制定听证方案，确定听证会参加人；

（二）在听证三日前告知听证会参加人案由、听证时间和地点；

（三）告知当事人主持听证会的检察官及听证员的姓名、身份，并告知当事人有申请回避的权利，确定是否申请回避；

（四）决定公开听证的，发布听证会公告。

第四十条

决定召开听证会的，应当重点监督、审查是否做好下列准备工作：

（一）制定听证方案，确定听证会参加人；

（二）在听证三日前制作《听证通知书（公益诉讼用）》，通知被监督行政机关、当事人参加听证；

（三）在听证三日前制作《听证邀请函（公益诉讼用）》，邀请与案件没有利害关系的人大代表、政协委员、人民监督员、特约检察员、专家咨询委员、人民调解员或者当事人所在单位、居住地的居民委员会、村民委员会成员以及专家、学者等其他社会人士参加听证；

（四）决定公开听证的，在公开听证三日前发布听证会公告。

【条文释义】

本条是对听证准备工作的监控。

本条的依据为《人民检察院公益诉讼办案规则》第四十四条、《人民检察院审查案件听证工作规定》第九条、第十条以及《人民检察院公益诉讼办案听证工作指引》第九条、第十条、第十一条、第十四条、第十五条的规定。

根据《人民检察院公益诉讼法律文书格式样本（2021年版）》中《听证通知书（公益诉讼用）》制作说明，本文书依据《人民检察院公益诉讼办案规则》第四十四条的规定制作。人民检察院通知被监督行政机关、当事人参加听证时使用。人民检察院组织听证，应当在听证三日前通知参加听证的被监督行政机关、当事人，并告知听证的时间、地点。

根据《人民检察院公益诉讼法律文书格式样本（2021年版）》中《听证邀请函（公益诉讼用）》制作说明，本文书依据《人民检察院公益诉讼办案规则》第四十四条的规定制作。人民检察院邀请有关人员参加听证时使用。根据案件具体情况，可以邀请与案件没有利害关系的人大代表、政协委员、人民监督员、特约检察员、专家咨询委员、人民调解员或者当事人所在单位、居住地的居民委员会、村民委员会成员以及专家、学者等其他社会人士参加听证。

关于听证方案，需要关注是否按照《人民检察院公益诉讼办案听证工作指引》第九条至第十一条确定听证会参加人，是否制作了《听证通知书（公益诉讼用）》《听证权利义务告知书（公益诉讼用）》，并通知被监督行政机关、当事人。

【相关规定】

《人民检察院公益诉讼办案规则》

第四十四条 人民检察院可以依照规定组织听证，听取听证员、行政机关、违法行为人、行政相对人、受害人代表等相关各方意见，了解有关情况。

听证形成的书面材料是人民检察院依法办理公益诉讼案件的重要参考。

《人民检察院审查案件听证工作规定》

第九条 人民检察院可以根据案件办理需要，决定召开听证会。当事人及其辩护人、代理人向审查案件的人民检察院申请召开听证会的，人民检察院应当及时作出决定，告知申请人。不同意召开听证会的，应当向申请人说明理由。

第十条 人民检察院决定召开听证会的，应当做好以下准备工作：

（一）制定听证方案，确定听证会参加人；

（二）在听证三日前告知听证会参加人案由、听证时间和地点；

（三）告知当事人主持听证会的检察官及听证员的姓名、身份；

（四）公开听证的，发布听证会公告。

《人民检察院公益诉讼办案听证工作指引》

第九条 人民检察院应当根据案件具体情况，确定听证参加人。听证参加人包括案件当事人及其委托代理人、听证员、第三人、证人、鉴定人以及人民检察院认为需要参加听证的其他人员。

第十条 人民检察院可以邀请人大代表、政协委员、专家学者、律师、公益诉讼志愿者等作为听证员参加听证，听证员须符合《听证工作规定》第七条的规定并且与案件无直接利害关系。

涉及环境资源、食品药品、财税审计、安全生产、网络信息、文物保护等方面专门性问题的，必要时应当邀请有专门知识的人担任听证员。

参加听证会的听证员一般为三至七人。

第十一条 人民检察院可以邀请人民监督员参加听证会，依照有关规定接受人民监督员监督。

第十四条 人民检察院决定召开听证会的，应当做好以下准备工作：

（一）制定听证方案，确定听证会参加人；

（二）在听证三日前告知听证会参加人案由、听证时间和地点；

（三）告知当事人主持听证会的检察官及听证员的姓名、身份，并告知当事人有申请回避的权利，确定是否申请回避；

（四）决定公开听证的，发布听证会公告。

第十五条 人民检察院决定公开听证的，应当在公开听证三日前发布公开听证公告。公告可通过两微一端、告示栏或当地新媒体、报纸、电视等方式对外发布。

公开听证公告应当包含下列内容：

（一）公开听证的案件名称；

（二）公开听证的时间、地点；

（三）旁听人员和新闻媒体的人数、报名条件、方法及有关权利义务；

（四）其他需要公告的事项。

第四十一条

组织召开听证会的，应当重点监督、审查是否制作《听证笔录（公益诉讼用）》，由听证会主持人、承办检察官、听证会参加人和记录人签名或者盖章；无正当理由拒绝签字或者盖章的，是否在听证笔录中予以载明。

【条文释义】

本条是对听证笔录制作的监控。

本条的依据为《人民检察院公益诉讼办案规则》第四十四条、《人民检察院审查案件听证工作规定》第十八条、《人民检察院公益诉讼办案听证工作指引》第二十一条的规定。

根据《人民检察院公益诉讼法律文书格式样本（2021年版）》中《听证笔录（公益诉讼用）》制作说明，本文书依据《人民检察院公益诉讼办案规则》第四十四条的规定制作，为人民检察院办理公益诉讼案件组织听证时使用。本文书经当事人校阅后，在每页签名或者盖章，听证员、主持人、书记员在尾页签名或者盖章。当事人拒绝签名或盖章的，应当记明情况。

【相关规定】

《人民检察院公益诉讼办案规则》

第四十四条 人民检察院可以依照规定组织听证,听取听证员、行政机关、违法行为人、行政相对人、受害人代表等相关各方意见,了解有关情况。

听证形成的书面材料是人民检察院依法办理公益诉讼案件的重要参考。

《人民检察院审查案件听证工作规定》

第十八条 听证过程应当由书记员制作笔录,并全程录音录像。

听证笔录由听证会主持人、承办检察官、听证会参加人和记录人签名或者盖章。笔录应当归入案件卷宗。

《人民检察院公益诉讼办案听证工作指引》

第二十一条 听证过程应当由书记员制作笔录,并全程录音录像。

听证笔录由听证会主持人、承办检察官、听证会参加人和记录人签名或者盖章;无正当理由拒绝签字或者盖章的,应当在听证笔录中予以载明。听证笔录应当归入案件卷宗。

第四十二条

听证员对听证事项进行评议的,应当重点监督、审查是否制作《听证评议笔录(公益诉讼用)》,由评议员签字确认。

【条文释义】

本条是对听证评议笔录制作的监控。

本条的依据为《人民检察院公益诉讼办案规则》第四十四条、《人民检察院公益诉讼办案听证工作指引》第二十四条的规定。

根据《人民检察院公益诉讼法律文书格式样本(2021年版)》中《听证评议笔录(公益诉讼用)》制作说明,本文书依据《人民检察院公益诉讼办案规则》第四十四条的规定制作,为组织听证的人民检察院记录听证评议意见时使用。本文书由评议员签字确认。

【相关规定】

《人民检察院公益诉讼办案规则》

第四十四条 人民检察院可以依照规定组织听证,听取听证员、行政机关、违法行为人、行政相对人、受害人代表等相关各方意见，了解有关情况。

听证形成的书面材料是人民检察院依法办理公益诉讼案件的重要参考。

《人民检察院公益诉讼办案听证工作指引》

第二十四条 听证员评议过程一般不公开进行。听证员发表听证意见，一般应当公开，确有必要的，可不公开。

听证员经评议形成一致意见的，可指派一名代表发表意见；意见不同的，可以分别发表意见。

> **第四十三条**
> 不采纳听证员多数意见的，应当重点监督、审查是否向检察长报告并获同意后作出决定。

【条文释义】

本条是对不采纳听证意见的监控。听证员的意见是人民检察院依法处理案件的重要参考。当出现拟不采纳听证员多数意见时，需重点关注对于拟不采纳意见的报批程序。

本条的依据为《人民检察院审查案件听证工作规定》第十六条和《人民检察院公益诉讼办案听证工作指引》第二十五条、第二十六条的规定。

【相关规定】

《人民检察院审查案件听证工作规定》

第十六条 听证员的意见是人民检察院依法处理案件的重要参考。拟不采纳听证员多数意见的，应当向检察长报告并获同意后作出决定。

《人民检察院公益诉讼办案听证工作指引》

第二十五条 听证员的意见是人民检察院依法处理案件的重要参考。

第二十六条 人民检察院充分听取各方意见后，根据已经查明的事实、证据和有关法律规定，能够当场作出决定的，应当由听证会主持人当场宣布决定并说明理由；不能当场作出决定的，应当在听证会后依法作出决定，向当事人宣告、送达，并将作出的决定和理由告知听证员。

第五节　提起诉讼

第四十四条

决定向人民法院提起公益诉讼的，应当重点监督、审查下列事项：

（一）是否制作起诉书：

1. 提起民事公益诉讼的，制作《民事公益诉讼起诉书（民事公益诉讼用）》；

2. 提起刑事附带民事公益诉讼的，制作《刑事附带民事公益诉讼起诉书（刑事附带民事公益诉讼用）》；

3. 提起行政公益诉讼的，制作《行政公益诉讼起诉书（行政公益诉讼一审用）》。

（二）是否自送达人民法院之日起五日内制作《报请备案表（公益诉讼用）》，报上一级人民检察院备案。

【条文释义】

本条是对提起公益诉讼案件文书制作情况的监控。

本条的依据为《中华人民共和国行政诉讼法》第二十五条第四款、《中华人民共和国民事诉讼法》第五十八条第二款和最高人民法院、最高人民检察院《关于检察公益诉讼案件适用法律若干问题的解释》第十四条、第二十二条以及《人民检察院公益诉讼办案规则》第四十六条、第八十一条、第九十六条、第九十七条的规定。

根据《人民检察院公益诉讼法律文书格式样本（2021年版）》中《民事公益诉讼起诉书（民事公益诉讼用）》制作说明，本文书根据《人民检察院公益诉讼办案规则》第九十六条的规定制作。人民检察院向人民法院提起民事公益诉讼时使用。本文书发送人民法院，并按照被告数量提交副本。

根据《人民检察院公益诉讼法律文书格式样本（2021年版）》中《刑事附带民事公益诉讼起诉书（刑事附带民事公益诉讼用）》制作说明，本文书根据《人民检察院公益诉讼办案规则》第九十七条的规定制作。人民检察院向人民法院提起刑事附带民事公益诉讼时使用。本文书发送人民法院，并按照被告数量提交副本。

根据《人民检察院公益诉讼法律文书格式样本（2021年版）》中《行政

公益诉讼起诉书（行政公益诉讼一审用）》制作说明，本文书根据《人民检察院公益诉讼办案规则》第八十一条的规定制作。人民检察院向人民法院提起行政公益诉讼时使用。本文书发送人民法院，并按照被告数量提交副本。

根据《人民检察院公益诉讼法律文书格式样本（2021年版）》中《报请备案表（公益诉讼用）》制作说明，本文书根据《人民检察院公益诉讼办案规则》第二十五条、第四十六条、第五十八条、第七十五条、第七十八条等条款的规定制作。对公益诉讼案件重大案件线索、公益诉讼起诉书、检察建议书、中止审查决定书、一审判决裁定、二审判决裁定等文书向上级院备案时使用。

【相关规定】

《中华人民共和国行政诉讼法》

第二十五条 行政行为的相对人以及其他与行政行为有利害关系的公民、法人或者其他组织，有权提起诉讼。

有权提起诉讼的公民死亡，其近亲属可以提起诉讼。

有权提起诉讼的法人或者其他组织终止，承受其权利的法人或者其他组织可以提起诉讼。

人民检察院在履行职责中发现生态环境和资源保护、食品药品安全、国有财产保护、国有土地使用权出让等领域负有监督管理职责的行政机关违法行使职权或者不作为，致使国家利益或者社会公共利益受到侵害的，应当向行政机关提出检察建议，督促其依法履行职责。行政机关不依法履行职责的，人民检察院依法向人民法院提起诉讼。

《中华人民共和国民事诉讼法》

第五十八条 对污染环境、侵害众多消费者合法权益等损害社会公共利益的行为，法律规定的机关和有关组织可以向人民法院提起诉讼。

人民检察院在履行职责中发现破坏生态环境和资源保护、食品药品安全领域侵害众多消费者合法权益等损害社会公共利益的行为，在没有前款规定的机关和组织或者前款规定的机关和组织不提起诉讼的情况下，可以向人民法院提起诉讼。前款规定的机关或者组织提起诉讼的，人民检察院可以支持起诉。

最高人民法院、最高人民检察院《关于检察公益诉讼案件适用法律若干问题的解释》

第十四条 人民检察院提起民事公益诉讼应当提交下列材料：

（一）民事公益诉讼起诉书，并按照被告人数提出副本；

（二）被告的行为已经损害社会公共利益的初步证明材料；

（三）已经履行公告程序、征询英雄烈士等的近亲属意见的证明材料。

第二十二条 人民检察院提起行政公益诉讼应当提交下列材料：

（一）行政公益诉讼起诉书，并按照被告人数提出副本；

（二）被告违法行使职权或者不作为，致使国家利益或者社会公共利益受到侵害的证明材料；

（三）已经履行诉前程序，行政机关仍不依法履行职责或者纠正违法行为的证明材料。

《人民检察院公益诉讼办案规则》

第四十六条 人民检察院对于符合起诉条件的公益诉讼案件，应当依法向人民法院提起诉讼。

人民检察院提起公益诉讼，应当向人民法院提交公益诉讼起诉书和相关证据材料。起诉书的主要内容包括：

（一）公益诉讼起诉人；

（二）被告的基本信息；

（三）诉讼请求及所依据的事实和理由。

公益诉讼起诉书应当自送达人民法院之日起五日内报上一级人民检察院备案。

第八十一条 行政机关经检察建议督促仍然没有依法履行职责，国家利益或者社会公共利益处于受侵害状态的，人民检察院应当依法提起行政公益诉讼。

第九十六条 有下列情形之一，社会公共利益仍然处于受损害状态的，人民检察院应当提起民事公益诉讼：

（一）生态环境损害赔偿权利人未启动生态环境损害赔偿程序，或者经过磋商未达成一致，赔偿权利人又不提起诉讼的；

（二）没有适格主体，或者公告期满后适格主体不提起诉讼的；

（三）英雄烈士等没有近亲属，或者近亲属不提起诉讼的。

第九十七条 人民检察院在刑事案件提起公诉时，对破坏生态环境和资源保护，食品药品安全领域侵害众多消费者合法权益，侵犯未成年人合法权益，侵害英雄烈士等的姓名、肖像、名誉、荣誉等损害社会公共利益的违法行为，可以向人民法院提起刑事附带民事公益诉讼。

第四十五条

对行政公益诉讼案件的审查起诉期限,应当重点监督、审查是否在一个月内审结。审查起诉期限自检察建议整改期满之日起计算;移送其他人民检察院起诉的,受移送的人民检察院审查起诉期限自收到案件之日起重新计算。

委托鉴定、评估、审计、检验、检测、翻译期间不计入审查起诉期限。

【条文释义】

本条是对行政公益诉讼案件的审查起诉期限的监控。

本条第一款的依据为《人民检察院公益诉讼办案规则》第四十七条的规定;第二款的依据为《人民检察院公益诉讼办案规则》第四十八条的规定。

【相关规定】

《人民检察院公益诉讼办案规则》

第四十七条　人民检察院办理行政公益诉讼案件,审查起诉期限为一个月,自检察建议整改期满之日起计算。

人民检察院办理民事公益诉讼案件,审查起诉期限为三个月,自公告期满之日起计算。

移送其他人民检察院起诉的,受移送的人民检察院审查起诉期限自收到案件之日起计算。

重大、疑难、复杂案件需要延长审查起诉期限的,行政公益诉讼案件经检察长批准后可以延长一个月,还需要延长的,报上一级人民检察院批准,上一级人民检察院认为已经符合起诉条件的,可以依照本规则第十七条规定指定本辖区内其他人民检察院提起诉讼。民事公益诉讼案件经检察长批准后可以延长一个月,还需要延长的,报上一级人民检察院批准。

第四十八条　人民检察院办理公益诉讼案件,委托鉴定、评估、审计、检验、检测、翻译期间不计入审查起诉期限。

第四十六条

　　对民事公益诉讼案件的审查起诉期限，应当重点监督、审查是否在三个月内审结。审查起诉期限自公告期满之日起计算；移送其他人民检察院起诉的，受移送的人民检察院审查起诉期限自收到案件之日起重新计算。

　　委托鉴定、评估、审计、检验、检测、翻译期间不计入审查起诉期限。

【条文释义】

　　本条是对民事公益诉讼审查起诉期限的监控。

　　本条第一款的依据为《人民检察院公益诉讼办案规则》第四十七条的规定；第二款的依据为《人民检察院公益诉讼办案规则》第四十八条的规定。

【相关规定】

《人民检察院公益诉讼办案规则》

　　第四十七条　人民检察院办理行政公益诉讼案件，审查起诉期限为一个月，自检察建议整改期满之日起计算。

　　人民检察院办理民事公益诉讼案件，审查起诉期限为三个月，自公告期满之日起计算。

　　移送其他人民检察院起诉的，受移送的人民检察院审查起诉期限自收到案件之日起计算。

　　重大、疑难、复杂案件需要延长审查起诉期限的，行政公益诉讼案件经检察长批准后可以延长一个月，还需要延长的，报上一级人民检察院批准，上一级人民检察院认为已经符合起诉条件的，可以依照本规则第十七条规定指定本辖区内其他人民检察院提起诉讼。民事公益诉讼案件经检察长批准后可以延长一个月，还需要延长的，报上一级人民检察院批准。

　　第四十八条　人民检察院办理公益诉讼案件，委托鉴定、评估、审计、检验、检测、翻译期间不计入审查起诉期限。

《人民检察院公益诉讼案件办理流程监控要点》条文解读

第四十七条

重大、疑难、复杂案件在规定期限不能办结，需要延长审查起诉期限的，应当重点监督、审查下列事项：

（一）是否制作《延长审查起诉期限审批表（行政公益诉讼用）》或者《延长审查起诉期限审批表（民事公益诉讼用）》经检察长批准，延长一个月；

（二）还需要延长的，是否制作《报请延长审查起诉期限意见书（行政公益诉讼用）》或者《报请延长审查起诉期限意见书（民事公益诉讼用）》，报上一级人民检察院批准；

（三）上一级人民检察院对下一级人民检察院报请延长审查起诉期限，批准延长的，是否制作《批准延长审查起诉期限决定书（行政公益诉讼用）》或者《批准延长审查起诉期限决定书（民事公益诉讼用）》；不批准延长的，是否制作《不批准延长审查起诉期限决定书（行政公益诉讼用）》或者《不批准延长审查起诉期限决定书（民事公益诉讼用）》。

【条文释义】

本条是对延长审查起诉期限的监控。

本条的依据为《人民检察院公益诉讼办案规则》第四十七条的规定。

根据《人民检察院公益诉讼法律文书格式样本（2021年版）》中《延长审查起诉期限审批表（行政公益诉讼用）》《延长审查起诉期限审批表（民事公益诉讼用）》制作说明，本文书依据《人民检察院公益诉讼办案规则》第四十七条的规定制作，为承办检察官对于行政/民事公益诉讼案件不能按期作出审查起诉决定的，申请延长审查起诉期限时使用。

根据《人民检察院公益诉讼法律文书格式样本（2021年版）》中《报请延长审查起诉期限意见书（行政公益诉讼用）》《报请延长审查起诉期限意见书（民事公益诉讼用）》制作说明，本文书根据《人民检察院公益诉讼办案规则》第四十七条的规定制作，下级人民检察院对行政/民事公益诉讼案件不能按期作出审查起诉决定，报请上级人民检察院批准延长审查起诉期限时使用。本文书加盖人民检察院印章。

根据《人民检察院公益诉讼法律文书格式样本（2021年版）》中《批准延长审查起诉期限决定书（行政公益诉讼用）》《不批准延长审查起诉期限决定书（行政公益诉讼用）》《批准延长审查起诉期限决定书（民事公益诉讼

用）》《不批准延长审查起诉期限决定书（民事公益诉讼用）》制作说明，本文书根据《人民检察院公益诉讼办案规则》第四十七条的规定制作，上级人民检察院批准（或不批准）下级人民检察院延长审查起诉期限时使用。

【相关规定】

《人民检察院公益诉讼办案规则》

第四十七条　人民检察院办理行政公益诉讼案件，审查起诉期限为一个月，自检察建议整改期满之日起计算。

人民检察院办理民事公益诉讼案件，审查起诉期限为三个月，自公告期满之日起计算。

移送其他人民检察院起诉的，受移送的人民检察院审查起诉期限自收到案件之日起计算。

重大、疑难、复杂案件需要延长审查起诉期限的，行政公益诉讼案件经检察长批准后可以延长一个月，还需要延长的，报上一级人民检察院批准，上一级人民检察院认为已经符合起诉条件的，可以依照本规则第十七条规定指定本辖区内其他人民检察院提起诉讼。民事公益诉讼案件经检察长批准后可以延长一个月，还需要延长的，报上一级人民检察院批准。

第六节　出席第一审法庭

第四十八条

派员出席一审法庭的，应当重点监督、审查是否自收到人民法院出庭通知书之日起三日内制作《派员出庭通知书（行政公益诉讼用）》或者《派员出庭通知书（民事公益诉讼用）》或者《派员出庭通知书（刑事附带民事公益诉讼用）》，并送达人民法院。

【条文释义】

本条是对派员出席一审法庭的监控。

本条的依据为最高人民法院、最高人民检察院《关于检察公益诉讼案件适用法律若干问题的解释》第八条第二款和《人民检察院公益诉讼办案规则》第四十九条的规定。

根据《人民检察院公益诉讼法律文书格式样本（2021年版）》中《派员

出庭通知书（行政公益诉讼用）》《派员出庭通知书（民事公益诉讼用）》《派员出庭通知书（刑事附带民事公益诉讼用）》制作说明，本文书根据最高人民法院、最高人民检察院《关于检察公益诉讼案件适用法律若干问题的解释》第八条第二款、第十一条和《人民检察院公益诉讼办案规则》第四十九条、第六十三条的规定制作。人民检察院派员出席法庭时使用。提起诉讼的人民检察院派员出席一审法庭时，适用最高人民法院、最高人民检察院《关于检察公益诉讼案件适用法律若干问题的解释》第八条第二款和《人民检察院公益诉讼办案规则》第四十九条；提起诉讼的人民检察院或者上一级人民检察院派员出席二审法庭时适用最高人民法院、最高人民检察院《关于检察公益诉讼案件适用法律若干问题的解释》第十一条和《人民检察院公益诉讼办案规则》第六十三条。本文书应当在收到人民法院出庭通知书之日起三日内发送人民法院。

【相关规定】

最高人民法院、最高人民检察院《关于检察公益诉讼案件适用法律若干问题的解释》

第八条　人民法院开庭审理人民检察院提起的公益诉讼案件，应当在开庭三日前向人民检察院送达出庭通知书。

人民检察院应当派员出庭，并应当自收到人民法院出庭通知书之日起三日内向人民法院提交派员出庭通知书。派员出庭通知书应当写明出庭人员的姓名、法律职务以及出庭履行的具体职责。

《人民检察院公益诉讼办案规则》

第四十九条　人民检察院提起公益诉讼的案件，应当派员出庭履行职责，参加相关诉讼活动。

人民检察院应当自收到人民法院出庭通知书之日起三日内向人民法院提交《派员出庭通知书》。《派员出庭通知书》应当写明出庭人员的姓名、法律职务以及出庭履行的职责。

人民检察院应当指派检察官出席第一审法庭，检察官助理可以协助检察官出庭，并根据需要配备书记员担任记录及其他辅助工作。涉及专门性、技术性问题，可以指派或者聘请有专门知识的人协助检察官出庭。

第四十九条

商请人民法院组织证据交换或者召开庭前会议的，应当重点监督、审查是否制作《召开庭前会议建议书（公益诉讼用）》。

【条文释义】

本条是对建议法院组织证据交换或者召开庭前会议情况的监控。

本条的依据为《人民检察院公益诉讼办案规则》第五十条的规定。

根据《人民检察院公益诉讼法律文书格式样本（2021年版）》中《召开庭前会议建议书（公益诉讼用）》制作说明，本文书根据《人民检察院公益诉讼办案规则》第五十条的规定制作。人民检察院建议人民法院召开庭前会议时使用。本文书一份发送人民法院，一份附卷。

【相关规定】

《人民检察院公益诉讼办案规则》

第五十条 人民法院通知人民检察院派员参加证据交换、庭前会议的，由出席法庭的检察人员参加。人民检察院认为有必要的，可以商人民法院组织证据交换或者召开庭前会议。

> **第五十条**
> 　　申请证人、鉴定人、有专门知识的人出庭的，应当重点监督、审查是否制作《通知证人（鉴定人、有专门知识的人）出庭申请书（公益诉讼用）》。

【条文释义】

本条是对申请通知证人、鉴定人、有专门知识的人出庭情况的监控。

本条的依据为《人民检察院公益诉讼办案规则》第五十四条的规定。

根据《人民检察院公益诉讼法律文书格式样本（2021年版）》中《通知证人（鉴定人、有专门知识的人）出庭申请书（公益诉讼用）》制作说明，本文书根据《人民检察院公益诉讼办案规则》第五十四条的规定制作。人民检察院办理公益诉讼案件申请证人（鉴定人、有专门知识的人）出庭时使用。本文书一份发送人民法院，一份附卷。

【相关规定】

《人民检察院公益诉讼办案规则》

第五十四条 出庭检察人员可以申请人民法院通知证人、鉴定人、有专门知识的人出庭作证或者提出意见。

> **第五十一条**
> 建议人民法院延期审理公益诉讼案件的，应当重点监督、审查是否制作《延期审理建议书（公益诉讼用）》。

【条文释义】

本条是对建议人民法院延期审理情形的监控。

本条的依据为《中华人民共和国民事诉讼法》第一百五十二条、第一百八十三条和《中华人民共和国行政诉讼法》第八十一条、第八十八条以及最高人民法院、最高人民检察院《关于检察公益诉讼案件适用法律若干问题的解释》第二十六条的规定。

根据《人民检察院公益诉讼法律文书格式样本（2021年版）》中《延期审理建议书（公益诉讼用）》制作说明，本文书根据《人民检察院公益诉讼办案规则》制作。人民检察院向人民法院建议延期审理公益诉讼案件时使用。本文书一份发送人民法院，一份附卷。

【相关规定】

《中华人民共和国民事诉讼法》

第一百五十二条　人民法院适用普通程序审理的案件，应当在立案之日起六个月内审结。有特殊情况需要延长的，经本院院长批准，可以延长六个月；还需要延长的，报请上级人民法院批准。

第一百八十三条　人民法院审理对判决的上诉案件，应当在第二审立案之日起三个月内审结。有特殊情况需要延长的，由本院院长批准。

人民法院审理对裁定的上诉案件，应当在第二审立案之日起三十日内作出终审裁定。

《中华人民共和国行政诉讼法》

第八十一条　人民法院应当在立案之日起六个月内作出第一审判决。有特殊情况需要延长的，由高级人民法院批准，高级人民法院审理第一审案件需要延长的，由最高人民法院批准。

第八十八条　人民法院审理上诉案件，应当在收到上诉状之日起三个月内作出终审判决。有特殊情况需要延长的，由高级人民法院批准，高级人民法院审理上诉案件需要延长的，由最高人民法院批准。

最高人民法院、最高人民检察院《关于检察公益诉讼案件适用法律若干问题的解释》

第二十六条 本解释未规定的其他事项，适用民事诉讼法、行政诉讼法以及相关司法解释的规定。

> 第五十二条
> 　　建议人民法院中止审理公益诉讼案件的，应当重点监督、审查是否制作《中止审理建议书（公益诉讼用）》。

【条文释义】

本条是对建议人民法院中止审理情形的监控。

本条的依据为《中华人民共和国民事诉讼法》第一百五十三条、《中华人民共和国行政诉讼法》第六十一条。

根据《人民检察院公益诉讼法律文书格式样本（2021年版）》中《中止审理建议书（公益诉讼用）》制作说明，本文书根据《人民检察院公益诉讼办案规则》制作。人民检察院建议人民法院中止审理公益诉讼案件时使用。本文书一份发送人民法院，一份附卷。

【相关规定】

《中华人民共和国民事诉讼法》

第一百五十三条 有下列情形之一的，中止诉讼：

（一）一方当事人死亡，需要等待继承人表明是否参加诉讼的；

（二）一方当事人丧失诉讼行为能力，尚未确定法定代理人的；

（三）作为一方当事人的法人或者其他组织终止，尚未确定权利义务承受人的；

（四）一方当事人因不可抗拒的事由，不能参加诉讼的；

（五）本案必须以另一案的审理结果为依据，而另一案尚未审结的；

（六）其他应当中止诉讼的情形。

中止诉讼的原因消除后，恢复诉讼。

《中华人民共和国行政诉讼法》

第六十一条 在涉及行政许可、登记、征收、征用和行政机关对民事争议所作的裁决的行政诉讼中，当事人申请一并解决相关民事争议的，人民法院可以一并审理。

在行政诉讼中，人民法院认为行政案件的审理需以民事诉讼的裁判为依据的，可以裁定中止行政诉讼。

第五十三条

建议人民法院恢复审理公益诉讼案件的，应当重点监督、审查是否制作《恢复审理建议书（公益诉讼用）》。

【条文释义】

本条是对建议人民法院恢复审理情况的监控。

根据《人民检察院公益诉讼法律文书格式样本（2021年版）》中《恢复审理建议书（公益诉讼用）》制作说明，本文书根据《人民检察院公益诉讼办案规则》制作。人民检察院建议人民法院恢复审理公益诉讼案件时使用。本文书一份发送人民法院，一份附卷。目前检察业务应用系统的格式文书标准库里配置的是《恢复庭审建议书》，经比对两个文书的内容完全一致，仅名称不一致，实践中各地可以参考使用。

第五十四条

检察人员出席法庭的，应当重点监督、审查是否制作《出庭意见书（行政公益诉讼一审用）》或者《出庭意见书（民事公益诉讼一审用）》或者《出庭意见书（刑事附带民事公益诉讼一审用）》。

【条文释义】

本条是对检察人员发表出庭意见的监控。

本条的依据为《中华人民共和国行政诉讼法》第二十五条、《中华人民共和国民事诉讼法》第五十八条和最高人民法院、最高人民检察院《关于检察公益诉讼案件适用法律若干问题的解释》第九条以及《人民检察院公益诉讼办案规则》第五十一条、第五十七条的规定。

根据《人民检察院公益诉讼法律文书格式样本（2021年版）》中《出庭意见书（行政公益诉讼一审用）》制作说明，本文书根据《中华人民共和国行政诉讼法》第二十五条第四款和最高人民法院、最高人民检察院《关于检察公益诉讼案件适用法律若干问题的解释》第九条的规定制作。人民检察院出庭人员在行政公益诉讼一审案件中发表出庭意见时使用。

根据《人民检察院公益诉讼法律文书格式样本（2021年版）》中《出庭意见书（民事公益诉讼一审用）》制作说明，本文书根据《中华人民共和国民事诉讼法》第五十八条第二款和最高人民法院、最高人民检察院《关于检察公益诉讼案件适用法律若干问题的解释》第九条以及《人民检察院公益诉讼办案规则》第五十一条的规定制作。人民检察院出庭人员在民事公益诉讼一审案件中发表出庭意见时使用。

根据《人民检察院公益诉讼法律文书格式样本（2021年版）》中《出庭意见书（刑事附带民事公益诉讼一审用）》制作说明，本文书依据《中华人民共和国民事诉讼法》第五十八条第二款和最高人民法院、最高人民检察院《关于检察公益诉讼案件适用法律若干问题的解释》第九条以及《人民检察院公益诉讼办案规则》第五十一条的规定制作。人民检察院出庭人员在民事公益诉讼一审案件中发表出庭意见时使用。

【相关规定】

《中华人民共和国行政诉讼法》

第二十五条 行政行为的相对人以及其他与行政行为有利害关系的公民、法人或者其他组织，有权提起诉讼。

有权提起诉讼的公民死亡，其近亲属可以提起诉讼。

有权提起诉讼的法人或者其他组织终止，承受其权利的法人或者其他组织可以提起诉讼。

人民检察院在履行职责中发现生态环境和资源保护、食品药品安全、国有财产保护、国有土地使用权出让等领域负有监督管理职责的行政机关违法行使职权或者不作为，致使国家利益或者社会公共利益受到侵害的，应当向行政机关提出检察建议，督促其依法履行职责。行政机关不依法履行职责的，人民检察院依法向人民法院提起诉讼。

《中华人民共和国民事诉讼法》

第五十八条 对污染环境、侵害众多消费者合法权益等损害社会公共利益的行为，法律规定的机关和有关组织可以向人民法院提起诉讼。

人民检察院在履行职责中发现破坏生态环境和资源保护、食品药品安全领域侵害众多消费者合法权益等损害社会公共利益的行为，在没有前款规定的机关和组织或者前款规定的机关和组织不提起诉讼的情况下，可以向人民法院提起诉讼。前款规定的机关或者组织提起诉讼的，人民检察院可以支持起诉。

最高人民法院、最高人民检察院《关于检察公益诉讼案件适用法律若干问题的解释》

第九条 出庭检察人员履行以下职责：

（一）宣读公益诉讼起诉书；

（二）对人民检察院调查收集的证据予以出示和说明，对相关证据进行质证；

（三）参加法庭调查，进行辩论并发表意见；

（四）依法从事其他诉讼活动。

《人民检察院公益诉讼办案规则》

第五十一条 出庭检察人员履行以下职责：

（一）宣读公益诉讼起诉书；

（二）对人民检察院调查收集的证据予以出示和说明，对相关证据进行质证；

（三）参加法庭调查、进行辩论，并发表出庭意见；

（四）依法从事其他诉讼活动。

第五十七条 出庭检察人员应当结合庭审情况，客观公正发表出庭意见。

第七节 上　诉

第五十五条

提起诉讼的人民检察院收到人民法院的第一审判决书或者裁定书后，应当重点监督、审查下列事项：

（一）是否及时制作《一审判决、裁定审查表（公益诉讼用）》，层报主管检察长审批；

（二）认为一审裁判确有错误或者一审被告提出上诉的，是否制作《上诉案件审查报告（行政公益诉讼上诉用）》或者《上诉案件审查报告（民事公益诉讼上诉用）》或者《上诉案件审查报告（刑事附带民事公益诉讼上诉用）》。

【条文释义】

本条是对一审裁判情况进行审查的监控。

本条的依据为最高人民法院、最高人民检察院《关于检察公益诉讼案件适用法律若干问题的解释》第十条、《人民检察院公益诉讼办案规则》第五十八条的规定。

根据《人民检察院公益诉讼法律文书格式样本（2021年版）》中《一审判决、裁定审查表（公益诉讼用）》制作说明，本文书依据《人民检察院公益诉讼办案规则》制作。人民检察院对一审判决、裁定进行审查时使用。本文书由承办人填写，层报主管检察长审批。

根据《人民检察院公益诉讼法律文书格式样本（2021年版）》中《上诉案件审查报告（行政公益诉讼上诉用）》《上诉案件审查报告（民事公益诉讼上诉用）》《上诉案件审查报告（刑事附带民事公益诉讼上诉用）》制作说明，本文书根据最高人民法院、最高人民检察院《关于检察公益诉讼案件适用法律若干问题的解释》第十条和《人民检察院公益诉讼办案规则》第五十八条的规定制作。由提起诉讼的人民检察院在一审裁判审查阶段或者在一审被告提出上诉后对案件审查后制作审查报告时使用。审查报告应当全面、客观、公正地叙述案件事实，依据法律规定提出处理建议。

【相关规定】

最高人民法院、最高人民检察院《关于检察公益诉讼案件适用法律若干问题的解释》

第十条 人民检察院不服人民法院第一审判决、裁定的，可以向上一级人民法院提起上诉。

《人民检察院公益诉讼办案规则》

第五十八条 人民检察院应当在收到人民法院第一审公益诉讼判决书、裁定书后三日内报送上一级人民检察院备案。

人民检察院认为第一审公益诉讼判决、裁定确有错误的，应当提出上诉。

提出上诉的，由提起诉讼的人民检察院决定。上一级人民检察院应当同步审查进行指导。

第五十六条

提起诉讼的人民检察院在收到人民法院第一审公益诉讼判决书、裁定书后，应当重点监督、审查是否在三日内制作《报请备案表（公益诉讼用）》，报送上一级人民检察院备案。

【条文释义】

本条是对一审裁判进行备案的监控。

本条的依据为《人民检察院公益诉讼办案规则》第五十八条第一款的规定。

根据《人民检察院公益诉讼法律文书格式样本（2021年版）》中《报请备案表（公益诉讼用）》制作说明，本文书根据《人民检察院公益诉讼办案规则》第二十五条、第四十六条、第五十八条、第七十五条、第七十八条等条款制作。对公益诉讼案件重大案件线索、公益诉讼起诉书、检察建议书、中止审查决定书、一审判决裁定、二审判决裁定等文书向上级院备案时使用。

【相关规定】

《人民检察院公益诉讼办案规则》

第五十八条　人民检察院应当在收到人民法院第一审公益诉讼判决书、裁定书后三日内报送上一级人民检察院备案。

人民检察院认为第一审公益诉讼判决、裁定确有错误的，应当提出上诉。

提出上诉的，由提起诉讼的人民检察院决定。上一级人民检察院应当同步审查进行指导。

第五十七条

提起诉讼的人民检察院认为第一审公益诉讼判决、裁定确有错误提出上诉的，应当重点监督、审查是否制作《行政公益诉讼上诉书（行政公益诉讼上诉用）》或者《民事公益诉讼上诉书（民事公益诉讼上诉用）》或者《刑事附带民事公益诉讼上诉书（刑事附带民事公益诉讼上诉用）》，在上诉期限内通过原审人民法院向上一级人民法院提交，并将上诉书副本连同相关证据材料报送上一级人民检察院。

【条文释义】

本条是对提起诉讼的人民检察院上诉的监控。

本条的依据为最高人民法院、最高人民检察院《关于检察公益诉讼案件适用法律若干问题的解释》第十条和《人民检察院公益诉讼办案规则》第五十八条、第五十九条、第六十条、第六十二条的规定。

根据《人民检察院公益诉讼法律文书格式样本（2021年版）》中《行政公益诉讼上诉书（行政公益诉讼上诉用）》制作说明，本文书根据最高人民法院、最高人民检察院《关于检察公益诉讼案件适用法律若干问题的解释》第十条、《人民检察院公益诉讼办案规则》第五十八条、第五十九条的规定制作。人民检察院向人民法院提出行政公益诉讼上诉时使用。本文书发送一审人民法院，并按照被上诉人数量提出副本。

根据《人民检察院公益诉讼法律文书格式样本（2021年版）》中《民事公益诉讼上诉书（民事公益诉讼上诉用）》制作说明，本文书根据最高人民法院、最高人民检察院《关于检察公益诉讼案件适用法律若干问题的解释》第十条和《人民检察院公益诉讼办案规则》第五十八条的规定制作。人民检察院向人民法院提出民事公益诉讼上诉时使用。本文书发送一审人民法院，并按照被上诉人数提出副本。

根据《人民检察院公益诉讼法律文书格式样本（2021年版）》中《刑事附带民事公益诉讼上诉书（刑事附带民事公益诉讼上诉用）》制作说明，本文书根据最高人民法院、最高人民检察院《关于检察公益诉讼案件适用法律若干问题的解释》第十条、《人民检察院公益诉讼办案规则》第五十八条、第六十二条的规定制作。人民检察院向人民法院提出刑事附带民事公益诉讼上诉时使用。本文书发送一审人民法院，并按照被上诉人数提出副本。

【相关规定】

最高人民法院、最高人民检察院《关于检察公益诉讼案件适用法律若干问题的解释》

第十条 人民检察院不服人民法院第一审判决、裁定的，可以向上一级人民法院提起上诉。

《人民检察院公益诉讼办案规则》

第五十八条 人民检察院应当在收到人民法院第一审公益诉讼判决书、裁定书后三日内报送上一级人民检察院备案。

人民检察院认为第一审公益诉讼判决、裁定确有错误的，应当提出上诉。

提出上诉的，由提起诉讼的人民检察院决定。上一级人民检察院应当同步审查进行指导。

第五十九条 人民检察院提出上诉的，应当制作公益诉讼上诉书。公益诉讼上诉书的主要内容包括：

（一）公益诉讼上诉人；

（二）被上诉人的基本情况；

（三）原审人民法院名称、案件编号和案由；

（四）上诉请求和事实理由。

第六十条　人民检察院应当在上诉期限内通过原审人民法院向上一级人民法院提交公益诉讼上诉书，并将副本连同相关证据材料报送上一级人民检察院。

第六十二条　被告不服第一审公益诉讼判决、裁定上诉的，人民检察院应当在收到上诉状副本后三日内报送上一级人民检察院，提起诉讼的人民检察院和上一级人民检察院应当全面审查案卷材料。

第五十八条

被告不服第一审公益诉讼判决、裁定上诉的，应当重点监督、审查提起诉讼的人民检察院是否在收到上诉状副本后三日内报送上一级人民检察院。

【条文释义】

本条是对一审公益诉讼案件被告上诉的监控。

本条的依据为《人民检察院公益诉讼办案规则》第六十二条的规定。

【相关规定】

《人民检察院公益诉讼办案规则》

第六十二条　被告不服第一审公益诉讼判决、裁定上诉的，人民检察院应当在收到上诉状副本后三日内报送上一级人民检察院，提起诉讼的人民检察院和上一级人民检察院应当全面审查案卷材料。

第五十九条

上级人民检察院审查二审案件的，应当重点监督、审查是否制作《二审案件审查报告（行政公益诉讼二审用）》或者《二审案件审查报告（民事公益诉讼二审用）》或者《二审案件审查报告（刑事附带民事公益诉讼二审用）》。

【条文释义】

本条是对二审案件审查的监控。

本条的依据为最高人民法院、最高人民检察院《关于检察公益诉讼案件适用法律若干问题的解释》第十条、第十一条和《人民检察院公益诉讼办案规则》第五十八条的规定。

根据《人民检察院公益诉讼法律文书格式样本（2021年版）》中《二审案件审查报告（行政公益诉讼二审用）》制作说明，本文书根据最高人民法院、最高人民检察院《关于检察公益诉讼案件适用法律若干问题的解释》第十一条和《人民检察院公益诉讼办案规则》第五十八条的规定制作。由提起诉讼的上级人民检察院检察官（检察官办案组）在二审阶段对案件审查后制作审查报告时使用。审查报告应当全面、客观、公正地叙述案件事实，依据法律规定提出处理建议。

根据《人民检察院公益诉讼法律文书格式样本（2021年版）》中《二审案件审查报告（民事公益诉讼二审用）》《二审案件审查报告（刑事附带民事公益诉讼二审用）》制作说明，本文书根据最高人民法院、最高人民检察院《关于检察公益诉讼案件适用法律若干问题的解释》第十条和《人民检察院公益诉讼办案规则》第五十八条的规定制作。由提起诉讼的上级人民检察院检察官（检察官办案组）在二审阶段对案件审查后制作审查报告时使用。审查报告应当全面、客观、公正地叙述案件事实，依据法律规定提出处理建议。

【相关规定】

最高人民法院、最高人民检察院《关于检察公益诉讼案件适用法律若干问题的解释》

第十条　人民检察院不服人民法院第一审判决、裁定的，可以向上一级人民法院提起上诉。

第十一条　人民法院审理第二审案件，由提起公益诉讼的人民检察院派员出庭，上一级人民检察院也可以派员参加。

《人民检察院公益诉讼办案规则》

第五十八条　人民检察院应当在收到人民法院第一审公益诉讼判决书、裁定书后三日内报送上一级人民检察院备案。

人民检察院认为第一审公益诉讼判决、裁定确有错误的，应当提出上诉。

提出上诉的，由提起诉讼的人民检察院决定。上一级人民检察院应当同步审查进行指导。

第六十条

上级人民检察院在公益诉讼二审案件中支持上诉的，应当重点监督、审查是否制作《支持上诉意见书（行政公益诉讼二审用）》或者《支持上诉意见书（民事公益诉讼二审用）》或者《支持上诉意见书（刑事附带民事公益诉讼二审用）》。

【条文释义】

本条是对支持上诉文书制作情况的监控。

本条的依据是最高人民法院、最高人民检察院《关于检察公益诉讼案件适用法律若干问题的解释》第十一条、《人民检察院公益诉讼办案规则》第六十三条的规定。

根据《人民检察院公益诉讼法律文书格式样本（2021年版）》中《支持上诉意见书（行政公益诉讼二审用）》《支持上诉意见书（民事公益诉讼二审用）》《支持上诉意见书（刑事附带民事公益诉讼二审用）》制作说明，本文书根据最高人民法院、最高人民检察院《关于检察公益诉讼案件适用法律若干问题的解释》第十一条和《人民检察院公益诉讼办案规则》第六十三条的规定制作。上级人民检察院在行政/民事/刑事附带民事公益诉讼二审案件中支持上诉时使用。本文书发送二审人民法院。

【相关规定】

最高人民法院、最高人民检察院《关于检察公益诉讼案件适用法律若干问题的解释》

第十一条　人民法院审理第二审案件，由提起公益诉讼的人民检察院派员出庭，上一级人民检察院也可以派员参加。

《人民检察院公益诉讼办案规则》

第六十三条　人民法院决定开庭审理的上诉案件，提起诉讼的人民检察院和上一级人民检察院应当共同派员出席第二审法庭。

人民检察院应当在出席第二审法庭之前向人民法院提交《派员出庭通知书》，载明人民检察院出庭检察人员的姓名、法律职务以及出庭履行的职责等。

第六十一条

上级人民检察院认为提出上诉的人民检察院上诉不当，指令撤回上诉的，应当重点监督、审查是否制作《指令撤回上诉决定书（行政公益诉讼二审用）》或者《指令撤回上诉决定书（民事公益诉讼二审用）或者《指令撤回上诉决定书（刑事附带民事公益诉讼二审用）》。

【条文释义】

本条是对指令撤回上诉情形的监控。

本条的依据为《人民检察院公益诉讼办案规则》第六十一条第一款的规定。

根据《人民检察院公益诉讼法律文书格式样本（2021年版）》中《指令撤回上诉决定书（行政公益诉讼二审用）》《指令撤回上诉决定书（民事公益诉讼二审用）》《指令撤回上诉决定书（刑事附带民事公益诉讼二审用）》制作说明，本文书根据《人民检察院公益诉讼办案规则》第六十一条第一款的规定制作。为上级人民检察院认为提出上诉的人民检察院上诉不当时使用。本文书发送下级人民检察院。

【相关规定】

《人民检察院公益诉讼办案规则》

第六十一条　上一级人民检察院认为上诉不当的，应当指令下级人民检察院撤回上诉。

上一级人民检察院在上诉期限内，发现下级人民检察院应当上诉而没有提出上诉的，应当指令下级人民检察院依法提出上诉。

> 第六十二条
> 上级人民检察院在上诉期内，发现下级人民检察院应当提出上诉而没有提出上诉，指令下级人民检察院依法提出上诉的，应当重点监督、审查是否制作《指令提出上诉决定书（行政公益诉讼二审用）》或者《指令提出上诉决定书（民事公益诉讼二审用）》或者《指令提出上诉决定书（刑事附带民事公益诉讼二审用）》。

【条文释义】

本条是对指令上诉情形的监控。

本条的依据为《人民检察院公益诉讼办案规则》第六十一条的规定。

根据《人民检察院公益诉讼法律文书格式样本（2021年版）》中《指令提出上诉决定书（行政公益诉讼二审用）》《指令提出上诉决定书（民事公益诉讼二审用）》《指令提出上诉决定书（刑事附带民事公益诉讼二审用）》制作说明，本文书依据《人民检察院公益诉讼办案规则》第六十一条第二款的规定制作。为上级人民检察院在上诉期内，发现下级人民检察院应当提出上诉而没有提出上诉时使用。本文书需写明被指令提出上诉的人民检察院名称、具体案件名称、制作日期，并加盖文书制作单位公章。本文书以案为制作单位，由办理案件的人民检察院制作。本文书一式二份，一份送达下级人民检察院，一份保存备查。

【相关规定】

《人民检察院公益诉讼办案规则》

第六十一条　上一级人民检察院认为上诉不当的，应当指令下级人民检察院撤回上诉。

上一级人民检察院在上诉期限内，发现下级人民检察院应当上诉而没有提出上诉的，应当指令下级人民检察院依法提出上诉。

第六十三条

　　提出上诉的人民检察院在公益诉讼二审案件中决定撤回上诉的，应当重点监督、审查是否制作《撤回上诉决定书（行政公益诉讼上诉用）》或者《撤回上诉决定书（民事公益诉讼上诉用）》或者《撤回上诉决定书（刑事附带民事公益诉讼上诉用）》。

【条文释义】

本条是对撤回上诉情形的监控。

本条的依据是《中华人民共和国民事诉讼法》第一百八十条和最高人民法院、最高人民检察院《关于检察公益诉讼案件适用法律若干问题的解释》第二十六条的规定。

根据《人民检察院公益诉讼法律文书格式样本（2021年版）》中《撤回上诉决定书（行政公益诉讼上诉用）》《撤回上诉决定书（民事公益诉讼上诉用）》《撤回上诉决定书（刑事附带民事公益诉讼上诉用）》制作说明，本文书根据《人民检察院公益诉讼办案规则》制作。提出上诉的人民检察院在行政/民事/刑事附带民事公益诉讼二审案件中撤回上诉时使用。本文书发送二审人民法院。

【相关规定】

《中华人民共和国民事诉讼法》

第一百八十条　第二审人民法院判决宣告前，上诉人申请撤回上诉的，是否准许，由第二审人民法院裁定。

最高人民法院、最高人民检察院《关于检察公益诉讼案件适用法律若干问题的解释》

第二十六条　本解释未规定的其他事项，适用民事诉讼法、行政诉讼法以及相关司法解释的规定。

第六十四条

收到人民法院上诉案件出庭通知书的，应当重点监督、审查提起诉讼的人民检察院和上一级人民检察院是否在出席第二审法庭之前制作并向人民法院提交《派员出庭通知书（行政公益诉讼用）》或者《派员出庭通知书（民事公益诉讼用）》或者《派员出庭通知书（刑事附带民事公益诉讼用）》。

【条文释义】

本条是对二审派员出庭情况的监控。

本条的依据为最高人民法院、最高人民检察院《关于检察公益诉讼案件适用法律若干问题的解释》第十一条和《人民检察院公益诉讼办案规则》第六十三条的规定。

根据《人民检察院公益诉讼法律文书格式样本（2021年版）》中《派员出庭通知书（行政公益诉讼用）》《派员出庭通知书（民事公益诉讼用）》《派员出庭通知书（刑事附带民事公益诉讼用）》制作说明，本文书根据最高人民法院、最高人民检察院《关于检察公益诉讼案件适用法律若干问题的解释》第八条第二款、第十一条和《人民检察院公益诉讼办案规则》第四十九条、第六十三条的规定制作。人民检察院派员出席法庭时使用。提起诉讼的人民检察院派员出席一审法庭时，适用最高人民法院、最高人民检察院《关于检察公益诉讼案件适用法律若干问题的解释》第八条第二款和《人民检察院公益诉讼办案规则》第四十九条；提起诉讼的人民检察院或者上一级人民检察院派员出席二审法庭时适用最高人民法院、最高人民检察院《关于检察公益诉讼案件适用法律若干问题的解释》第十一条和《人民检察院公益诉讼办案规则》第六十三条。本文书应当在收到人民法院出庭通知书之日起三日内发送人民法院。

【相关规定】

最高人民法院、最高人民检察院《关于检察公益诉讼案件适用法律若干问题的解释》

第十一条　人民法院审理第二审案件，由提起公益诉讼的人民检察院派员出庭，上一级人民检察院也可以派员参加。

《人民检察院公益诉讼办案规则》

第六十三条　人民法院决定开庭审理的上诉案件，提起诉讼的人民检察院和上一级人民检察院应当共同派员出席第二审法庭。

人民检察院应当在出席第二审法庭之前向人民法院提交《派员出庭通知书》，载明人民检察院出庭检察人员的姓名、法律职务以及出庭履行的职责等。

第六十五条

检察人员出席二审法庭时，应当重点监督、审查下列事项：

（一）提起诉讼的人民检察院，是否制作《出庭意见书（行政公益诉讼上诉用）》或者《出庭意见书（民事公益诉讼上诉用）》或者《出庭意见书（刑事附带民事公益诉讼上诉用）》；

（二）上一级人民检察院，是否制作《出庭意见书（行政公益诉讼二审用）》或者《出庭意见书（民事公益诉讼二审用）》或者《出庭意见书（刑事附带民事公益诉讼二审用）》。

【条文释义】

本条是对检察人员出席二审法庭发表出庭意见的监控。

本条的依据为最高人民法院、最高人民检察院《关于检察公益诉讼案件适用法律若干问题的解释》第十一条和《人民检察院公益诉讼办案规则》第六十三条的规定。

根据《人民检察院公益诉讼法律文书格式样本（2021年版）》中《出庭意见书（行政公益诉讼上诉用）》《出庭意见书（民事公益诉讼上诉用）》《出庭意见书（刑事附带民事公益诉讼上诉用）》制作说明，本文书根据最高人民法院、最高人民检察院《关于检察公益诉讼案件适用法律若干问题的解释》第十一条和《人民检察院公益诉讼办案规则》第六十三条的规定制作。由提起诉讼的人民检察院出庭人员在行政/民事/刑事附带民事公益诉讼二审案件中发表出庭意见时使用。

根据《人民检察院公益诉讼法律文书格式样本（2021年版）》中《出庭意见书（行政公益诉讼二审用）》《出庭意见书（民事公益诉讼二审用）》《出庭意见书（刑事附带民事公益诉讼二审用）》制作说明，本文书根据最高人民法院、最高人民检察院《关于检察公益诉讼案件适用法律若干问题的解释》第十一条和《人民检察院公益诉讼办案规则》第六十三条的规定制作。由上一级人民检察院出庭人员在行政/民事/刑事附带民事公益诉讼二审案件中发表出庭意见时使用。

【相关规定】

最高人民法院、最高人民检察院《关于检察公益诉讼案件适用法律若干问题的解释》

第十一条　人民法院审理第二审案件，由提起公益诉讼的人民检察院派员出庭，上一级人民检察院也可以派员参加。

《人民检察院公益诉讼办案规则》

第六十三条　人民法院决定开庭审理的上诉案件，提起诉讼的人民检察院和上一级人民检察院应当共同派员出席第二审法庭。

人民检察院应当在出席第二审法庭之前向人民法院提交《派员出庭通知书》，载明人民检察院出庭检察人员的姓名、法律职务以及出庭履行的职责等。

第六十六条

办理上诉、二审案件的人民检察院收到人民法院送达的第二审判决书或者裁定书后，应当重点监督、审查是否及时制作《二审判决、裁定审查表（公益诉讼二审用）》。

【条文释义】

本条是对二审的判决、裁定进行审查的监控。

根据《人民检察院公益诉讼法律文书格式样本（2021年版）》中《二审判决、裁定审查表（公益诉讼二审用）》制作说明，本文书根据《人民检察院公益诉讼办案规则》制作。人民检察院对二审判决、裁定进行审查时使用。本文书由承办人填写，层报主管检察长审批。

第八节　诉讼监督

第六十七条
　　上级人民检察院发现下级人民法院已经发生法律效力的公益诉讼判决、裁定确有错误提出抗诉的，应当重点监督、审查是否由负责民事、行政检察的部门或者办案组织提出抗诉。

【条文释义】

本条是对提出抗诉情况的监控。

本条的依据为《人民检察院公益诉讼办案规则》第九条、第六十四条的规定。

【相关规定】

《人民检察院公益诉讼办案规则》

　　第九条　人民检察院提起诉讼或者支持起诉的民事、行政公益诉讼案件，由负责民事、行政检察的部门或者办案组织分别履行诉讼监督的职责。

　　第六十四条　最高人民检察院发现各级人民法院、上级人民检察院发现下级人民法院已经发生法律效力的公益诉讼判决、裁定确有错误，损害国家利益或者社会公共利益的，应当依法提出抗诉。

第六十八条
　　收到人民法院再审案件出庭通知书的，应当重点监督、审查与人民法院对应的同级人民检察院是否自收到出庭通知书之日起三日内制作《派员出庭通知书（行政公益诉讼用）》或者《派员出庭通知书（民事公益诉讼用）》或者《派员出庭通知书（刑事附带民事公益诉讼用）》。

【条文释义】

本条是对再审案件派员出庭情况的监控。

本条的依据为最高人民法院、最高人民检察院《关于检察公益诉讼案件适用法律若干问题的解释》第八条、第十一条和《人民检察院公益诉讼办案规则》第四十九条、第六十三条、第六十五条的规定。

根据《人民检察院公益诉讼法律文书格式样本（2021年版）》中《派

— 261 —

员出庭通知书（行政公益诉讼用）》《派员出庭通知书（民事公益诉讼用）》《派员出庭通知书（刑事附带民事公益诉讼用）》制作说明，本文书根据最高人民法院、最高人民检察院《关于检察公益诉讼案件适用法律若干问题的解释》第八条第二款、第十一条和《人民检察院公益诉讼办案规则》第四十九条、第六十三条的规定制作。人民检察院派员出席法庭时使用。提起诉讼的人民检察院派员出席一审法庭时，适用最高人民法院、最高人民检察院《关于检察公益诉讼案件适用法律若干问题的解释》第八条第二款和《人民检察院公益诉讼办案规则》第四十九条；提起诉讼的人民检察院或者上一级人民检察院派员出席二审法庭时适用最高人民法院、最高人民检察院《关于检察公益诉讼案件适用法律若干问题的解释》第十一条和《人民检察院公益诉讼办案规则》第六十三条。本文书应当在收到人民法院出庭通知书之日起三日内发送人民法院。

【相关规定】

最高人民法院、最高人民检察院《关于检察公益诉讼案件适用法律若干问题的解释》

第八条 人民法院开庭审理人民检察院提起的公益诉讼案件，应当在开庭三日前向人民检察院送达出庭通知书。

人民检察院应当派员出庭，并应当自收到人民法院出庭通知书之日起三日内向人民法院提交派员出庭通知书。派员出庭通知书应当写明出庭人员的姓名、法律职务以及出庭履行的具体职责。

第十一条 人民法院审理第二审案件，由提起公益诉讼的人民检察院派员出庭，上一级人民检察院也可以派员参加。

《人民检察院公益诉讼办案规则》

第四十九条 人民检察院提起公益诉讼的案件，应当派员出庭履行职责，参加相关诉讼活动。

人民检察院应当自收到人民法院出庭通知书之日起三日内向人民法院提交《派员出庭通知书》。《派员出庭通知书》应当写明出庭人员的姓名、法律职务以及出庭履行的职责。

人民检察院应当指派检察官出席第一审法庭，检察官助理可以协助检察官出庭，并根据需要配备书记员担任记录及其他辅助工作。涉及专门性、技术性问题，可以指派或者聘请有专门知识的人协助检察官出庭。

第六十三条 人民法院决定开庭审理的上诉案件，提起诉讼的人民检察院和上一级人民检察院应当共同派员出席第二审法庭。

人民检察院应当在出席第二审法庭之前向人民法院提交《派员出庭通知书》，载明人民检察院出庭检察人员的姓名、法律职务以及出庭履行的职责等。

第六十五条　人民法院决定开庭审理的公益诉讼再审案件，与人民法院对应的同级人民检察院应当派员出席法庭。

第六十九条

检察人员出席再审法庭的，应当重点监督、审查是否制作《出庭意见书（行政公益诉讼再审用）》或者《出庭意见书（民事公益诉讼再审用）》或者《出庭意见书（刑事附带民事公益诉讼再审用）》。

【条文释义】

本条是对检察人员出席再审法庭发表出庭意见的监控。

本条的依据为《人民检察院公益诉讼办案规则》第六十五条的规定。

根据《人民检察院公益诉讼法律文书格式样本（2021年版）》中《出庭意见书（行政公益诉讼再审用）》《出庭意见书（民事公益诉讼再审用）》《出庭意见书（刑事附带民事公益诉讼再审用）》制作说明，本文书根据《人民检察院公益诉讼办案规则》第六十五条的规定制作。同级人民检察院出庭人员在行政/民事/刑事附带民事公益诉讼再审案件中发表出庭意见时使用。

【相关规定】

《人民检察院公益诉讼办案规则》

第六十五条　人民法院决定开庭审理的公益诉讼再审案件，与人民法院对应的同级人民检察院应当派员出席法庭。

第七十条

存在下列情形之一的案件，应当重点监督、审查是否制作检察建议书，监督同级人民法院纠正：

（一）发现人民法院公益诉讼审判程序违反法律规定的；

（二）审判人员有《中华人民共和国法官法》第四十六条规定的违法行为，可能影响案件公正审判、执行的；

（三）人民法院在公益诉讼案件判决生效后不依法移送执行或者执行活动违反法律规定的。

【条文释义】

本条是对审判违法监督情形的监控。

本条的依据为《中华人民共和国法官法》第四十六条和最高人民法院、最高人民检察院《关于检察公益诉讼案件适用法律若干问题的解释》第十二条以及《人民检察院公益诉讼办案规则》第六十六条的规定。

本条第三项的依据为最高人民法院、最高人民检察院《关于检察公益诉讼案件适用法律若干问题的解释》第十二条的规定。

【相关规定】

《中华人民共和国法官法》

第四十六条 法官有下列行为之一的，应当给予处分；构成犯罪的，依法追究刑事责任：

（一）贪污受贿、徇私舞弊、枉法裁判的；

（二）隐瞒、伪造、变造、故意损毁证据、案件材料的；

（三）泄露国家秘密、审判工作秘密、商业秘密或者个人隐私的；

（四）故意违反法律法规办理案件的；

（五）因重大过失导致裁判结果错误并造成严重后果的；

（六）拖延办案，贻误工作的；

（七）利用职权为自己或者他人谋取私利的；

（八）接受当事人及其代理人利益输送，或者违反有关规定会见当事人及其代理人的；

（九）违反有关规定从事或者参与营利性活动，在企业或者其他营利性组织中兼任职务的；

（十）有其他违纪违法行为的。

法官的处分按照有关规定办理。

最高人民法院、最高人民检察院《关于检察公益诉讼案件适用法律若干问题的解释》

第十二条 人民检察院提起公益诉讼案件判决、裁定发生法律效力，被告不履行的，人民法院应当移送执行。

《人民检察院公益诉讼办案规则》

第六十六条 人民检察院发现人民法院公益诉讼审判程序违反法律规定，或者审判人员有《中华人民共和国法官法》第四十六条规定的违法行为，可能影响案件公正审判、执行的，或者人民法院在公益诉讼案件判决生效后不依法移送执行或者执行活动违反法律规定的，应当依法向同级人民法院提出检察建议。

第三章　行政公益诉讼监控

第一节　立案与调查

> **第七十一条**
> 对行政公益诉讼案件决定立案（以事立案除外）的，应当重点监督、审查是否自立案之日起七日内将《立案决定书（行政公益诉讼用）》送达行政机关。

【条文释义】

本条是对行政公益诉讼案件立案文书送达情况的监控。

本条的依据为《中华人民共和国行政诉讼法》第二十五条和《人民检察院公益诉讼办案规则》第三十条、第七十条的规定。

根据《人民检察院公益诉讼法律文书格式样本（2021年版）》中《立案决定书（行政公益诉讼用）》制作说明，本文书根据《中华人民共和国行政诉讼法》第二十五条第四款和《人民检察院公益诉讼办案规则》第三十条的规定制作。人民检察院对行政公益诉讼案件决定立案时使用。本文书应当自立案之日起七日内送达行政机关。

【相关规定】

《中华人民共和国行政诉讼法》

第二十五条　行政行为的相对人以及其他与行政行为有利害关系的公民、法人或者其他组织，有权提起诉讼。

有权提起诉讼的公民死亡，其近亲属可以提起诉讼。

有权提起诉讼的法人或者其他组织终止，承受其权利的法人或者其他组织可以提起诉讼。

人民检察院在履行职责中发现生态环境和资源保护、食品药品安全、国有财产保护、国有土地使用权出让等领域负有监督管理职责的行政机关违法行使职权或者不作为，致使国家利益或者社会公共利益受到侵害的，应当向行政机关提出检察建议，督促其依法履行职责。行政机关不依法履行职责的，人民检察院依法向人民法院提起诉讼。

《人民检察院公益诉讼办案规则》

第三十条 检察官对案件线索进行评估后提出立案或者不立案意见的，应当制作《立案审批表》，经过初步调查的附《初步调查报告》，报请检察长决定后制作《立案决定书》或者《不立案决定书》。

第七十条 人民检察院决定立案的，应当在七日内将《立案决定书》送达行政机关，并可以就其是否存在违法行使职权或者不作为、国家利益或者社会公共利益受到侵害的后果、整改方案等事项进行磋商。

磋商可以采取召开磋商座谈会、向行政机关发送事实确认书等方式进行，并形成会议记录或者纪要等书面材料。

第七十二条

　　调查结束的，应当重点监督、审查是否制作《调查终结报告（行政公益诉讼用）》。

【条文释义】

本条是对行政公益诉讼案件调查终结情况的监控。

本条的依据为《人民检察院公益诉讼办案规则》第七十三条的规定。

根据《人民检察院公益诉讼法律文书格式样本（2021年版）》中《调查终结报告（行政公益诉讼用）》制作说明，本文书根据《人民检察院公益诉讼办案规则》第七十三条的规定制作。调查终结后对行政公益诉讼案件作出终结案件或者发出检察建议的调查处理意见时使用。

【相关规定】

《人民检察院公益诉讼办案规则》

第七十三条 调查结束，检察官应当制作《调查终结报告》，区分情况提出以下处理意见：

（一）终结案件；

（二）提出检察建议。

第七十三条

　　经调查，决定终结案件的，应当重点监督、审查是否制作《终结案件决定书（行政公益诉讼用）》，报检察长决定并送达行政机关。

【条文释义】

本条是对行政公益诉讼案件决定终结案件情况的监控。

本条的依据为《人民检察院公益诉讼办案规则》第七十四条的规定。

根据《人民检察院公益诉讼法律文书格式样本（2021年版）》中《终结案件决定书（行政公益诉讼用）》制作说明，本文书根据《人民检察院公益诉讼办案规则》第七十四条的规定制作。人民检察院对行政公益诉讼案件作出终结案件决定时使用。本文书加盖人民检察院印章。本文书应当发送被监督行政机关。

【相关规定】

《人民检察院公益诉讼办案规则》

第七十四条　经调查，人民检察院认为存在下列情形之一的，应当作出终结案件决定：

（一）行政机关未违法行使职权或者不作为的；

（二）国家利益或者社会公共利益已经得到有效保护的；

（三）行政机关已经全面采取整改措施依法履行职责的；

（四）其他应当终结案件的情形。

终结案件的，应当报检察长决定，并制作《终结案件决定书》送达行政机关。

第二节　检察建议

第七十四条

经过调查，认为行政机关不依法履行职责，致使国家利益或者社会公共利益受到侵害，决定向行政机关提出检察建议的，应当重点监督、审查下列事项：

（一）是否制作《检察建议书（行政公益诉讼用）》，报检察长决定；

（二）是否于《检察建议书（行政公益诉讼用）》送达行政机关之日起五日内制作《报请备案表（公益诉讼用）》，报上一级人民检察院负责公益诉讼检察的部门备案。

【条文释义】

本条是对行政公益诉讼案件提出检察建议情况的监控。

本条的依据为《中华人民共和国行政诉讼法》第二十五条第四款和最高人民法院、最高人民检察院《关于检察公益诉讼案件适用法律若干问题的解释》第二十一条第一款以及《人民检察院公益诉讼办案规则》第七十五条、第七十六条、第七十七条以及《人民检察院检察建议工作规定》第二十一条的规定。

本条第二项的依据为《人民检察院检察建议工作规定》第二十一条的相关规定。

根据《人民检察院公益诉讼法律文书格式样本（2021年版）》中《检察建议书（行政公益诉讼用）》制作说明，本文书根据《中华人民共和国行政诉讼法》第二十五条第四款和《人民检察院公益诉讼办案规则》第七十五条的规定制作。人民检察院决定向行政机关提出检察建议，督促其依法履行职责时使用。本文书应当在决定提出检察建议后三日内送达被建议行政机关。

根据《人民检察院公益诉讼法律文书格式样本（2021年版）》中《报请备案表（公益诉讼用）》制作说明，本文书根据《人民检察院公益诉讼办案规则》第二十五条、第四十六条、第五十八条、第七十五条、第七十八条等条款制作，对公益诉讼案件重大案件线索、公益诉讼起诉书、检察建议书、中止审查决定书、一审判决裁定、二审判决裁定等文书向上级院备案时使用。

关于《检察建议书》的内容，《检察机关行政公益诉讼办案指南（试行）》在"检察建议的对象"中明确规定："对于同一侵害国家利益或者社会公共利益的损害后果，数个行政机关均存在未依法履行职责情形的，可以分别发出检察建议。同一行政机关对同类多个违法事实存在未依法履行职责情形的，可以合并为一案发出检察建议。"此外，2019年1月30日，最高检第八检察厅发布《关于对同一行政机关的同批同类违法行为如何履行诉前程序的答复》明确提出检察机关对同一行政机关的同批同类违法行为提出诉前检察建议的，原则上制发一份类案检察建议，并列明全部已调查核实的违法行为。

【相关规定】

《中华人民共和国行政诉讼法》

第二十五条　行政行为的相对人以及其他与行政行为有利害关系的公民、法人或者其他组织，有权提起诉讼。

有权提起诉讼的公民死亡，其近亲属可以提起诉讼。

有权提起诉讼的法人或者其他组织终止，承受其权利的法人或者其他组织可以提起诉讼。

人民检察院在履行职责中发现生态环境和资源保护、食品药品安全、国有财产保护、国有土地使用权出让等领域负有监督管理职责的行政机关违法行使职权或者不作为，致使国家利益或者社会公共利益受到侵害的，应当向行政机关提出检察建议，督促其依法履行职责。行政机关不依法履行职责的，人民检察院依法向人民法院提起诉讼。

最高人民法院、最高人民检察院《关于检察公益诉讼案件适用法律若干问题的解释》

第二十一条　人民检察院在履行职责中发现生态环境和资源保护、食品药品安全、国有财产保护、国有土地使用权出让等领域负有监督管理职责的行政机关违法行使职权或者不作为，致使国家利益或者社会公共利益受到侵害的，应当向行政机关提出检察建议，督促其依法履行职责。

行政机关应当在收到检察建议书之日起两个月内依法履行职责，并书面回复人民检察院。出现国家利益或者社会公共利益损害继续扩大等紧急情形的，行政机关应当在十五日内书面回复。

行政机关不依法履行职责的，人民检察院依法向人民法院提起诉讼。

《人民检察院公益诉讼办案规则》

第七十五条　经调查，人民检察院认为行政机关不依法履行职责，致使国家利益或者社会公共利益受到侵害的，应当报检察长决定向行政机关提出检察建议，并于《检察建议书》送达之日起五日内向上一级人民检察院备案。

《检察建议书》应当包括以下内容：

（一）行政机关的名称；
（二）案件来源；
（三）国家利益或者社会公共利益受到侵害的事实；
（四）认定行政机关不依法履行职责的事实和理由；
（五）提出检察建议的法律依据；
（六）建议的具体内容；
（七）行政机关整改期限；
（八）其他需要说明的事项。

《检察建议书》的建议内容应当与可能提起的行政公益诉讼请求相衔接。

第七十六条　人民检察院决定提出检察建议的，应当在三日内将《检察建议书》送达行政机关。

行政机关拒绝签收的，应当在送达回证上记录，把《检察建议书》留在其住所地，并可以采用拍照、录像等方式记录送达过程。

人民检察院可以采取宣告方式向行政机关送达《检察建议书》，必要时，可以邀请人大代表、政协委员、人民监督员等参加。

第七十七条 提出检察建议后，人民检察院应当对行政机关履行职责的情况和国家利益或者社会公共利益受到侵害的情况跟进调查，收集相关证据材料。

《人民检察院检察建议工作规定》

第二十一条 发出的检察建议书，应当于五日内报上一级人民检察院对口业务部门和负责法律政策研究的部门备案。

第七十五条

在检察建议书送达方面，应当重点监督、审查下列事项：

（一）是否自决定提出检察建议后三日内送达被建议行政机关。

（二）是否制作《送达回证（公益诉讼用）》，并由行政机关相关人员签字或者加盖公章。行政机关拒绝签收的，是否在《送达回证（公益诉讼用）》上记录，把《检察建议书（行政公益诉讼用）》留在其住所地。

【条文释义】

本条是对行政公益诉讼案件的检察建议书送达情况的监控。

本条的依据为《人民检察院公益诉讼办案规则》第七十六条的规定。

根据《人民检察院公益诉讼法律文书格式样本（2021年版）》中《送达回证（公益诉讼用）》制作说明，本文书为人民检察院依法向相关单位或个人送达检察机关有关法律文书时使用。使用本文书时，应在文书首部正中处加盖人民检察院印章。本文书应由收件人签名或盖章，收件人拒绝签收的，应在备注中注明，不能送达的，应写明理由。

【相关规定】

《人民检察院公益诉讼办案规则》

第七十六条 人民检察院决定提出检察建议的，应当在三日内将《检察建议书》送达行政机关。

行政机关拒绝签收的，应当在送达回证上记录，把《检察建议书》留在其住所地，并可以采用拍照、录像等方式记录送达过程。

人民检察院可以采取宣告方式向行政机关送达《检察建议书》，必要时，可以邀请人大代表、政协委员、人民监督员等参加。

> **第七十六条**
> 中止审查的，应当重点监督、审查下列事项：
> （一）是否制作《中止审查决定书（行政公益诉讼用）》报检察长批准，并制作《报请备案表（公益诉讼用）》报送上一级人民检察院备案；
> （二）中止审查的原因消除后，是否制作《恢复审查决定书（行政公益诉讼用）》恢复审查。

【条文释义】

本条是对行政公益诉讼案件的中止、恢复审查情况的监控。

本条的依据为《人民检察院公益诉讼办案规则》第七十八条的规定。

根据《人民检察院公益诉讼法律文书格式样本（2021年版）》中《中止审查决定书（行政公益诉讼用）》制作说明，本文书根据《人民检察院公益诉讼办案规则》第七十八条的规定制作。人民检察院对行政公益诉讼案件中止审查时使用。

根据《人民检察院公益诉讼法律文书格式样本（2021年版）》中《报请备案表（公益诉讼用）》制作说明，本文书根据《人民检察院公益诉讼办案规则》第二十五条、第四十六条、第五十八条、第七十五条、第七十八条等条款制作，对公益诉讼案件重大案件线索、公益诉讼起诉书、检察建议书、中止审查决定书、一审判决裁定、二审判决裁定等文书向上级院备案时使用。

根据《人民检察院公益诉讼法律文书格式样本（2021年版）》中《恢复审查决定书（行政公益诉讼用）》制作说明，本文书根据《人民检察院公益诉讼办案规则》第七十八条的规定制作。人民检察院对行政公益诉讼案件恢复审查时使用。

【相关规定】

《人民检察院公益诉讼办案规则》

第七十八条 行政机关在法律、司法解释规定的整改期限内已依法作出行政决定或者制定整改方案，但因突发事件等客观原因不能全部整改到位，且没有怠于履行监督管理职责情形的，人民检察院可以中止审查。

中止审查的，应当经检察长批准，制作《中止审查决定书》，并报送上一级人民检察院备案。中止审查的原因消除后，应当恢复审查并制作《恢复审查决定书》。

第七十七条

经过跟进调查的，应当重点监督、审查是否制作《审查终结报告（行政公益诉讼用）》，并区分情况提出以下处理意见：

（一）终结案件；

（二）提起行政公益诉讼；

（三）移送其他人民检察院处理。

【条文释义】

本条是对跟进调查情况的监控。

本条的依据为《中华人民共和国行政诉讼法》第二十五条和《人民检察院公益诉讼办案规则》第七十九条的规定。

根据《人民检察院公益诉讼法律文书格式样本（2021年版）》中《审查终结报告（行政公益诉讼用）》制作说明，本文书根据《中华人民共和国行政诉讼法》第二十五条第四款和《人民检察院公益诉讼办案规则》第七十九条的规定制作。由检察官在审查起诉阶段对案件审查后制作审查报告时使用。审查报告应当全面、客观、公正地叙述案件事实，依据法律规定提出处理建议。

【相关规定】

《中华人民共和国行政诉讼法》

第二十五条 行政行为的相对人以及其他与行政行为有利害关系的公民、法人或者其他组织，有权提起诉讼。

有权提起诉讼的公民死亡，其近亲属可以提起诉讼。

有权提起诉讼的法人或者其他组织终止，承受其权利的法人或者其他组织可以提起诉讼。

人民检察院在履行职责中发现生态环境和资源保护、食品药品安全、国有财产保护、国有土地使用权出让等领域负有监督管理职责的行政机关违法行使职权或者不作为，致使国家利益或者社会公共利益受到侵害的，应当向行政机关提出检察建议，督促其依法履行职责。行政机关不依法履行职责的，人民检察院依法向人民法院提起诉讼。

《人民检察院公益诉讼办案规则》

第七十九条 经过跟进调查，检察官应当制作《审查终结报告》，区分情况提出以下处理意见：

（一）终结案件；

（二）提起行政公益诉讼；

（三）移送其他人民检察院处理。

> 第七十八条
>
> 经审查，决定终结案件的，应当重点监督、审查是否制作《终结案件决定书（行政公益诉讼用）》，报检察长决定。

【条文释义】

本条是对行政公益诉讼案件决定终结案件情形的监控。

本条的依据为《人民检察院公益诉讼办案规则》第七十四条、第八十条的规定。

根据《人民检察院公益诉讼法律文书格式样本（2021年版）》中《终结案件决定书（行政公益诉讼用）》制作说明，本文书根据《人民检察院公益诉讼办案规则》第七十四条的规定制作。人民检察院对行政公益诉讼案件作出终结案件决定时使用。本文书应当发送被监督行政机关。

【相关规定】

《人民检察院公益诉讼办案规则》

第七十四条 经调查，人民检察院认为存在下列情形之一的，应当作出终结案件决定：

（一）行政机关未违法行使职权或者不作为的；

（二）国家利益或者社会公共利益已经得到有效保护的；

（三）行政机关已经全面采取整改措施依法履行职责的；

（四）其他应当终结案件的情形。

终结案件的，应当报检察长决定，并制作《终结案件决定书》送达行政机关。

第八十条 经审查，人民检察院发现有本规则第七十四条第一款规定情形之一的，应当终结案件。

第三节 提起诉讼

> **第七十九条**
> 在行政公益诉讼案件审理过程中，因行政机关已经依法履行职责而全部、部分实现诉讼请求，检察机关决定撤回起诉或者撤回部分诉讼请求的，应当重点监督、审查是否分别制作《撤回起诉决定书（行政公益诉讼用）》《撤回部分诉讼请求决定书（行政公益诉讼用）》报检察长决定，并在三日内提交人民法院。

【条文释义】

本条是对行政公益诉讼案件撤回起诉的监控。

本条的依据为《中华人民共和国行政诉讼法》第六十二条和最高人民法院、最高人民检察院《关于检察公益诉讼案件适用法律若干问题的解释》第二十四条以及《人民检察院公益诉讼办案规则》第八十四条的规定。

根据《人民检察院公益诉讼法律文书格式样本（2021年版）》中《撤回起诉决定书（行政公益诉讼用）》制作说明，本文书根据最高人民法院、最高人民检察院《关于检察公益诉讼案件适用法律若干问题的解释》第二十四条和《人民检察院公益诉讼办案规则》第八十四条的规定制作。人民检察院决定对行政公益诉讼案件撤回起诉时使用。本文书一份发送人民法院，一份附卷。

根据《人民检察院公益诉讼法律文书格式样本（2021年版）》中《撤回部分诉讼请求决定书（行政公益诉讼用）》制作说明，本文书根据《人民检察院公益诉讼办案规则》制作。人民检察院决定对行政公益诉讼案件撤回部分诉讼请求时使用。本文书一份发送人民法院，一份附卷。

【相关规定】

《**中华人民共和国行政诉讼法**》

第六十二条 人民法院对行政案件宣告判决或者裁定前，原告申请撤诉的，或者被告改变其所作的行政行为，原告同意并申请撤诉的，是否准许，由人民法院裁定。

最高人民法院、最高人民检察院《关于检察公益诉讼案件适用法律若干问题的解释》

第二十四条 在行政公益诉讼案件审理过程中，被告纠正违法行为或者依法履行职责而使人民检察院的诉讼请求全部实现，人民检察院撤回起诉的，人民法院应当裁定准许；人民检察院变更诉讼请求，请求确认原行政行为违法的，人民法院应当判决确认违法。

《人民检察院公益诉讼办案规则》

第八十四条 在行政公益诉讼案件审理过程中，行政机关已经依法履行职责而全部实现诉讼请求的，人民检察院可以撤回起诉。确有必要的，人民检察院可以变更诉讼请求，请求判决确认行政行为违法。

人民检察院决定撤回起诉或者变更诉讼请求的，应当经检察长决定后制作《撤回起诉决定书》或者《变更诉讼请求决定书》，并在三日内提交人民法院。

第八十条 在行政公益诉讼案件审理过程中，检察机关决定变更诉讼请求的，应当重点监督、审查是否制作《变更诉讼请求决定书（行政公益诉讼用）》报检察长决定，并在三日内提交人民法院。

【条文释义】

本条是对行政公益诉讼案件变更起诉的监控。

本条的依据为最高人民法院、最高人民检察院《关于检察公益诉讼案件适用法律若干问题的解释》第二十四条和《人民检察院公益诉讼办案规则》第八十四条的规定。

根据《人民检察院公益诉讼法律文书格式样本（2021年版）》中《变更诉讼请求决定书（行政公益诉讼用）》制作说明，本文书根据最高人民法院、最高人民检察院《关于检察公益诉讼案件适用法律若干问题的解释》第二十四条和《人民检察院公益诉讼办案规则》第八十四条的规定制作。人民检察院决定对行政公益诉讼变更诉讼请求时使用。本文书一份发送人民法院，一份附卷。

【相关规定】

最高人民法院、最高人民检察院《关于检察公益诉讼案件适用法律若干问题的解释》

第二十四条 在行政公益诉讼案件审理过程中，被告纠正违法行为或者依法履行职责而使人民检察院的诉讼请求全部实现，人民检察院撤回起诉的，人民法院应当裁定准许；人民检察院变更诉讼请求，请求确认原行政行为违法的，人民法院应当判决确认违法。

《人民检察院公益诉讼办案规则》

第八十四条 在行政公益诉讼案件审理过程中，行政机关已经依法履行职责而全部实现诉讼请求的，人民检察院可以撤回起诉。确有必要的，人民检察院可以变更诉讼请求，请求判决确认行政行为违法。

人民检察院决定撤回起诉或者变更诉讼请求的，应当经检察长决定后制作《撤回起诉决定书》或者《变更诉讼请求决定书》，并在三日内提交人民法院。

第四章　民事公益诉讼监控

第一节　调　查

> **第八十一条**
> 调查结束的，应当重点监督、审查是否制作《调查终结报告（民事公益诉讼用）》，区分情况提出是否发布公告、终结案件的处理意见。

【条文释义】

本条是对民事公益诉讼案件调查终结情况的监控。

本条的依据为《人民检察院公益诉讼办案规则》第八十九条的规定。

根据《人民检察院公益诉讼法律文书格式样本（2021年版）》中《调查终结报告（民事公益诉讼用）》制作说明，本文书根据《人民检察院公益诉讼办案规则》第八十九条的规定制作。调查终结后对民事公益诉讼案件作出终结案件或者公告等的调查处理意见时使用。

【相关规定】

《人民检察院公益诉讼办案规则》

第八十九条　调查结束，检察官应当制作《调查终结报告》，区分情况提出以下处理意见：

（一）终结案件；

（二）发布公告。

> **第八十二条**
> 经调查，决定终结案件的，应当重点监督、审查是否制作《终结案件决定书（民事公益诉讼用）》，报检察长决定。

【条文释义】

本条是对民事公益诉讼案件决定终结案件情况的监控。

本条的依据为《人民检察院公益诉讼办案规则》第九十条的规定。

根据《人民检察院公益诉讼法律文书格式样本（2021年版）》中《终结案件决定书（民事公益诉讼用）》制作说明，本文书根据《人民检察院公益诉讼办案规则》第九十条的规定制作。人民检察院对民事公益诉讼案件作出终结案件决定时使用。

【相关规定】

《人民检察院公益诉讼办案规则》

第九十条　经调查，人民检察院发现存在以下情形之一的，应当终结案件：

（一）不存在违法行为的；

（二）生态环境损害赔偿权利人与赔偿义务人经磋商达成赔偿协议，或者已经提起生态环境损害赔偿诉讼的；

（三）英雄烈士等的近亲属不同意人民检察院提起公益诉讼的；

（四）其他适格主体依法向人民法院提起诉讼的；

（五）社会公共利益已经得到有效保护的；

（六）其他应当终结案件的情形。

有前款（二）（三）（四）项情形之一，人民检察院支持起诉的除外。

终结案件的，应当报请检察长决定，并制作《终结案件决定书》。

第二节　公　告

第八十三条

经调查，认为社会公共利益受到损害，存在违法行为，决定公告的，应当重点监督、审查是否制作《公告（民事公益诉讼用）》，并在具有全国影响的媒体上发布。

【条文释义】

本条是对民事公益诉讼案件公告情况的监控。

《人民检察院公益诉讼案件办理流程监控要点》条文解读

本条的依据为《中华人民共和国民事诉讼法》第五十八条、《中华人民共和国英雄烈士保护法》第二十五条、《中华人民共和国个人信息保护法》第七十条和最高人民法院、最高人民检察院《关于检察公益诉讼案件适用法律若干问题的解释》第十三条第一款、《人民检察院公益诉讼办案规则》第九十一条、第九十二条以及最高人民法院、最高人民检察院《关于人民检察院提起刑事附带民事公益诉讼应否履行诉前公告程序问题的批复》的规定。

根据《人民检察院公益诉讼法律文书格式样本（2021年版）》中《公告（民事公益诉讼用）》制作说明，本文书根据《中华人民共和国民事诉讼法》第五十八条第二款和《中华人民共和国英雄烈士保护法》第二十五条第二款以及《人民检察院公益诉讼办案规则》第九十一条、第九十二条的规定制作。人民检察院对民事公益诉讼案件履行诉前程序，决定公告告知法律规定的机关和有关组织提起民事公益诉讼（和启动生态环境损害赔偿程序）、告知英雄烈士等的近亲属提起民事诉讼时使用。本文书应当在发行范围为全国的媒体上发布。

值得注意的是，实践中有两种情形对于《公告（民事公益诉讼用）》的文书，可做特殊处理：一是最高人民法院、最高人民检察院《关于检察公益诉讼案件适用法律若干问题的解释》第十三条第三款规定，检察机关在办理侵害英雄烈士等的姓名、肖像、名誉、荣誉的民事公益诉讼案件可以以直接征询英雄烈士等的近亲属的意见的方式代替公告。二是《中华人民共和国个人信息保护法》第七十条规定，个人信息处理者违反本法规定处理个人信息，侵害众多个人的权益的，人民检察院、法律规定的消费者组织和由国家网信部门确定的组织可以依法向人民法院提起诉讼。最高检第八检察厅依据上述条款，指导检察机关办理个人信息保护领域公益诉讼，可以在和法院沟通的前提下，探索不公告直接提起诉讼。

【相关规定】

《中华人民共和国民事诉讼法》

第五十八条　对污染环境、侵害众多消费者合法权益等损害社会公共利益的行为，法律规定的机关和有关组织可以向人民法院提起诉讼。

人民检察院在履行职责中发现破坏生态环境和资源保护、食品药品安全领域侵害众多消费者合法权益等损害社会公共利益的行为，在没有前款规定的机关和组织或者前款规定的机关和组织不提起诉讼的情况下，可以向人民法院提起诉讼。前款规定的机关或者组织提起诉讼的，人民检察院可以支持起诉。

《中华人民共和国英雄烈士保护法》

第二十五条 对侵害英雄烈士的姓名、肖像、名誉、荣誉的行为,英雄烈士的近亲属可以依法向人民法院提起诉讼。

英雄烈士没有近亲属或者近亲属不提起诉讼的,检察机关依法对侵害英雄烈士的姓名、肖像、名誉、荣誉,损害社会公共利益的行为向人民法院提起诉讼。

负责英雄烈士保护工作的部门和其他有关部门在履行职责过程中发现第一款规定的行为,需要向检察机关提起诉讼的,应当向检察机关报告。

英雄烈士近亲属依照第一款规定提起诉讼的,法律援助机构应当依法提供法律援助服务。

《中华人民共和国个人信息保护法》

第七十条 个人信息处理者违反本法规定处理个人信息,侵害众多个人的权益的,人民检察院、法律规定的消费者组织和由国家网信部门确定的组织可以依法向人民法院提起诉讼。

最高人民法院、最高人民检察院《关于检察公益诉讼案件适用法律若干问题的解释》

第十三条 人民检察院在履行职责中发现破坏生态环境和资源保护,食品药品安全领域侵害众多消费者合法权益,侵害英雄烈士等的姓名、肖像、名誉、荣誉等损害社会公共利益的行为,拟提起公益诉讼的,应当依法公告,公告期间为三十日。

公告期满,法律规定的机关和有关组织、英雄烈士等的近亲属不提起诉讼的,人民检察院可以向人民法院提起诉讼。

人民检察院办理侵害英雄烈士等的姓名、肖像、名誉、荣誉的民事公益诉讼案件,也可以直接征询英雄烈士等的近亲属的意见。

《人民检察院公益诉讼办案规则》

第九十一条 经调查,人民检察院认为社会公共利益受到损害,存在违法行为的,应当依法发布公告。公告应当包括以下内容:

(一)社会公共利益受到损害的事实;

(二)告知适格主体可以向人民法院提起诉讼,符合启动生态环境损害赔偿程序条件的案件,告知赔偿权利人启动生态环境损害赔偿程序;

(三)公告期限;

(四)联系人、联系电话;

(五)公告单位、日期。

公告应当在具有全国影响的媒体发布，公告期间为三十日。

第九十二条 人民检察院办理侵害英雄烈士等的姓名、肖像、名誉、荣誉的民事公益诉讼案件，可以直接征询英雄烈士等的近亲属的意见。被侵害的英雄烈士等人数众多、难以确定近亲属，或者直接征询近亲属意见确有困难的，也可以通过公告的方式征询英雄烈士等的近亲属的意见。

最高人民法院、最高人民检察院《关于人民检察院提起刑事附带民事公益诉讼应否履行诉前公告程序问题的批复》

人民检察院提起刑事附带民事公益诉讼，应履行诉前公告程序。对于未履行诉前公告程序的，人民法院应当释明，告知人民检察院公告后再行提起诉讼。

第八十四条

中止审查的，应当重点监督、审查下列事项：

（一）是否制作《中止审查决定书（民事公益诉讼用）》报检察长决定，并制作《报请备案表（公益诉讼用）》报送上一级人民检察院备案；

（二）中止审查的原因消除后，是否制作《恢复审查决定书（民事公益诉讼用）》恢复审查。

【条文释义】

本条是对民事公益诉讼案件中止、恢复审查情况的监控。

本条的依据为《人民检察院公益诉讼办案规则》第七十八条。

根据《人民检察院公益诉讼法律文书格式样本（2021年版）》中《中止审查决定书（民事公益诉讼用）》制作说明，本文书为人民检察院对民事公益诉讼案件中止审查时使用。

根据《人民检察院公益诉讼法律文书格式样本（2021年版）》中《报请备案表（公益诉讼用）》制作说明，本文书根据《人民检察院公益诉讼办案规则》第二十五条、第四十六条、第五十八条、第七十五条、第七十八条等条款制作。对公益诉讼案件重大案件线索、公益诉讼起诉书、检察建议书、中止审查决定书、一审判决裁定、二审判决裁定等文书向上级院备案时使用。

根据《人民检察院公益诉讼法律文书格式样本（2021年版）》中《恢复审查决定书（民事公益诉讼用）》制作说明，本文书为人民检察院对民事公益诉讼案件恢复审查时使用。

【相关规定】

《人民检察院公益诉讼办案规则》

第七十八条 行政机关在法律、司法解释规定的整改期限内已依法作出行政决定或者制定整改方案,但因突发事件等客观原因不能全部整改到位,且没有怠于履行监督管理职责情形的,人民检察院可以中止审查。

中止审查的,应当经检察长批准,制作《中止审查决定书》,并报送上一级人民检察院备案。中止审查的原因消除后,应当恢复审查并制作《恢复审查决定书》。

第八十五条

经过跟进调查的,应当重点监督、审查是否制作《审查终结报告(民事公益诉讼用)》,并区分情况提出以下处理意见:

(一)终结案件;

(二)提起民事公益诉讼;

(三)移送其他人民检察院处理。

【条文释义】

本条是对民事公益诉讼案件跟进调查情况的监控。

本条的依据为《中华人民共和国民事诉讼法》第五十八条和《人民检察院公益诉讼办案规则》第九十四条的规定。

根据《人民检察院公益诉讼法律文书格式样本(2021年版)》中《审查终结报告(民事公益诉讼用)》制作说明,本文书根据《中华人民共和国民事诉讼法》第五十八条第二款、《人民检察院公益诉讼办案规则》第九十四条的规定制作。由检察官在审查起诉阶段对案件审查、讨论完毕后制作审查报告时使用。审查报告应当全面、客观、公正地叙述案件事实,依据法律规定提出处理建议。

【相关规定】

《中华人民共和国民事诉讼法》

第五十八条 对污染环境、侵害众多消费者合法权益等损害社会公共利益的行为,法律规定的机关和有关组织可以向人民法院提起诉讼。

人民检察院在履行职责中发现破坏生态环境和资源保护、食品药品安全领域侵害众多消费者合法权益等损害社会公共利益的行为,在没有前款规定的机关和组织或者前款规定的机关和组织不提起诉讼的情况下,可以向人民法院提起诉讼。前款规定的机关或者组织提起诉讼的,人民检察院可以支持起诉。

《人民检察院公益诉讼办案规则》

第九十四条 经过跟进调查,检察官应当制作《审查终结报告》,区分情况提出以下处理意见:

(一)终结案件;

(二)提起民事公益诉讼;

(三)移送其他人民检察院处理。

第八十六条

经审查,决定终结案件的,应当重点监督、审查是否制作《终结案件决定书(民事公益诉讼用)》,报检察长决定。

【条文释义】

本条是对民事公益诉讼案件决定终结案件情况的监控。

本条的依据为《人民检察院公益诉讼办案规则》第九十条、第九十五条的规定。

根据《人民检察院公益诉讼法律文书格式样本(2021年版)》中《终结案件决定书(民事公益诉讼用)》制作说明,本文书根据《人民检察院公益诉讼办案规则》第九十条的规定制作。人民检察院对民事公益诉讼案件作出终结案件决定时使用。

【相关规定】

《人民检察院公益诉讼办案规则》

第九十条 经调查,人民检察院发现存在以下情形之一的,应当终结案件:

(一)不存在违法行为的;

(二)生态环境损害赔偿权利人与赔偿义务人经磋商达成赔偿协议,或者已经提起生态环境损害赔偿诉讼的;

(三)英雄烈士等的近亲属不同意人民检察院提起公益诉讼的;

（四）其他适格主体依法向人民法院提起诉讼的；
（五）社会公共利益已经得到有效保护的；
（六）其他应当终结案件的情形。

有前款（二）（三）（四）项情形之一，人民检察院支持起诉的除外。

终结案件的，应当报请检察长决定，并制作《终结案件决定书》。

第九十五条 经审查，人民检察院发现有本规则第九十条规定情形之一的，应当终结案件。

第三节 提起诉讼

第八十七条
在民事公益诉讼案件审理过程中，检察机关决定撤回全部、部分诉讼请求的，应当重点监督、审查是否分别制作《撤回起诉决定书（民事公益诉讼用）》《撤回起诉决定书（刑事附带民事公益诉讼用）》《撤回部分诉讼请求决定书（民事公益诉讼用）》《撤回部分诉讼请求决定书（刑事附带民事公益诉讼用）》，报检察长决定，并在三日内提交人民法院。

【条文释义】

本条是对民事公益诉讼案件撤回起诉情况的监控。

本条的依据为最高人民法院、最高人民检察院《关于检察公益诉讼案件适用法律若干问题的解释》第十九条和《人民检察院公益诉讼办案规则》第九十九条第二款的规定。

根据《人民检察院公益诉讼法律文书格式样本（2021年版）》中《撤回起诉决定书（民事公益诉讼用）》《撤回起诉决定书（刑事附带民事公益诉讼用）》制作说明，本文书根据最高人民法院、最高人民检察院《关于检察公益诉讼案件适用法律若干问题的解释》第十九条、《人民检察院公益诉讼办案规则》第九十九条的规定制作。人民检察院决定对民事/刑事附带民事公益诉讼案件撤回起诉时使用。本文书发送人民法院。

根据《人民检察院公益诉讼法律文书格式样本（2021年版）》中《撤回部分诉讼请求决定书（民事公益诉讼用）》《撤回部分诉讼请求决定书（刑事附带民事公益诉讼用）》制作说明，本文书为人民检察院决定对民事/刑事附带民事公益诉讼案件撤回部分诉讼请求时使用。本文书发送人民法院。

【相关规定】

最高人民法院、最高人民检察院《关于检察公益诉讼案件适用法律若干问题的解释》

第十九条　民事公益诉讼案件审理过程中，人民检察院诉讼请求全部实现而撤回起诉的，人民法院应予准许。

《人民检察院公益诉讼办案规则》

第九十九条　民事公益诉讼案件可以依法在人民法院主持下进行调解。调解协议不得减免诉讼请求载明的民事责任，不得损害社会公共利益。

诉讼请求全部实现的，人民检察院可以撤回起诉。人民检察院决定撤回起诉的，应当经检察长决定后制作《撤回起诉决定书》，并在三日内提交人民法院。

第八十八条

在民事公益诉讼案件审理过程中，检察机关决定变更诉讼请求的，应当重点监督、审查是否制作《变更诉讼请求决定书（民事公益诉讼用）》或者《变更诉讼请求决定书（刑事附带民事公益诉讼用）》报检察长决定。

【条文释义】

本条是对民事公益诉讼案件变更起诉情况的监控。

根据《人民检察院公益诉讼法律文书格式样本（2021年版）》中《变更诉讼请求决定书（民事公益诉讼用）》《变更诉讼请求决定书（刑事附带民事公益诉讼用）》制作说明，本文书为人民检察院决定对民事/刑事附带民事公益诉讼变更诉讼请求时使用。本文书一份发送人民法院，一份附卷。

第八十九条

决定对民事公益诉讼追加被告及相应诉讼请求的，应当重点监督、审查是否制作《追加起诉决定书（民事公益诉讼用）》或者《追加起诉决定书（刑事附带民事公益诉讼用）》。

【条文释义】

本条是对民事公益诉讼案件决定追加起诉情况的监控。

《追加起诉决定书（民事公益诉讼用）》根据《人民检察院公益诉讼法律文书格式样本（2021年版）》中《追加起诉决定书（民事公益诉讼用）》制作说明，本文书为人民检察院决定对民事公益诉讼追加被告及相应诉讼请求时使用。本文书发送人民法院。

根据《人民检察院公益诉讼法律文书格式样本（2021年版）》中《追加起诉决定书（刑事附带民事公益诉讼用）》制作说明，本文书为人民检察院决定对刑事附带民事公益诉讼追加被告及相应诉讼请求时使用。本文书发送人民法院。

第四节　支持起诉

第九十条

支持起诉案件在案件审查后，应当重点监督、审查是否制作《支持起诉审查报告（民事公益诉讼用）》。

【条文释义】

本条是对民事公益诉讼案件支持起诉审查情况的监控。

本条的依据为《中华人民共和国民事诉讼法》第五十八条和《人民检察院公益诉讼办案规则》第一百条的规定。

根据《人民检察院公益诉讼法律文书格式样本（2021年版）》中《支持起诉审查报告（民事公益诉讼用）》制作说明，本文书根据《中华人民共和国民事诉讼法》第五十八条第二款、《人民检察院公益诉讼办案规则》第一百条的规定制作。由检察官对支持起诉案件在案件审查后制作审查报告时使用。审查报告应当全面、客观、公正地叙述案件事实，依据法律规定提出处理建议。

【相关规定】

《中华人民共和国民事诉讼法》

第五十八条　对污染环境、侵害众多消费者合法权益等损害社会公共利益的行为，法律规定的机关和有关组织可以向人民法院提起诉讼。

人民检察院在履行职责中发现破坏生态环境和资源保护、食品药品安全领域侵害众多消费者合法权益等损害社会公共利益的行为,在没有前款规定的机关和组织或者前款规定的机关和组织不提起诉讼的情况下,可以向人民法院提起诉讼。前款规定的机关或者组织提起诉讼的,人民检察院可以支持起诉。

《人民检察院公益诉讼办案规则》

第一百条 下列案件,人民检察院可以支持起诉:

(一)生态环境损害赔偿权利人提起的生态环境损害赔偿诉讼案件;

(二)适格主体提起的民事公益诉讼案件;

(三)英雄烈士等的近亲属提起的维护英雄烈士等的姓名、肖像、名誉、荣誉的民事诉讼案件;

(四)军人和因公牺牲军人、病故军人遗属提起的侵害军人荣誉、名誉和其他相关合法权益的民事诉讼案件;

(五)其他依法可以支持起诉的公益诉讼案件。

第九十一条

人民检察院采取向人民法院提交支持起诉意见书方式支持起诉的,应当重点监督、审查是否制作《支持起诉意见书(民事公益诉讼用)》,并发送受理案件的人民法院和被支持起诉的原告。

【条文释义】

本条是对民事公益诉讼案件决定支持起诉情况的监控。

本条的依据为《中华人民共和国民事诉讼法》第五十八条和《人民检察院公益诉讼办案规则》第一百条、第一百零一条的规定。

根据《人民检察院公益诉讼法律文书格式样本(2021年版)》中《支持起诉意见书(民事公益诉讼用)》制作说明,本文书根据《中华人民共和国民事诉讼法》第五十八条第二款、《人民检察院公益诉讼办案规则》第一百条的规定制作。人民检察院决定支持适格主体提起诉讼时使用。本文书发送人民法院和被支持起诉的原告。

【相关规定】

《中华人民共和国民事诉讼法》

第五十八条 对污染环境、侵害众多消费者合法权益等损害社会公共利益的行为，法律规定的机关和有关组织可以向人民法院提起诉讼。

人民检察院在履行职责中发现破坏生态环境和资源保护、食品药品安全领域侵害众多消费者合法权益等损害社会公共利益的行为，在没有前款规定的机关和组织或者前款规定的机关和组织不提起诉讼的情况下，可以向人民法院提起诉讼。前款规定的机关或者组织提起诉讼的，人民检察院可以支持起诉。

《人民检察院公益诉讼办案规则》

第一百条　下列案件，人民检察院可以支持起诉：

（一）生态环境损害赔偿权利人提起的生态环境损害赔偿诉讼案件；

（二）适格主体提起的民事公益诉讼案件；

（三）英雄烈士等的近亲属提起的维护英雄烈士等的姓名、肖像、名誉、荣誉的民事诉讼案件；

（四）军人和因公牺牲军人、病故军人遗属提起的侵害军人荣誉、名誉和其他相关合法权益的民事诉讼案件；

（五）其他依法可以支持起诉的公益诉讼案件。

第一百零一条　人民检察院可以采取提供法律咨询、向人民法院提交支持起诉意见书、协助调查取证、出席法庭等方式支持起诉。

第九十二条

决定不支持起诉的，应当重点监督、审查是否制作《不支持起诉决定书（民事公益诉讼用）》，并发送申请人。

【条文释义】

本条是对民事公益诉讼案件决定不支持起诉情况的监控。

本条的依据为《人民检察院公益诉讼办案规则》第一百条的规定。

根据《人民检察院公益诉讼法律文书格式样本（2021年版）》中《不支持起诉决定书（民事公益诉讼用）》制作说明，本文书依据《人民检察院公益诉讼办案规则》第一百条的规定制作。人民检察院决定不支持适格主体提起诉讼时使用。本文书发送支持起诉申请人。

【相关规定】

《人民检察院公益诉讼办案规则》

第一百条 下列案件，人民检察院可以支持起诉：

（一）生态环境损害赔偿权利人提起的生态环境损害赔偿诉讼案件；

（二）适格主体提起的民事公益诉讼案件；

（三）英雄烈士等的近亲属提起的维护英雄烈士等的姓名、肖像、名誉、荣誉的民事诉讼案件；

（四）军人和因公牺牲军人、病故军人遗属提起的侵害军人荣誉、名誉和其他相关合法权益的民事诉讼案件；

（五）其他依法可以支持起诉的公益诉讼案件。

第九十三条

在向人民法院提交支持起诉意见书后，决定撤回支持起诉的，应当重点监督、审查是否制作《撤回支持起诉决定书（民事公益诉讼用）》，在三日内提交人民法院，并发送原告。

【条文释义】

本条是对民事公益诉讼案件决定撤回支持起诉情况的监控。

本条的依据为《人民检察院公益诉讼办案规则》第一百零二条的规定。

根据《人民检察院公益诉讼法律文书格式样本（2021年版）》中《撤回支持起诉决定书（民事公益诉讼用）》制作说明，本文书根据《人民检察院公益诉讼办案规则》第一百零二条的规定制作。人民检察院决定对民事公益诉讼案件撤回支持起诉时使用。本文书发送人民法院及和被支持起诉的原告。

【相关规定】

《人民检察院公益诉讼办案规则》

第一百零二条 人民检察院在向人民法院提交支持起诉意见书后，发现有以下不适合支持起诉情形的，可以撤回支持起诉：

（一）原告无正当理由变更、撤回部分诉讼请求，致使社会公共利益不能得到有效保护的；

（二）原告撤回起诉或者与被告达成和解协议，致使社会公共利益不能得到有效保护的；

（三）原告请求被告承担的律师费以及为诉讼支出的其他费用过高，对社会公共利益保护产生明显不利影响的；

（四）其他不适合支持起诉的情形。

人民检察院撤回支持起诉的，应当制作《撤回支持起诉决定书》，在三日内提交人民法院，并发送原告。

第九十四条

出席法庭支持起诉的，应当重点监督、审查是否制作《派员出庭通知书（民事公益诉讼用）》。

【条文释义】

本条是对民事公益诉讼案件出席法庭情况的监控。

本条的依据为最高人民法院、最高人民检察院《关于检察公益诉讼案件适用法律若干问题的解释》第八条、第十一条和《人民检察院公益诉讼办案规则》第四十九条、第六十三条的规定。

根据《人民检察院公益诉讼法律文书格式样本（2021年版）》中《派员出庭通知书（民事公益诉讼用）》制作说明，本文书根据最高人民法院、最高人民检察院《关于检察公益诉讼案件适用法律若干问题的解释》第八条第二款、第十一条和《人民检察院公益诉讼办案规则》第四十九条、第六十三条的规定制作。人民检察院派员出席法庭时使用。提起诉讼的人民检察院派员出席一审法庭时，适用最高人民法院、最高人民检察院《关于检察公益诉讼案件适用法律若干问题的解释》第八条第二款和《人民检察院公益诉讼办案规则》第四十九条；提起诉讼的人民检察院或者上一级人民检察院派员出席二审法庭时适用最高人民法院、最高人民检察院《关于检察公益诉讼案件适用法律若干问题的解释》第十一条和《人民检察院公益诉讼办案规则》第六十三条。本文书应当在收到人民法院出庭通知书之日起三日内发送人民法院。

【相关规定】

最高人民法院、最高人民检察院《关于检察公益诉讼案件适用法律若干问题的解释》

第八条 人民法院开庭审理人民检察院提起的公益诉讼案件，应当在开庭三日前向人民检察院送达出庭通知书。

人民检察院应当派员出庭,并应当自收到人民法院出庭通知书之日起三日内向人民法院提交派员出庭通知书。派员出庭通知书应当写明出庭人员的姓名、法律职务以及出庭履行的具体职责。

第十一条 人民法院审理第二审案件,由提起公益诉讼的人民检察院派员出庭,上一级人民检察院也可以派员参加。

《人民检察院公益诉讼办案规则》

第四十九条 人民检察院提起公益诉讼的案件,应当派员出庭履行职责,参加相关诉讼活动。

人民检察院应当自收到人民法院出庭通知书之日起三日内向人民法院提交《派员出庭通知书》。《派员出庭通知书》应当写明出庭人员的姓名、法律职务以及出庭履行的职责。

人民检察院应当指派检察官出席第一审法庭,检察官助理可以协助检察官出庭,并根据需要配备书记员担任记录及其他辅助工作。涉及专门性、技术性问题,可以指派或者聘请有专门知识的人协助检察官出庭。

第六十三条 人民法院决定开庭审理的上诉案件,提起诉讼的人民检察院和上一级人民检察院应当共同派员出席第二审法庭。

人民检察院应当在出席第二审法庭之前向人民法院提交《派员出庭通知书》,载明人民检察院出庭检察人员的姓名、法律职务以及出庭履行的职责等。

第五章　其他事项监控

第一节　请示案件

> **第九十五条**
> 　　办理请示案件，应当重点监督、审查是否符合以下期限：
> 　　（一）正在办理的案件，在办案期限届满十日之前报送上级人民检察院；法律规定的办案期限不足十日的，在办案期限届满三日之前报送；
> 　　（二）对在诉讼程序内案件的请示，上级人民检察院在办案期限届满之前答复下级人民检察院；对不在诉讼程序内案件的请示，在一个月以内答复下级人民检察院；特别重大复杂案件，经分管副检察长批准后延长的，在延长一个月的期限内答复下级人民检察院。
> 　　因特殊原因不能在规定的办理期限内答复的，在报告检察长后，及时通知下级人民检察院，并抄送本院负责案件管理的部门。

【条文释义】

本条是对请示案件办理期限的监控。

本条依据为《人民检察院案件请示办理工作规定（试行）》第八条、第十四条的规定。

【相关规定】

《人民检察院案件请示办理工作规定（试行）》

第八条　下级人民检察院对正在办理的案件向上级人民检察院请示的，应当在办案期限届满十日之前报送上级人民检察院；法律规定的办案期限不足十日的，应当在办案期限届满三日之前报送。

第十四条　上级人民检察院对案件请示应当及时办理并答复下级人民检察院。对在诉讼程序内案件的请示，应当在办案期限届满之前答复下级人民检察院。对不在诉讼程序内案件的请示，应当在一个月以内答复下级人民检察院；特别重大复杂案件，经分管副检察长批准，可以延长一个月。

因特殊原因不能在规定的办理期限内答复的，承办部门应当在报告检察长后，及时通知下级人民检察院，并抄送本院案件管理部门。

第九十六条 对上级人民检察院的答复意见，应当重点监督、审查下级人民检察院是否在执行完毕后十日以内将执行情况报送上级人民检察院；因特殊原因对答复意见不能执行的，下级人民检察院是否书面说明有关情况和理由，经本院检察长批准后报送上级人民检察院。

【条文释义】

本条是对请示案件答复意见执行情况的监控。

本条的依据为《人民检察院案件请示办理工作规定（试行）》第二十条的规定。

【相关规定】

《人民检察院案件请示办理工作规定（试行）》

第二十条 对上级人民检察院的答复意见，下级人民检察院应当执行，并在执行完毕后十日以内将执行情况报送上级人民检察院。

下级人民检察院因特殊原因对答复意见不能执行的，应当书面说明有关情况和理由，经本院检察长批准后报送上级人民检察院。

第九十七条 请示案件，应当重点监督、审查下列事项：

（一）向上一级人民检察院请示的案件，是否制作《请示（行政公益诉讼用）》或者《请示（民事公益诉讼用）》；

（二）上一级人民检察院办理请示案件，是否制作《请示案件审查意见书（行政公益诉讼用）》《批复（行政公益诉讼用）》或者《请示案件审查意见书（民事公益诉讼用）》《批复（民事公益诉讼用）》。

【条文释义】

本条是对请示案件文书制作情况的监控。

本条的依据为《人民检察院公益诉讼办案规则》第一百零四条和《人民

检察院案件请示办理工作规定（试行）》第五条、第七条、第十四条的规定。

根据《人民检察院公益诉讼法律文书格式样本（2021年版）》中《请示（行政公益诉讼用）》《请示（民事公益诉讼用）》制作说明，本文书根据《人民检察院公益诉讼办案规则》第一百零四条的规定制作，用于向上级人民检察院请示行政/民事公益诉讼案件办理中的问题。

根据《人民检察院公益诉讼法律文书格式样本（2021年版）》中《请示案件审查意见书（行政公益诉讼用）》《请示案件审查意见书（民事公益诉讼用）》制作说明，本文书根据《人民检察院公益诉讼办案规则》第一百零四条的规定制作，用于上级人民检察院对下级人民检察院请示的问题进行审查。

根据《人民检察院公益诉讼法律文书格式样本（2021年版）》中《批复（行政公益诉讼用）》《批复（民事公益诉讼用）》制作说明，本文书根据《人民检察院公益诉讼办案规则》第一百零四条的规定制作，用于上级人民检察院对下级人民检察院请示的问题进行批复。

【相关规定】

《人民检察院公益诉讼办案规则》

第一百零四条 办理公益诉讼案件的人民检察院对涉及法律适用、办案程序、司法政策等问题，可以依照有关规定向上级人民检察院请示。

《人民检察院案件请示办理工作规定（试行）》

第五条 案件请示应当遵循逐级请示原则。对重大紧急的突发案件，下级人民检察院必须越级请示的，应当说明理由，接受请示的上级人民检察院认为理由不能成立的，应当要求其逐级请示。

上级人民检察院对下级人民检察院请示的案件，经本院检察委员会审议决定，可以逐级向更高层级人民检察院请示。

第七条 下级人民检察院请示案件，应当以书面形式提出。请示文书包括以下内容：

（一）案件基本情况；

（二）需要请示的具体问题；

（三）下级人民检察院检察委员会讨论情况、争议焦点及倾向性意见；

（四）下级人民检察院检察长的意见。

下级人民检察院有案卷材料的，应当一并附送。

第十四条 上级人民检察院对案件请示应当及时办理并答复下级人民检察院。对在诉讼程序内案件的请示，应当在办案期限届满之前答复下级人民检察院。对不在诉讼程序内案件的请示，应当在一个月以内答复下级人民检察院；特别重大复杂案件，经分管副检察长批准，可以延长一个月。

因特殊原因不能在规定的办理期限内答复的，承办部门应当在报告检察长后，及时通知下级人民检察院，并抄送本院案件管理部门。

第二节 人民监督员监督案件

第九十八条

邀请人民监督员监督公益诉讼办案活动的，应当重点监督、审查下列事项：

（一）启动人民监督员监督程序的，是否制作《提请启动人民监督员监督检察办案活动意见表》。

（二）采纳监督意见的，是否制作《人民监督员监督意见采纳情况告知书》，及时告知人民监督员。

（三）未采纳监督意见的，是否向人民监督员作出解释说明。人民监督员对于解释说明仍有异议的，是否报请检察长决定，检察长决定后是否制作《异议处理结果告知书》，向人民监督员告知监督事项的最后处理决定。

【条文释义】

本条是对邀请人民监督员监督案件情况的监控。

本条的依据为《人民检察院公益诉讼办案规则》第十二条、《人民检察院公益诉讼办案听证工作指引》第十一条和《人民检察院办案活动接受人民监督员监督的规定》第八条、第十九条的规定。

【相关规定】

《人民检察院公益诉讼办案规则》

第十二条 人民检察院办理公益诉讼案件，依照规定接受人民监督员监督。

《人民检察院公益诉讼办案听证工作指引》

第十一条 人民检察院可以邀请人民监督员参加听证会，依照有关规定接受人民监督员监督。

《人民检察院办案活动接受人民监督员监督的规定》

第八条 人民检察院下列工作可以安排人民监督员依法进行监督：

（一）案件公开审查、公开听证；

（二）检察官出庭支持公诉；

（三）巡回检察；

（四）检察建议的研究提出、督促落实等相关工作；

（五）法律文书宣告送达；

（六）案件质量评查；

（七）司法规范化检查；

（八）检察工作情况通报；

（九）其他相关司法办案工作。

第十九条 人民检察院应当认真研究人民监督员的监督意见，依法作出处理。监督意见的采纳情况应当及时告知人民监督员。

人民检察院经研究未采纳监督意见的，应当向人民监督员作出解释说明。人民监督员对于解释说明仍有异议的，相关部门或者检察官办案组、独任检察官应当报请检察长决定。

第三节　检察建议

第九十九条

检察建议案件，应当重点监督、审查是否符合下列管辖范围：

（一）被建议对象属于本院所办理案件的涉案单位、本级有关主管机关以及其他有关单位。

（二）向涉案单位以外的上级有关主管机关提出检察建议的，层报被建议单位的同级人民检察院决定并提出检察建议，或者由办理案件的人民检察院制作检察建议书后，报被建议单位的同级人民检察院审核并转送被建议单位。

（三）需要向下级有关单位提出检察建议的，指令对应的下级人民检察院提出。

（四）需要向异地有关单位提出检察建议的，征求被建议单位所在地同级人民检察院意见。被建议单位所在地同级人民检察院提出不同意见，办理案件的人民检察院坚持认为应当提出检察建议的，层报共同的上级人民检察院决定。

《人民检察院公益诉讼案件办理流程监控要点》条文解读

【条文释义】

本条是对办理检察建议案件的管辖范围监控。

本条的依据为《人民检察院检察建议工作规定》第三条的规定。

【相关规定】

《人民检察院检察建议工作规定》

第三条 人民检察院可以直接向本院所办理案件的涉案单位、本级有关主管机关以及其他有关单位提出检察建议。

需要向涉案单位以外的上级有关主管机关提出检察建议的,应当层报被建议单位的同级人民检察院决定并提出检察建议,或者由办理案件的人民检察院制作检察建议书后,报被建议单位的同级人民检察院审核并转送被建议单位。

需要向下级有关单位提出检察建议的,应当指令对应的下级人民检察院提出检察建议。

需要向异地有关单位提出检察建议的,应当征求被建议单位所在地同级人民检察院意见。被建议单位所在地同级人民检察院提出不同意见,办理案件的人民检察院坚持认为应当提出检察建议的,层报共同的上级人民检察院决定。

第一百条

检察官在履行职责中发现有应当提出检察建议情形,进行调查核实的,应当重点监督、审查下列事项:

(一) 是否报经检察长决定;

(二) 是否在调查核实完毕后制作调查终结报告;

(三) 需要制发检察建议的,是否起草检察建议书一并报检察长决定。制发社会治理检察建议的,报检察长决定前,是否送本院负责法律政策研究的部门进行审核。

【条文释义】

本条是对需提出检察建议案件调查核实情况的监控。

本条的依据为《人民检察院检察建议工作规定》第九条、第十一条、第十三条、第十五条、第十七条和最高人民检察院《关于完善人民检察院司法责任制的若干意见》16 的规定。

【相关规定】

《人民检察院检察建议工作规定》

第九条 人民检察院在履行对诉讼活动的法律监督职责中发现有关执法、司法机关具有下列情形之一的，可以向有关执法、司法机关提出纠正违法检察建议：

（一）人民法院审判人员在民事、行政审判活动中存在违法行为的；

（二）人民法院在执行生效民事、行政判决、裁定、决定或者调解书、支付令、仲裁裁决书、公证债权文书等法律文书过程中存在违法执行、不执行、怠于执行等行为，或者有其他重大隐患的；

（三）人民检察院办理行政诉讼监督案件或者执行监督案件，发现行政机关有违反法律规定、可能影响人民法院公正审理和执行的行为的；

（四）公安机关、人民法院、监狱、社区矫正机构、强制医疗执行机构等在刑事诉讼活动中或者执行人民法院生效刑事判决、裁定、决定等法律文书过程中存在普遍性、倾向性违法问题，或者有其他重大隐患，需要引起重视予以解决的；

（五）诉讼活动中其他需要以检察建议形式纠正违法的情形。

第十一条 人民检察院在办理案件中发现社会治理工作存在下列情形之一的，可以向有关单位和部门提出改进工作、完善治理的检察建议：

（一）涉案单位在预防违法犯罪方面制度不健全、不落实，管理不完善，存在违法犯罪隐患，需要及时消除的；

（二）一定时期某类违法犯罪案件多发、频发，或者已发生的案件暴露出明显的管理监督漏洞，需要督促行业主管部门加强和改进管理监督工作的；

（三）涉及一定群体的民间纠纷问题突出，可能导致发生群体性事件或者恶性案件，需要督促相关部门完善风险预警防范措施，加强调解疏导工作的；

（四）相关单位或者部门不依法及时履行职责，致使个人或者组织合法权益受到损害或者存在损害危险，需要及时整改消除的；

（五）需要给予有关涉案人员、责任人员或者组织行政处罚、政务处分、行业惩戒，或者需要追究有关责任人员的司法责任的；

（六）其他需要提出检察建议的情形。

第十三条 检察官在履行职责中发现有应当依照本规定提出检察建议情形的，应当报经检察长决定，对相关事项进行调查核实，做到事实清楚、准确。

第十五条 检察官一般应当在检察长作出决定后两个月以内完成检察建议事项的调查核实。情况紧急的，应当及时办结。

检察官调查核实完毕，应当制作调查终结报告，写明调查过程和认定的事实与证据，提出处理意见。认为需要提出检察建议的，应当起草检察建议书，一并报送检察长，由检察长或者检察委员会讨论决定是否提出检察建议。

经调查核实，查明相关单位不存在需要纠正或者整改的违法事实或者重大隐患，决定不提出检察建议的，检察官应当将调查终结报告连同相关材料订卷存档。

第十七条 检察官依据本规定第十一条的规定起草的检察建议书，报送检察长前，应当送本院负责法律政策研究的部门对检察建议的必要性、合法性、说理性等进行审核。

检察建议书正式发出前，可以征求被建议单位的意见。

最高人民检察院《关于完善人民检察院司法责任制的若干意见》

16.检察长统一领导人民检察院的工作，依照法律和有关规定履行以下职责：

（一）决定是否逮捕或是否批准逮捕犯罪嫌疑人；

（二）决定是否起诉；

（三）决定是否提出抗诉、检察建议、纠正违法意见或提请抗诉，决定终结审查、不支持监督申请；

（四）对人民检察院直接受理立案侦查的案件，决定立案、不立案、撤销案件以及复议、复核、复查；

（五）对人民检察院直接受理立案侦查的案件，决定采取强制措施，决定采取查封、扣押、冻结财产等重要侦查措施；

（六）决定将案件提请检察委员会讨论，主持检察委员会会议；

（七）决定检察人员的回避；

（八）主持检察官考评委员会对检察官进行考评；

（九）组织研究检察工作中的重大问题；

（十）法律规定应当由检察长履行的其他职责。

副检察长、检察委员会专职委员受检察长委托，可以履行前款规定的相关职责。

第一百零一条

发出检察建议书报送备案的,应当重点监督、审查下列事项:

(一)是否在发出检察建议书的五日内报上一级人民检察院对口业务部门和负责法律政策研究的部门备案。其中,社会治理检察建议是否报上一级人民检察院负责法律政策研究的部门备案,其他类型检察建议按业务条线是否报上一级人民检察院对口业务部门备案;

(二)上级人民检察院认为下级人民检察院发出的检察建议书确有不当的,是否制作《指令变更检察建议决定书》或者《指令撤回检察建议决定书》。

【条文释义】

本条是对发出检察建议书报送备案的监控。

本条的依据为《人民检察院检察建议工作规定》第二十一条、第二十二条的规定。

【相关规定】

《人民检察院检察建议工作规定》

第二十一条 发出的检察建议书,应当于五日内报上一级人民检察院对口业务部门和负责法律政策研究的部门备案。

第二十二条 检察长认为本院发出的检察建议书确有不当的,应当决定变更或者撤回,并及时通知有关单位,说明理由。

上级人民检察院认为下级人民检察院发出的检察建议书确有不当的,应当指令下级人民检察院变更或者撤回,并及时通知有关单位,说明理由。

第四节 司法办案风险评估预警

第一百零二条

司法办案风险评估预警工作,应当重点监督、审查是否制作下列文书:

(一)对可能存在风险的案件,制作《执法办案风险评估登记表》,拟定风险等级及风险评估意见;

(二)对确定为重大、较大、一般风险的案件,制作《执法办案风险预警工作预案》;

(三)案件办结后,制作《风险事项处理情况报告》。

《人民检察院公益诉讼案件办理流程监控要点》条文解读

【条文释义】

本条是对评估预警司法办案风险工作中文书制作的监控。

本条的依据为最高人民检察院《关于加强检察机关执法办案风险评估预警工作的意见》7 的规定。

【相关规定】

最高人民检察院《关于加强检察机关执法办案风险评估预警工作的意见》

7.办理风险评估预警应当按照以下程序进行：

（1）风险评估。承办人在办理案件过程中，应当根据案情、当事人及其近亲属等相关人员的言行举止、情绪和以往诉讼行为表现等情况，对可能存在风险的案件进行风险评估，拟定风险等级，形成风险评估意见，填写《执法办案风险评估登记表》，及时提交部门负责人审核，较大、重大风险案件呈报分管副检察长、检察长审查。

（2）制定工作预案。对确定为重大、较大、一般风险的案件，承办人和承办部门及时制定《执法办案风险预警工作预案》，内容包括：案件当事人的基本情况及主要诉求、简要案情和拟作出的案件处理决定、可能引发风险的情况及原因、拟化解的方案及稳控息诉措施、需要与本院其他部门及有关机关协调的问题等。拟定为重大风险案件的，由检察长决定启动预警化解机制；拟定为较大风险案件的，由分管副检察长决定启动预警化解机制；拟定为一般风险案件的，由部门负责人决定启动预警化解机制。

（3）……

（4）办结报审归档。案件办结后，案件承办部门应当制作《风险事项处理情况报告》报分管副检察长审查。《风险事项处理情况报告》应包括以下主要内容：简要案情、当事人主要诉求、处理情况和法律依据、化解疏导工作及相关善后工作的情况。案件承办部门应将《执法办案风险评估登记表》、《执法办案风险预警工作预案》、《风险事项处理情况报告》归入检察副卷。